第 2 卷第 1 辑
2010 年 10 月

经 济 管 理 评 论
Economics and Management Review

U0683489

目　　录

第 2 卷第 1 辑   经 济 管 理 评 论   Vol. 2   No. 1
2010 年 10 月   Economics and Management Review   Oct. 2010

Linear Programming Models and Method for Matrix Games with Interval-valued Payoffs [*]

Li Dengfeng[**]

Abstract: The aim of this paper is to develop a simple and effective method for solving matrix games where the payoffs may be within certain ranges rather than exact values in some real-life decision situations and can be expressed with intervals. Because the payoffs of the matrix game are intervals, the value of the matrix game is an interval as well. Based on the definition of the value for the matrix game, the value of the matrix game with interval-valued payoffs may be regarded as a function of values in the payoffs' intervals and is proven to be non-decreasing. A pair of auxiliary linear programming models is constructed to obtain the upper bound and the lower bound of the value of the matrix game with interval-valued payoffs through using the upper bounds and the lower bounds of the payoffs' intervals, respectively. It is derived from the duality theorem of the linear programming that the values of the matrix game with interval-valued payoffs for both players are equal to the same interval. Moreover, it is proven that the proposed models and method of matrix games with interval-valued payoffs extend those of the classical matrix games. A real investment decision example is examined to demonstrate the whole idea of the solving method for matrix games with interval-valued payoffs.

Key Words: Game Theory   Competitive Group Decision Making System   Linear Programming   Interval Analysis   Management

JEL Classification: C70   D43   D70

0   Introduction

Game theory has achieved a great success in competitive group decision making systems (G. Owen, I. Nishizaki, M. Sakawa et al. , 1982). The simplest game is the zero-sum game involving only two players, i. e. , two-person zero-sum game, which is usually called as a matrix game for short. Traditionally, payoffs of the matrix game are expressed with crisp numerical values, which indicate that they are precisely known. This is reasonable for clearly defined games, which have many useful applications, especially in financial, market, management and decision making systems (G. Owen, 1982). In reality, however, there are cases in which the payoffs are not fixed numbers known and have to be estimated even though the two players do not change their strategies. An example is one in which different advertising strategies of two competing companies lead to different market shares and the market shares must be estimated. Hence, fuzzy

---

   [*] Received Date: 2010 - 04 - 19; Revision Date: 2010 - 08 - 19.

   [**] Li Dengfeng, School of Management, Fuzhou University, Fuzhou, 350108, E-mail address: lidengfeng@ fzu. edu. cn or dengfengli @ sina. com.

games have been studied (C. R. Bector, R. Brânzei et al. , 2004). Dubois and Prade gave a brief overview and discussion on the fuzzy game with crisp sets of strategies and fuzzy payoffs due to the lack of precision on the knowledge of the associated payoffs. Bector et al. , (C. R. Bector, S. Chandra, 2005) and Nishizaki and Sakawa made good overviews on update research of this topic. Campos proposed solution methods for solving fuzzy matrix games. However, only crisp solutions were provided (L. Campos, 1989). Maeda defined matrix equilibrium to fuzzy matrix games based on the fuzzy max order. Again, only crisp solutions were provided. Moreover, the classical mini-max theorems are not utilized. One theoretically sound property of game theory is that the mathematical models of the matrix game formulated from the standpoints of the two players is a pair of linear programming models which are the dual of each other. Hence, solving either of the linear programming models obtains the strategies of the two players by applying the duality theorem. Bector et al. , and Nishizaki and Sakawa proposed fuzzy linear programming models to solve fuzzy matrix games. Similar to the cases of Campos and Maeda, only crisp solutions were provided. Collins and Hu studied crisply and fuzzily determined games with interval-valued payoffs using an appropriate fuzzy interval comparison operator and introduced the definition of optimal mixed strategies for games with interval-valued payoffs. However, in order to use interval linear programming techniques to find optimal mixed strategies in games with interval-valued payoffs, Collins and Hu still regarded the value of the game as a real number rather than an interval. There are also studies discussing cooperative games under fuzzy environments (R. Brânzei, D. Dimitrov et al. , 2004) and matrix games under the intuitionistic fuzzy setting (D. – F. Li, J. – X. Nan, 2009).

Due to the fact that the payoffs may only vary within a designated range for fixed strategies, a type of matrix games with payoffs of closed intervals appears to model such a kind of uncertainty (M. K. Sayadi, M. Heydari, K. Shahanaghi, 2009). Intuitively, when the payoffs are uncertain and are specified by intervals, the value of the corresponding matrix game calculated from the interval-valued payoffs should be an interval as well (J. Ramik, J. Rimanek, 1985). In this paper, a simple and effective method is developed to solve a matrix game with interval-valued payoffs based on the idea that the value of the matrix game is a non-decreasing function of values in the payoffs' intervals. A pair of auxiliary linear programming models is constructed to obtain the upper bound and the lower bound of the value of the matrix game with interval-valued payoffs through using the upper bounds and the lower bounds of the payoffs' intervals, respectively. By applying a dual formulation and a variable substitution technique, the pair of auxiliary linear programming models is transformed into a pair of linear programming models which can be easily manipulated using the existing Simplex method for the linear programming. It is proven that the values of the matrix game for two players are equal to the same interval and the models and method proposed in this paper extend those of the classical matrix games.

The structure of this paper is organized as follows. Section 1 briefly introduces the definition and notations for the classical matrix games. The matrix game with interval-valued payoffs is formulated and properties of its value are discussed in Section 2. To obtain the upper bound and the lower bound of the value of the matrix game with interval-valued payoffs, a pair of auxiliary linear programming models is derived from the definition of the value of the matrix game and its non-decreasing property. In Section 3, the models and method proposed in this paper is illustrated through choosing a real example of the investment decision problem as one of the possible applications. This paper concludes in Section 4.

1　Matrix Games and Auxiliary Linear Programming Models

Assume that $S_1 = \{\alpha_1, \alpha_2, \cdots, \alpha_m\}$ and $S_2 = \{\beta_1, \beta_2, \cdots, \beta_n\}$ are sets of pure strategies for two players I and II, respectively. A payoff matrix for the player I is given as $A = (a_{ij})_{m \times n}$. The vectors $y = (y_1, y_2, \cdots, y_m)^T$ and $z = (z_1, z_2, \cdots, z_n)^T$ are mixed strategies for the players I and II, respectively, where $y_i (i = 1, 2, \cdots, m)$ and $z_j (j = 1, 2, \cdots, n)$ are probabilities which the players I and II choose their pure strategies $\alpha_i \in S_1 (i = 1, 2, \cdots, m)$ and $\beta_j \in S_2 (j = 1, 2, \cdots, n)$, respectively; the symbol "T" is the transpose of a vector/matrix. Sets of all mixed strategies for the players I and II are denoted by Y and Z, respectively, i. e., $Y = \left\{ y \mid \sum_{i=1}^{m} y_i = 1, \ y_i \geqslant 0 \ (i = 1, 2, \cdots, m) \right\}$ and $Z = \left\{ z \mid \sum_{j=1}^{n} z_j = 1, \right.$ $\left. z_j \geqslant 0 \ (j = 1, 2, \cdots, n) \right\}$. Thus, a matrix game G may be expressed with the triplet $G = \{Y, Z, A\}$. Usually a matrix game G is simply called as a matrix game A.

Suppose that the players I and II are playing the matrix game A. If I chooses the mixed strategy $y \in Y$, and II chooses the mixed strategy $z \in Z$, then the expected payoff of the player I can be computed as follows:

$$y^T A z = \sum_{i=1}^{m} \sum_{j=1}^{n} y_i a_{ij} z_j. \tag{1}$$

Then, the player I's expected gain-floor, assuming he/she uses $y \in Y$, will be obtained as follows:

$$v(y) = \min_{z \in Z} \{y^T A z\}. \tag{2}$$

Here, $y^T A z$ can be thought of as a weighted average of the expected payoffs for the player I if he/she uses $y \in Y$ against II's pure strategies. Thus, the minimum will be attained by some pure strategy $\beta_j \in S_2$:

$$v(y) = \min_{1 \leqslant j \leqslant n} \{y^T A_{\cdot j}\} = \min_{1 \leqslant j \leqslant n} \left\{ \sum_{i=1}^{m} y_i a_{ij} \right\}, \tag{3}$$

where $A_{\cdot j}$ is the j th column of the payoff matrix A, i. e., $A_{\cdot j} = (a_{1j}, a_{2j}, \cdots, a_{mj})^T$. Hence, the player I should choose $y^* \in Y$ so as to maximize $v(y)$, i. e., so as to obtain

$$\nu = v(y^*) = \max_{y \in Y} \{v(y)\} = \max_{y \in Y} \min_{1 \leqslant j \leqslant n} \{y^T A_{\cdot j}\}. \tag{4}$$

Such an $y^* \in Y$ is called the player I's maximin (or optimal) strategy, and $v(y^*)$ is called the value of the matrix game A for the player I, denoted by $\nu = v(y^*)$.

It is easily seen that computing an optimal strategy $y^* \in Y$ and value $\nu = v(y^*)$ for the player I is equivalent to solving the linear programming as follows:

$$\max \{v\}$$

$$\text{s. t.} \begin{cases} \sum_{i=1}^{m} a_{ij} y_i \geqslant v & (j = 1, 2, \cdots, n) \\ \sum_{i=1}^{m} y_i = 1 \\ y_i \geqslant 0 & (i = 1, 2, \cdots, m) \\ v \text{ unrestricted in sign} \end{cases} \tag{5}$$

Similarly, if the player II chooses $z \in Z$ then he/she will obtain the expected loss-ceiling as follows:

$$\omega(z) = \max_{1 \le i \le m} \{A_i . z\} = \max_{1 \le i \le m} \left\{ \sum_{j=1}^{n} a_{ij} z_j \right\}, \tag{6}$$

where $A_i.$ is the i th row of the payoff matrix A, i. e., $A_i. = (a_{i1}, a_{i2}, \cdots, a_{in})$. Hence, the player II should choose $z^* \in Z$ so as to obtain

$$\mu = \omega(z^*) = \min_{z \in Z} \{\omega(z)\} = \min_{z \in Z} \max_{1 \le i \le m} \{A_i . z\}. \tag{7}$$

Such an $z^* \in Z$ is called the player II's mini-max (or optimal) strategy, and $\omega(z^*)$ is called the value of the matrix game A for the player II, denoted by $\mu = \omega(z^*)$.

Obviously, computing an optimal strategy $z^* \in Z$ and value $\mu = \omega(z^*)$ for the player II is equivalent to solving the linear programming as follows:

$$\min \{\omega\}$$

$$\text{s. t.} \begin{cases} \sum_{j=1}^{n} a_{ij} z_j \le \omega \quad (i = 1, 2, \cdots, m) \\ \sum_{j=1}^{n} z_j = 1 \\ z_j \ge 0 \quad (j = 1, 2, \cdots, n) \\ \omega \text{ unrestricted in sign} \end{cases} \tag{8}$$

It is easily seen that Eqs. (5) and (8) are a pair of primal-dual linear programming problems (G. Owen, 1982). So the maximum of v is equal to the minimum of ω. Their common value V, i. e., $V = v = \mu$, is called the value of the matrix game A.

2   Properties and Method for Matrix Games with Interval-valued Payoffs

2. 1   Matrix Games with Interval-valued Payoffs

Let's consider the matrix game with payoffs expressed by intervals, where sets of pure strategies S_1 and S_2 and sets of mixed strategies Y and Z for the players I and II are defined as the above Section 1. Without loss of generality, assume that the payoff matrix of the player I is given as $\overline{I} = ([\underline{a}_{ij}, \overline{a}_{ij}])_{m \times n}$, where each $I_{ij} = [\underline{a}_{ij}, \overline{a}_{ij}](i = 1, 2, \cdots, m; j = 1, 2, \cdots, n)$ is a closed interval, $\underline{a}_{ij}$ and $\overline{a}_{ij}$ are the lower bound and the upper bound of the closed interval I_{ij}, respectively. In the sequent, a matrix game with payoffs of intervals is simply called as a matrix game $\overline{I}$ with interval-valued payoffs.

For any given value a_{ij} in the interval $I_{ij} = [\underline{a}_{ij}, \overline{a}_{ij}](i = 1, 2, \cdots, m; j = 1, 2, \cdots, n)$, denote the payoff matrix by $A = (a_{ij})_{m \times n}$, it is easily seen from Eqs. (3) and (4) that the value v of the matrix game A for the player I is related to all values a_{ij}, i. e., entries in the payoff matrix A. In other words, v is a function of values $a_{ij}(i = 1, 2, \cdots, m; j = 1, 2, \cdots, n)$, denoted by $v = v((a_{ij}))$ or $v = v(A)$. Similarly, the optimal strategy $y^* \in Y$ of the player I in the matrix game A is also a function of values $a_{ij}(i = 1, 2, \cdots, m; j = 1, 2, \cdots, n)$, denoted by $y^* = y^*((a_{ij}))$ or $y^* = y^*(A)$.

In a similar way to the above analysis, the value μ and optimal strategy $z^* \in Z$ for the player II in the matrix game A are functions of $a_{ij}(i = 1, 2, \cdots, m; j = 1, 2, \cdots, n)$, denoted by $\mu = \omega((a_{ij}))$ (or $\mu = \omega(A)$) and $z^* = z^*((a_{ij}))$ (or $z^* = z^*(A)$), respectively.

2. 2   Properties of Matrix Games with Interval-valued Payoffs and Solving Method

It is easy to see from Eqs. (3) and (4) that the value $v = v((a_{ij}))$ of the matrix game A for the player I is a non-decreasing function of values $a_{ij}(i=1, 2, \cdots, m; j=1, 2, \cdots, n)$. In fact, for any values a_{ij} and a'_{ij} in the payoff's interval $I_{ij} = [\underline{a}_{ij}, \bar{a}_{ij}] (i=1, 2, \cdots, m; j=1, 2, \cdots, n)$, if $a_{ij} \leq a'_{ij}$, then we have

$$\sum_{i=1}^{m} y_i a_{ij} \leq \sum_{i=1}^{m} y_i a'_{ij} \tag{9}$$

since $y_i \geq 0 (i=1, 2, \cdots, m)$ and $\sum_{i=1}^{m} y_i = 1$, where $y = (y_1, y_2, \cdots, y_m)^{\mathrm{T}}$ is any mixed strategy for player I. Hence,

$$\min_{1 \leq j \leq n} \left\{ \sum_{i=1}^{m} y_i a_{ij} \right\} \leq \min_{1 \leq j \leq n} \left\{ \sum_{i=1}^{m} y_i a'_{ij} \right\}, \tag{10}$$

which directly implies that

$$\max_{y \in Y} \min_{1 \leq j \leq n} \left\{ \sum_{i=1}^{m} y_i a_{ij} \right\} \leq \max_{y \in Y} \min_{1 \leq j \leq n} \left\{ \sum_{i=1}^{m} y_i a'_{ij} \right\}, \tag{11}$$

i. e.,

$$v((a_{ij})) \leq v((a'_{ij})) \tag{12}$$

or $v(A) \leq v(A')$, where $A' = (a'_{ij})_{m \times n}$.

For a given value a_{ij} in the payoff's interval $I_{ij} = [\underline{a}_{ij}, \bar{a}_{ij}] (i=1, 2, \cdots, m; j=1, 2, \cdots, n)$, according to the dual principle, the value $v((a_{ij}))$ (or $v(A)$) is equal to $\omega((a_{ij}))$ (or $\omega(A)$), still denoted the value of the matrix game $A = (a_{ij})_{m \times n}$ by $V = V((a_{ij}))$ or $V = V(A)$. Thus, according to the previous discussion, the value $V = V((a_{ij}))$ (or $V = V(A)$) of the matrix game A is also a non-decreasing function of values $a_{ij}(i=1, 2, \cdots, m; j=1, 2, \cdots, n)$.

As stated earlier, the value of the matrix game $\bar{I}$ with interval-valued payoffs should be a closed interval as well. Due to the fact that the value $v = v((a_{ij}))$ of the matrix game $A = (a_{ij})_{m \times n}$ is a non-decreasing function of values $a_{ij}(i=1, 2, \cdots, m; j=1, 2, \cdots, n)$, the upper bound $\bar{v}$ of the value of the matrix game $\bar{I}$ with interval-valued payoffs and corresponding optimal strategy $\bar{y}^* \in Y$ for the player I are $\bar{v} = v((\bar{a}_{ij}))$ and $\bar{y}^* = y^*((\bar{a}_{ij}))$, respectively. According to Eq. (5), $(\bar{v}, \bar{y}^*)$ is an optimal solution to the linear programming as follows:

$$\max\{\bar{v}\}$$

$$\text{s. t.} \begin{cases} \sum_{i=1}^{m} \bar{a}_{ij} \bar{y}_i \geq \bar{v} & (j=1, 2, \cdots, n) \\ \sum_{i=1}^{m} \bar{y}_i = 1 \\ \bar{y}_i \geq 0 & (i=1, 2, \cdots, m) \\ \bar{v} \text{ unrestricted in sign} \end{cases} \tag{13}$$

where $\bar{y}_i(i=1, 2, \cdots, m)$ and $\bar{v}$ are variables.

To solve Eq. (13), let

$$\bar{x}_i = \bar{y}_i / \bar{v} \quad (i=1, 2, \cdots, m). \tag{14}$$

Without loss of generality, assume that $\bar{v} > 0$. Then, $\bar{x}_i \geq 0 (i=1, 2, \cdots, m)$ and

$$\sum_{i=1}^{m} \bar{x}_i = \sum_{i=1}^{m} \bar{y}_i / \bar{v} = 1/\bar{v}. \tag{15}$$

Hence, Eq. (13) can be transformed into the linear programming as follows:

$$\min\left\{\sum_{i=1}^{m}\bar{x}_i\right\}$$

$$\text{s. t. }\begin{cases}\sum_{i=1}^{m}\bar{a}_{ij}\bar{x}_i\geqslant 1 & (j=1,\ 2,\ \cdots,\ n)\\ \bar{x}_i\geqslant 0 & (i=1,\ 2,\ \cdots,\ m)\end{cases} \tag{16}$$

Using the existing simplex method for the linear programming, an optimal solution to Eq. (16) can be easily obtained, denoted by $\bar{x}^*=(\bar{x}_1^*,\ \bar{x}_2^*,\ \cdots,\ \bar{x}_m^*)^{\mathrm{T}}$. Thus, according to Eqs. (15) and (14), the upper bound $\bar{\nu}$ of the value of the matrix game $\bar{I}$ with interval-valued payoffs and corresponding optimal strategy $\bar{y}^*\in Y$ for the player I are obtained as follows:

$$\bar{\nu}=1/\sum_{i=1}^{m}\bar{x}_i^* \tag{17}$$

and

$$\bar{y}_i^*=\bar{\nu}\bar{x}_i^* \quad (i=1,\ 2,\ \cdots,\ m), \tag{18}$$

respectively.

Similarly, the lower bound $\underline{\nu}$ of the value of the matrix game $\bar{I}$ with interval-valued payoffs and corresponding optimal strategy $\underline{y}^*\in Y$ for the player I are $\underline{\nu}=\nu((\underline{a}_{ij}))$ and $\underline{y}^*=y^*((\underline{a}_{ij}))$, respectively. According to Eq. (5), $(\underline{\nu},\ \underline{y}^*)$ is an optimal solution to the linear programming as follows:

$$\max\{\underline{\nu}\}$$

$$\text{s. t. }\begin{cases}\sum_{i=1}^{m}\underline{a}_{ij}\underline{y}_i\geqslant\underline{\nu} & (j=1,\ 2,\ \cdots,\ n)\\ \sum_{i=1}^{m}\underline{y}_i=1\\ \underline{y}_i\geqslant 0 & (i=1,\ 2,\ \cdots,\ m)\\ \underline{\nu}\text{ unrestricted in sign}\end{cases} \tag{19}$$

Let

$$\underline{x}_i=\underline{y}_i/\underline{\nu} \quad (i=1,\ 2,\ \cdots,\ m). \tag{20}$$

Without loss of generality, assume that $\underline{\nu}>0$. Then, $\underline{x}_i\geqslant 0(i=1,\ 2,\ \cdots,\ m)$ and

$$\sum_{i=1}^{m}\underline{x}_i=\sum_{i=1}^{m}\underline{y}_i/\underline{\nu}=1/\underline{\nu}. \tag{21}$$

Hence, Eq. (19) can be transformed into the linear programming as follows:

$$\min\left\{\sum_{i=1}^{m}\underline{x}_i\right\}$$

$$\text{s. t. }\begin{cases}\sum_{i=1}^{m}\underline{a}_{ij}\underline{x}_i\geqslant 1 & (j=1,\ 2,\ \cdots,\ n)\\ \underline{x}_i\geqslant 0 & (i=1,\ 2,\ \cdots,\ m)\end{cases} \tag{22}$$

Using the Simplex method for the linear programming, an optimal solution to Eq. (22) can be easily obtained, denoted by $\underline{x}^*=(\underline{x}_1^*,\ \underline{x}_2^*,\ \cdots,\ \underline{x}_m^*)^{\mathrm{T}}(i=1,\ 2,\ \cdots,\ m)$. Thus, according to Eqs. (21) and (20), the lower bound $\underline{\nu}$ of the value of the matrix game $\bar{I}$ with interval-valued payoffs and corresponding optimal strategy $\underline{y}^*\in Y$ for the player I are obtained as follows:

$$\underline{\nu}=1/\sum_{i=1}^{m}\underline{x}_i^* \tag{23}$$

and

$$\underline{y}_i^* = \underline{\nu}\underline{x}_i^* \qquad (i = 1, 2, \cdots, m), \qquad (24)$$

respectively.

Thus, the lower bound $\underline{\nu}$ and the upper bound $\bar{\nu}$ of the value of the matrix game $\bar{I}$ with interval-valued payoffs for the player I can be obtained. Therefore, the value of the matrix game $\bar{I}$ with interval-valued payoffs for the player I can be obtained as a closed interval $[\underline{\nu}, \bar{\nu}]$.

In the same analysis way to that of the player I, the upper bound $\bar{\mu}$ of the value of the matrix game $\bar{I}$ with interval-valued payoffs and corresponding optimal strategy $\bar{z}^* \in Z$ for the player II are $\bar{\mu} = \omega((\bar{a}_{ij}))$ and $\bar{z}^* = z^*((\bar{a}_{ij}))$, respectively. According to Eq. (8), $(\bar{\mu}, \bar{z}^*)$ is an optimal solution to the linear programming as follows:

$$\min\{\bar{\omega}\}$$

$$\text{s. t.} \begin{cases} \sum_{j=1}^{n} \bar{a}_{ij}\bar{z}_j \leqslant \bar{\omega} & (i = 1, 2, \cdots, m) \\ \sum_{j=1}^{n} \bar{z}_j = 1 \\ \bar{z}_j \geqslant 0 & (j = 1, 2, \cdots, n) \\ \bar{\omega} \text{ unrestricted in sign} \end{cases} \qquad (25)$$

To solve Eq. (25), let

$$\bar{t}_j = \bar{z}_j / \bar{\omega} \quad (j = 1, 2, \cdots, n). \qquad (26)$$

Without loss of generality, assume that $\bar{\omega} > 0$. Then, $\bar{t}_j \geqslant 0 (j = 1, 2, \cdots, n)$ and

$$\sum_{j=1}^{n} \bar{t}_j = \sum_{j=1}^{n} \bar{z}_j / \bar{\omega} = 1/\bar{\omega}. \qquad (27)$$

Hence, Eq. (25) can be transformed into the linear programming as follows:

$$\max\left\{ \sum_{j=1}^{n} \bar{t}_j \right\}$$

$$\text{s. t.} \begin{cases} \sum_{j=1}^{n} \bar{a}_{ij}\bar{t}_j \leqslant 1 & (i = 1, 2, \cdots, m) \\ \bar{t}_j \geqslant 0 & (j = 1, 2, \cdots, n) \end{cases} \qquad (28)$$

Using the existing simplex method for the linear programming, an optimal solution to Eq. (28) can be easily obtained, denoted by $\bar{t}^* = (\bar{t}_1^*, \bar{t}_2^*, \cdots, \bar{t}_n^*)^{\mathrm{T}}$. Thus, according to Eqs. (27) and (26), the upper bound $\bar{\mu}$ of the value of the matrix game $\bar{I}$ with interval-valued payoffs and corresponding optimal strategy $\bar{z}^* \in Z$ for the player II are obtained as follows:

$$\bar{\mu} = 1 / \sum_{j=1}^{n} \bar{t}_j^* \qquad (29)$$

and

$$\bar{z}_j^* = \bar{\mu}\bar{t}_j^* \qquad (j = 1, 2, \cdots, n), \qquad (30)$$

respectively.

The lower bound $\underline{\mu}$ of the value of the matrix game $\bar{I}$ with interval-valued payoffs and corresponding optimal strategy $\underline{z}^* \in Z$ for the player II are $\underline{\mu} = \omega((\underline{a}_{ij}))$ and $\underline{z}^* = z^*((\underline{a}_{ij}))$, respectively. According to Eq. (8), $(\underline{\mu}, \underline{z}^*)$ is an optimal solution to the linear programming as follows:

$$\min\{\underline{\omega}\}$$

$$\text{s. t.}\begin{cases} \sum_{j=1}^{n} \underline{a}_{ij}\underline{z}_j \leqslant \underline{\omega} & (i=1,\ 2,\ \cdots,\ m) \\ \sum_{j=1}^{n} \underline{z}_j = 1 \\ \underline{z}_j \geqslant 0 & (j=1,\ 2,\ \cdots,\ n) \\ \underline{\omega} \text{ unrestricted in sign} \end{cases} \tag{31}$$

Let

$$\underline{t}_j = \underline{z}_j/\underline{\omega} \quad (j=1,\ 2,\ \cdots,\ n). \tag{32}$$

Without loss of generality, assume that $\underline{\omega} > 0$. Then, $\underline{t}_j \geqslant 0 (j=1,\ 2,\ \cdots,\ n)$ and

$$\sum_{j=1}^{n} \underline{t}_j = \sum_{j=1}^{n} \underline{z}_j/\underline{\omega} = 1/\underline{\omega}. \tag{33}$$

Hence, Eq. (31) can be transformed into the linear programming as follows:

$$\max\left\{ \sum_{j=1}^{n} \underline{t}_j \right\}$$

$$\text{s. t.}\begin{cases} \sum_{j=1}^{n} \underline{a}_{ij}\underline{t}_j \leqslant 1 & (i=1,\ 2,\ \cdots,\ m) \\ \underline{t}_j \geqslant 0 & (j=1,\ 2,\ \cdots,\ n) \end{cases} \tag{34}$$

Using the existing simplex method for the linear programming, an optimal solution to Eq. (34) can be easily obtained, denoted by $\underline{t}^T = (\underline{t}_1^*,\ \underline{t}_2^*,\ \cdots,\ \underline{t}_n^*)^T$. Thus, according to Eqs. (33) and (32), the lower bound $\underline{\mu}$ of the value of the matrix game $\overline{I}$ with interval-valued payoffs and corresponding optimal strategy $\underline{z}^* \in Z$ for the player II are obtained as follows:

$$\underline{\mu} = 1/\sum_{j=1}^{n} \underline{t}_j^* \tag{35}$$

and

$$\overline{z}_j^* = \overline{\mu}\overline{t}_j^* \quad (j=1,\ 2,\ \cdots,\ n), \tag{36}$$

respectively.

It is easily seen that Eqs. (16) and (28) are a pair of primal-dual linear programming problems. So the minimum of $\sum_{i=1}^{m} \overline{x}_i$ (i. e., the maximum of $\overline{v}$) is equal to the maximum of $\sum_{j=1}^{n} \overline{t}_j$ (i. e., the minimum of $\overline{\omega}$) by the duality theorem of the linear programming, i. e., $\overline{\nu} = \overline{\mu}$. Likewise, Eqs. (22) and (34) are a pair of primal-dual linear programming problems. So $\underline{\nu} = \underline{\mu}$. Therefore, the values of the matrix game with interval-valued payoffs for both players I and II are equal to the same interval. In other words, the value of the matrix game $\overline{I}$ with interval-valued payoffs is a closed interval $[\underline{V},\ \overline{V}]$, where $\underline{V} = \underline{\nu} = \underline{\mu}$ and $\overline{V} = \overline{\nu} = \overline{\mu}$.

3 A Real Example Analysis of the Investment Decision Problem

There are many applications of classical game theory to problems in decision theory and finance. In particular, the following is an example how matrix games with interval-valued payoffs may be applied to determine optimal investment strategies.

Let's consider the case of an investor (or the player I) making a decision as to how to invest a nondivisible sum of money when the economic environment (or the player Ⅱ) may be categorized into a finite number of states. There is no guarantee that any single value (return on the investment) can adequately model the payoff for any one of the economic states. Hence it is more realistic to assume that each payoff belongs to some interval.

For this example it is assumed that the decision of such an investor (i. e. , the player Ⅰ) can be modeled under the assumption that the economic environment (or nature) (i. e. , the player Ⅱ) is, in fact, a rational "player" that will choose an optimal strategy. Suppose that the options (i. e. , strategies) for this player Ⅱ are: strong economic growth β_1, moderate economic growth β_2, no growth nor shrinkage β_3, and moderate shrinkage (negative growth) β_4. For the investor (player Ⅰ), the options (i. e. , strategies) are: invest in bonds α_1, invest in stocks α_2, and invest in a guaranteed fixed return account α_3. In this case, clearly a single value for the payoff of either investment in bonds or stocks cannot be realistically modeled by a single value representing the percent of return. Hence, a game matrix with interval-valued payoffs better represents the view of the game from both players' perspectives.

Consider then the following game matrix with interval-valued payoffs for this scenario, where the percentage of return represented in decimal form for each outcome is given in the interval-valued matrix as follows:

$$A = \begin{array}{c} \\ \alpha_1 \\ \alpha_2 \\ \alpha_3 \end{array} \begin{array}{cccc} \beta_1 & \beta_2 & \beta_3 & \beta_4 \\ \left(\begin{array}{cccc} [0.12, 0.17] & [0.11, 0.16] & [0.075, 0.12] & [0.068, 0.13] \\ [0.18, 0.22] & [0.12, 0.15] & [0.072, 0.14] & [-0.05, 0.15] \\ [0.043, 0.043] & [0.043, 0.043] & [0.043, 0.043] & [0.043, 0.043] \end{array} \right) \end{array}.$$

According to Eqs. (22) and (28), we can construct two linear programming models, which are solved by using the existing Simplex method for the linear programming and Eqs. (23) and (29). Therefore, the value of the matrix game A with interval-valued payoffs is obtained as an interval $[\underline{V}, \overline{V}] = [\underline{\nu}, \overline{\nu}] = [0.068, 0.14]$, which means that the expected percentage of return for the investor (i. e. , the player Ⅰ) is between 6.8% and 14%. In other words, the investor's minimum expected percentage of return is 6.8% while his maximum expected percentage of return is 14%. He/she could obtain any intermediate expected percentage of return V between 6.8% and 14%.

4   Conclusion

Game theory provides a basic conceptual framework for formulating and analyzing the problems that the decision of one person depends on the decision of his opponents. Of the different types of games, the matrix game with crisp payoffs has been widely discussed. Some solution methods have been devised. In the real world, there are cases in which the payoffs are not exactly known. This paper uses intervals to represent the uncertain data and develops a solution method for such matrix games.

In this paper, the value of the matrix game with interval-valued payoffs is regarded as an interval due to the expected value of the game corresponding to a linear combination of the interval-valued payoffs. Furthermore, the value of the matrix game with interval-valued payoffs may be regarded a function of payoffs in the payoffs' intervals. Hence, according to the definition of the value of the matrix game, the value of the matrix game with interval-valued payoffs is a non-decreasing function of values in payoffs' intervals. Thus, obtaining the upper bound and the lower bound of the interval of the value of the matrix game with interval-valued payoffs is equivalent to solving a pair of auxiliary linear programming models with the upper bounds and the lower bounds of the payoffs' intervals. Moreover, it is easily seen that the upper bound and the lower bound of the interval of the value of the 2×2 matrix game with interval-valued payoffs can be obtained analytically.

Obviously, the linear programming models which are used to obtain the upper bound and the lower bound of the interval of the value of the matrix game with interval-valued payoffs can be degenerate to the conventional models of matrix games when the interval-valued payoffs degenerate to real numbers. In other words, the models and method developed in this paper are generalizations of the conventional models and method for the matrix games when uncertain cases are taken into consideration.

Usually, when some data are only approximately known, the averages or the most likely values are used to find a crisp solution. Because only one exact value is obtained, much valuable information is lost. Besides, the decision makers will be overconfident with the actually uncertain results. In this paper, the value of the game is regarded as an interval rather than an exact value, more information is provided for making better decisions. The idea of this paper is readily applicable to other games such as nonzero-sum games, n-person games, and cooperative games. Also it is expected that the proposed models and method may be applied to solve many competitive decision making problems in similar fields such as management, business, finance, environments, supply chain and ethical decision as well as advertising although they are illustrated with the example of the investment decision making problem in this paper.

References

1. C. Kao, A Linear Formulation of the Two-level DEA Model, Omega 36 (6) (2008): 958 – 962.

2. C. R. Bector, S. Chandra, V. Vijay, Duality in Linear Programming with Fuzzy Parameters and Matrix Games with Fuzzy Payoffs, Fuzzy Sets and Systems 46 (2) (2004): 253 – 269.

3. C. R. Bector, S. Chandra, V. Vijay, Matrix Games with Fuzzy Goals and Fuzzy Linear Programming Duality, Fuzzy Optimization and Decision Making 3 (2004): 255 – 269.

4. C. R. Bector, S. Chandra, Fuzzy Mathematical Programming and Fuzzy Matrix Games, Springer Verlag, Berlin, Germany, 2005.

5. D. Dubois, H. Prade, Fuzzy Sets and Systems Theory and Applications, Academic Press, New York, 1980.

6. D. – F. Li, A Fuzzy Multiobjective Programming Approach to Solve Fuzzy Matrix Games, The Journal of Fuzzy Mathematics 7 (4) (1999): 907 – 912.

7. D. – F. Li, C. – T. Cheng, Fuzzy Multiobjective Programming Methods for Fuzzy Constrained Matrix Games with Fuzzy Numbers, International Journal of Uncertainty, Fuzziness and Knowledge-Based Systems 10 (4) (2002): 385 – 400.

8. D. – F. Li, Fuzzy Multiobjective Many Person Decision Makings and Games, National Defense Industry Press, Beijing, 2003 (In Chinese).

9. D. – F. Li, Lexicographic Method for Matrix Games with Payoffs of Triangular Fuzzy Numbers, International Journal of Uncertainty, Fuzziness and Knowledge-Based Systems 16 (3) (2008): 371 – 389.

10. D. – F. Li, J. – X. Nan, A Nonlinear Programming Approach to Matrix Games with Payoffs of Atanassov's Intuitionistic Fuzzy Sets, International Journal of Uncertainty, Fuzziness and Knowledge-Based Systems 17 (4) (2009): 585 – 607.

11. G. Owen, Game Theory, 2nd ed., Academic Press, New York, 1982.

12. I. Nishizaki, M. Sakawa, Fuzzy and Multiobjective Games for Conflict Resolution, Physica-Verlag, Springer Verlag Company, Berlin, Germany, 2001.

13. I. Nishizaki, M. Sakawa, Fuzzy Cooperative Games Arising from Linear Production Programming Problems with Fuzzy Parameters, Fuzzy Sets and Systems 114 (2000): 11 – 21.

14. I. Nishizaki, M. Sakawa, Solutions Based on Fuzzy Goals in Fuzzy Linear Programming Games, Fuzzy Sets and Systems 115 (1) (2000): 105 – 119.

15. I. Nishizaki, M. Sakawa, Equilibrium Solutions in Multiobjective Bi-matrix Games with Fuzzy Payoffs and Fuzzy Goals, Fuzzy Sets and Systems 111 (1) (2000): 99 – 116.

16. J. Wu, L. Liang, Y. Chen, DEA Game Cross-efficiency Approach to Olympic Rankings, Omega 37 (4) (2009): 909 – 918.

17. L. Campos, A. Gonzalez, M. A. Vila, On the Use of the Ranking Function Approach to Solve Fuzzy Matrix Games in a Direct Way, Fuzzy Sets and Systems 49 (1992): 193 – 203.

18. L. Campos, A. Gonzalez, Fuzzy Matrix Games Considering the Criteria of the Players, Kybernetes 20 (1991): 17 – 23.

19. J. Ramik, J. Rimanek, Inequality Relation between Fuzzy Numbers and Its Use in Fuzzy Optimization, Fuzzy Sets and Systems 16 (1985): 123 – 138.

20. L. Campos, Fuzzy Linear Programming Models to Solve Fuzzy Matrix Games, Fuzzy Sets and Systems 32 (1989) 275 – 289.

21. M. Sakawa, I. Nishizaki, A Lexicographical Solution Concept in an N-person Cooperative Fuzzy Game, Fuzzy Sets and Systems 61 (1994): 265 – 275.

22. M. Sakawa, I. Nishizaki, Max-min Solutions for Fuzzy Multiobjective Matrix Games, Fuzzy Sets and Systems 67 (1994): 53 – 69.

23. M. Tsurumi, T. Tanino, M. Inuiguchi, A Shapley Function on a Class of Cooperative Fuzzy Games, European Journal of Operational Research 129 (2001): 596 – 618.

24. M. K. Sayadi, M. Heydari, K. Shahanaghi, Extension of VIKOR Method for Decision Making Problem with Interval Numbers, Applied Mathematical Modelling 33 (5) (2009): 2257 – 2262.

25. R. Branzei, D. Dimitrov, S. Tijs, Hypercubes and Compromise Values for Cooperative Fuzzy Games, European Journal of Operational Research 155 (2004): 733 – 740.

26. R. A. Orlovsky, On Programming with Fuzzy Constraint Sets, Kybernetes 6 (1977): 197 – 201.

27. T. Maeda, On Characterization of Equilibrium Strategy of Two-person Zero-sum Games with Fuzzy Payoffs, Fuzzy Sets and Systems 139 (2003): 283 – 296.

28. V. Vijay, S. Chandra, C. R. Bector, Matrix Games with Fuzzy Goals and Fuzzy Payoffs, Omega 33 (2005): 425 – 429.

29. W. D. Collins, C. – Y. Hu, Studying Interval Valued Matrix Games with Fuzzy Logic, Soft Computing 12 (2008): 147 – 155.

第 2 卷第 1 辑
2010 年 10 月

经 济 管 理 评 论
Economics and Management Review

Vol. 2　No. 1
Oct. 2010

基于 Agent 的产业集群企业间
知识溢出效应分析[*]

陈国宏　蔡彬清　戴益军[**]

摘　要：在产业集群内企业知识溢出的微观主体行为分析的基础上，采用基于 Agent 的方法和工具，建立产业集群企业知识溢出的 Agent 模型，模拟产业集群内企业间知识溢出活动。根据模拟实验结果，考查集群内企业间知识溢出效应，对集群知识溢出产生的知识势差、知识学习、知识锁定等现象进行分析，从而得到一些有意义的结论。

关键词：产业集群　知识溢出　Agent-based 仿真
中图分类号：F062.9　　　　**文献标识码**：A

0　引　言

产业集群在世界各国的迅速发展及其对国家和地区经济发展的重要贡献，使其成为区域经济的研究热点。知识经济时代，关于产业集群的研究由成本向收益转变，由生产活动和生产系统向知识活动和知识系统的转变成为一种新的趋势，产业集群的知识问题也随之成为当前和将来一段时期的研究热点和重要研究领域。集群竞争的关键动力是本地化的知识创造、分享、创新和学习过程。因此，集群中的知识溢出现象日益受到人们的重视。

国内外的学者已经对产业集群知识溢出开展了多方面的研究（Saxenian A.，1994；Sorenson O.，Rivkin J. W.，Fleming L.，2006；Jongyong Park，Hakyeon Lee，Yongtae Park，2009）。但是目前对产业集群知识溢出效应等关键问题仍缺乏深入的研究（Audretsch，D. B.，Feldman，M. P.，1996）。此外，许多关于集群知识研究主要是基于概念和实证的分析，采用自上而下的思路从因果关系角度对各种现象进行解释。这种思路往往简化了集群演化过程，不能真正地解释其动态过程（Albino V.，Carbonara N.，Giannoccaro I.，2006）。可见，采用新的研究思路和研究方法对于此类问题的研究将具有极大的促进作用。

1　研究思路与方法

产业集群是一个复杂系统。集群的复杂性特征是集群内部个体组织之间及个体组织与环境之间

* 收稿日期：2010 - 04 - 22；修订日期：2010 - 08 - 19。
基金项目：国家自然科学基金（70973022），高等学校博士点科研基金项目（20070386001），福建省社科基金项目（2008A073），福建省教育厅人文社科研究项目（JA09181S）。
** 陈国宏，福州大学管理学院，教授，博士生导师，福州 350002。蔡彬清，福州大学管理学院，福建工程学院工程管理系，讲师，在读博士生，福州 350108。戴益军，福州大学管理学院，在读硕士生，福州 350002。

不断相互作用的结果。因此，对集群问题的研究应采用自下而上的思路，从集群系统微观主体的行为分析入手，研究众多个体的适应性反应造就的整体复杂性。

本文引入自下而上的研究思路，采用基于 Agent 的仿真建模方法，模拟产业集群企业间知识溢出活动，以分析产业集群知识溢出效应。本文的目的不在于精确地复制现实，而是试图提供一些视角和观点帮助我们更好地理解产业集群演化过程中的知识溢出效应及其可能出现的各种现象。

基于 Agent 的建模方法在微观层次上构造个体行为者，进而由微观个体行为推导出宏观效应，是一种自下而上的研究思路和有效的建模方式。目前，国内外基于 Agent 的建模仿真方法在生物、金融、社会、经济等领域已有比较广泛的应用（Wooldridge M.，1995；宣慧玉、高宝俊，2002；张永安、田钢，2008）。

基于 Agent 的建模仿真方法也已开始应用于产业集群的研究，所涉及的问题主要有产业集群的演化、集群创新的动态性及社会声誉对集群发展的影响等（Albino V.，2006；Brenner，T.，2001；Francesca Giardini，Gennaro Di Tosto，Rosaria Conte，2008）。但目前还较少见将基于 Agent 的建模仿真方法应用于产业集群知识问题的研究。

2　基于 Agent 的产业集群企业间知识溢出模型

2.1　基本定义

（1）本文采用知识势差的概念来定义集群中的知识分布非均衡现象。根据集群企业知识的相对势差，把集群企业分为知识强企业（知识高势位企业）和知识弱企业（知识低势差企业）。知识强企业和知识弱企业是相对而言的，只有在具体的分析情境下才有意义，因为它们都可能通过知识学习等活动改变其地位。

（2）知识势差是知识溢出的充分必要条件。本文定义在一定时刻，知识溢出是知识高势位企业（即知识强企业）向知识低势位企业（即知识弱企业）溢出。

2.2　主体

主体（Agent）具有如下四个主要特性（Wooldridge M.，1995；张永安、田钢，2008）。

（1）自治性（Autonomy）：主体运行时能够自主地采取行动以达到自己的目标，而不需要他人的介入或干预。

（2）社会性（Social-ability）：主体能够通过某种通信语言与其他主体进行交互，以达到自己的目标。

（3）应激性（Reactivity）：Agent 能够感知它们所处环境的变化，并通过改变自身的结构和行为来适应环境，同时能对外界的刺激做出反应。

（4）主动性（Pro-activeness）：Agent 的行为应该是主动的，或者说是自发的，能感知周围环境的变化，并做出反应。

在产业集群系统中，企业是系统运行的主体。企业的行为是主动的、自发的，它能根据自身的目标、环境自主决策。企业能感知环境，能对环境变化迅速做出反应。在特定的集群领域内，企业间共享资源、交流信息、相互学习，存在广泛的竞争与合作关系，形成无形的网络。显然，集群中的企业具有 Agent 的性质和能力。

本文设定集群知识弱企业和集群知识强企业为两类主体。强弱知识企业是针对特定的时刻和特定的比较对象而言的。企业知识强弱是动态变化的。

2.3 主体行为规则描述

主体行为规则是主体必须遵循的一系列行为准则，反映主体各种行为以及主体之间、主体与环境之间的相互作用机制。本文对于集群知识弱企业和集群知识强企业两类主体分别设定主体行为规则，并在主体行为规则中考虑集群环境的影响。

2.3.1 集群知识弱企业的主体行为规则

集群知识弱企业微观领域知识增长模型：

$$\mathrm{d}T_L/\mathrm{d}t = r(T_H - T_L) \tag{1}$$

$\mathrm{d}T_L/\mathrm{d}t$ 是集群知识弱企业的知识增长速率，其受知识强企业与弱企业的知识势差 $T_H - T_L$，企业模仿创新投入水平 $r(0 < r < 1)$ 的影响。

解微分方程（1）得：

$$T_L = T_H - (T_H - T_L)e^{-rt} \tag{2}$$

所以集群知识弱企业可获得的知识量为：

$$\Delta T_L^t = (T_H^t - T_L^t)(1 + e^{-rt}) \tag{3}$$

在此基础上考虑企业知识学习能力 C，因为企业对溢出知识的消化吸收，取决于群内企业的知识学习能力。企业知识学习是有效知识溢出的基础。C 服从 $[0, c]$ 上的均匀分布，反映企业不同的学习能力。

集群知识弱企业在 t 时刻的知识变化量为：

$$\Delta T_L^t = (T_H^t - T_L^t)(1 + e^{-rt})c \tag{4}$$

那么，$t+1$ 时刻集群知识弱企业的知识量为：

$$T_L^{t+1} = T_L^t + \Delta T_L^t \tag{5}$$

2.3.2 集群知识强企业的主体行为规则

集群中知识强企业知识量的变化受集群知识总量、知识溢出率和内部研发投入等因素影响，则集群知识强企业在 t 时刻的知识变化量为：

$$\Delta T_H^t = S(1-K)\sum T_n^t/n \tag{6}$$

S 表示企业内部研发投入对企业知识变化的影响，S 服从 $[0, s]$ 的均匀分布，反映企业不同的内部研发投入。

K 表示企业知识溢出率，$K = \Delta T_L^t/T_H^t$，是 t 时刻知识弱企业知识变化量和知识强企业知识水平的比值。由于知识溢出导致知识强企业创新收益减小，创新意愿下降，因此，知识强企业知识变化量与知识溢出率呈反向变动关系。

$\sum T_n^t/n$ 表示集群知识总量变化对企业知识创造的影响，集群知识总量大小采用集群企业平均知识表示。集群知识总量越大，越有利于企业知识创造活动。

那么，$t+1$ 时刻集群知识强企业的知识量为：

$$T_H^{t+1} = T_H^t + \Delta T_H^t \tag{7}$$

2.3.3 集群环境对企业知识活动的影响

集群中企业知识活动受到集群环境的影响，如集群市场竞争状况、政府、中介服务机构等影响。设集群中的个体企业受集群环境影响大小用 E 值表示，E 值服从 $[0, 1]$ 的均匀分布，反映集群环境对每个企业的不同影响程度；E 值在每一仿真时刻随机赋值，反映在集群演化中环境对企业的动态影响。阈值 a 在 $[0, 1]$ 中取值，反映集群知识溢出的环境优劣。当企业所受的环境影

响度 E 值超过阈值 a 时，企业的知识溢出活动才能发生。

3　基于 Agent 的产业集群企业间知识溢出模型仿真

3.1　初始状态

根据以上所设定的主体和主体行为规则，并设定仿真初始状态，进行仿真实验。本文集群规模设定为 1 780 个企业，集群内企业初始知识水平用平均分布（0，5）随机产生，反映集群企业不同的知识水平和知识势差，如图 1 所示。本文用白色、灰色、红色和黑色分别表示企业所拥有的知识量大小，颜色越深表示其知识量越大。实验中对企业知识学习率 c、企业模仿创新投入 r、企业内部研发投入 s 的取值进行调整，并针对不同条件组合进行仿真实验。集群环境影响程度阈值 a 取固定值即 $a = 0.5$。

图 1　初始状态

3.2　仿真结果及分析

集群环境影响阈值 a 取固定值即 $a = 0.5$，表示集群环境影响程度中等。本文通过对企业知识学习能力 c、企业模仿创新投入 r、企业内部研发投入 s 的取值进行调整，并针对不同条件组合进行仿真实验。通过实验，描述、分析在集群知识溢出演化过程中可能出现的现象。

3.2.1　集群知识势差

当 $c = 0.1$，$s = 0.9$，$r = 0.1$，$a = 0.5$，即企业知识学习能力低，企业内部研发投入多，企业模仿创新投入少的条件下，在不同的演化时间，集群的企业知识分布见图 3。如图 2 所示，经过 $t = 10$ 的集群知识演化，图中灰色区域扩大，出现若干代表较高知识水平的红点；当 $t = 100$ 时，集群企业知识均达到中等以上水平，还出现了若干代表高知识水平的黑点；随着演化次数的增加，红色区域不断扩大，黑点增加，企业知识水平数提升。

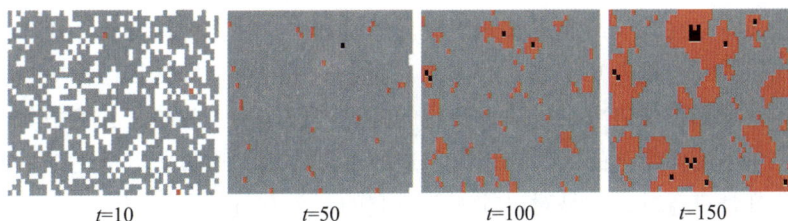

$t=10$　　　$t=50$　　　$t=100$　　　$t=150$

图 2　集群知识势差（$c = 0.9$，$s = 0.1$，$r = 0.9$，$a = 0.5$）

（$c = 0.9$，$s = 0.9$，$r = 0.1$，$a = 0.5$）

经过此实验，我们可以看到，经过一定时期的演化，集群中强弱企业的知识水平均能获得提升，保持一定的知识梯度。由于企业学习能力不同以及创新强度不同，集群企业间知识强弱并不是不变的，在初期处于知识弱势的部分企业经过若干步演化后，可能成为知识强企业，反之亦然。实验表明，在集群内部保持一定的知识势差，能使集群企业通过对溢出知识的学习以及持续创新，形成互相学习、互相追赶的良好态势，并在集群知识总量增长的情况下，达到更高知识水平的知识势差。

3.2.2 集群知识学习

考察 $c=0.9$，$s=0.1$，$r=0.9$，$a=0.5$，即知识学习能力高，企业内部研发投入少，企业模仿创新投入多的条件和 $c=0.1$，$s=0.1$，$r=0.9$，$a=0.5$，即知识学习能力低，企业内部研发投入少，企业模仿创新投入多的条件下，随着演化次数的增加，集群的企业知识分布状况，如图 3 和图 4 所示。

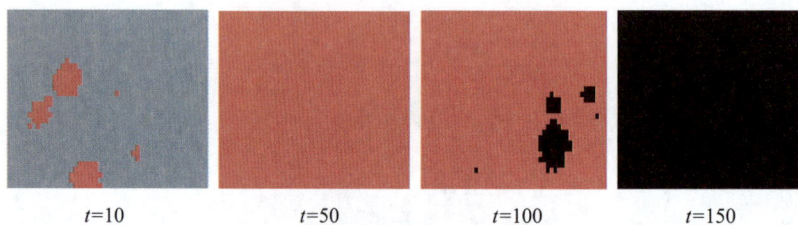

$t=10$ $t=50$ $t=100$ $t=150$

图 3 集群知识学习（$c=0.9$，$s=0.1$，$r=0.9$，$a=0.5$）

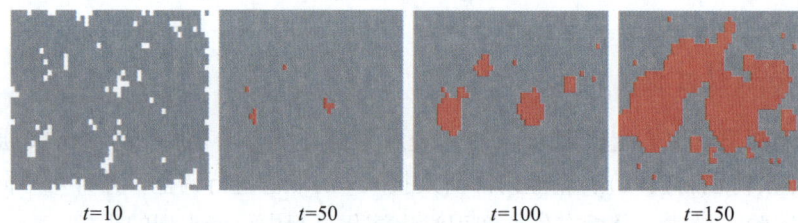

$t=10$ $t=50$ $t=100$ $t=150$

图 4 集群知识学习（$c=0.1$，$s=0.1$，$r=0.9$，$a=0.5$）

从图 3 和图 4 可见，在其他条件相同的情况下，当知识学习能力高时，集群知识扩散速度快，在 $t=150$ 时，所有企业都能达到高知识水平，均呈现出黑色。当知识学习能力低时，集群知识扩散速度缓慢，企业知识水平增加缓慢，在 $t=150$ 时，部分企业仍处于灰色所代表的较低知识水平，部分企业处于红色所代表的较高知识水平，而没有黑色点出现即没有企业达到高知识水平。这表明企业知识学习能力的高低是影响集群知识有效溢出的关键因素，知识溢出对于知识弱企业和知识强企业都是有益的。

值得注意的是，在以往关于产业集群知识溢出的研究中，往往强调知识溢出给知识接受方即知识弱企业带来的知识共享，提升知识水平的作用，而把知识强企业即知识溢出方视为被动者，强调其由于知识溢出导致的知识优势减小或消失产生的各种消极作用，忽略了在集群知识流动过程中由于集群整体知识总量增加而带来的对其知识再创造的促进作用。通过此部分的实验结果表明知识溢出对集群所有企业都是有益的，这是对以往相关研究的一个有益补充。

3.2.3 集群知识锁定

考察 $c=0.1$，$s=0.1$，$r=0.1$，$a=0.5$，即企业知识学习能力低，企业内部研发投入少，企业模仿创新投入少的条件下和 $c=0.9$，$s=0.1$，$r=0.1$，$a=0.5$，即企业知识学习能力高，企业内部研发投入少，企业模仿创新投入少的条件下，随着演化次数的增加，集群的企业知识分布状况，如图 5 和图 6 所示。

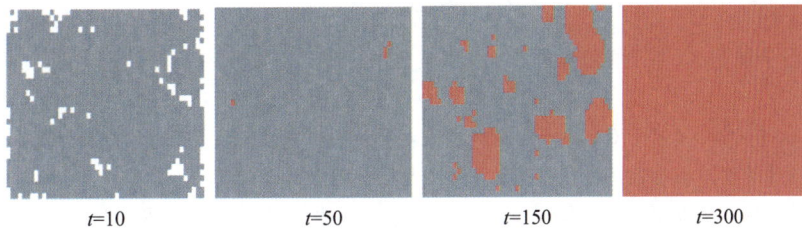

图 5　集群知识锁定（$c=0.1$，$s=0.1$，$r=0.1$，$a=0.5$）

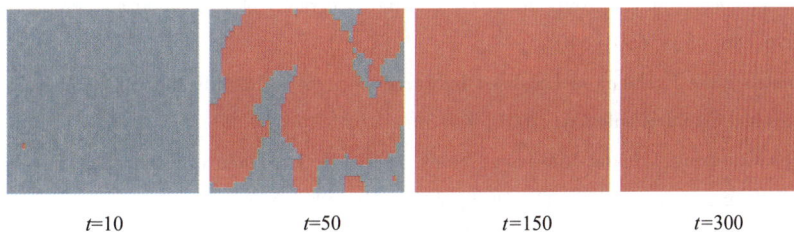

图 6　集群知识锁定（$c=0.9$，$s=0.1$，$r=0.1$，$a=0.5$）

从图 5 和图 6 可以看到，经过一段时期的演化后，集群企业都处于红色代表的较高知识水平，未有企业达到黑色代表的高知识水平，而且经过长时期的演化后（$t=300$），仍然保持这种状况。这表明在企业知识学习能力低和知识学习能力高的条件下，都可能出现集群知识锁定现象。

可以发现在企业知识学习能力一定的情况下，加大企业内部研发投入或增加模仿创新投入，都可能在图中出现黑色点即使企业达到高知识水平。这表明对于集群知识的持续发展，仅依靠企业对溢出知识的学习是不够的，若没有持续的创新投入支撑，企业不能达到高知识水平。企业创新投入是集群知识持续提升的关键因素。无论知识溢出率如何，企业创新和模仿创新投入不足都将导致集群企业的知识水平趋于同质和等量，知识势差趋于零，可能出现集群知识锁定现象。

4　结　　论

对于产业集群知识的关注是目前产业集群研究的趋势，本文采用基于 Agent 的思路和方法对产业集群企业知识溢出进行仿真分析，根据仿真结果，对集群知识溢出产生的知识势差、知识学习、知识锁定等各种集群现象进行分析。

本文分析结果表明集群企业通过对溢出知识的学习以及持续创新能不断形成更高知识水平上的企业间知识势差，呈现出形成互相学习、互相追赶的良好态势；企业知识学习能力的高低是影响集群知识溢出的关键因素，知识溢出对于知识弱企业和知识强企业都是有益的；集群知识演化过程中，企业创新投入是集群知识持续提升的关键因素。无论知识溢出率如何，企业创新和模仿创新投入不足都可能导致集群知识锁定。

本文的研究意义还在于通过集群知识溢出主体和主体行为规则的设定以及主体间的相互作用的模拟，能产生知识势差、知识学习、知识锁定等各种集群现象，这能在一定程度上形象地表明产业集群系统是复杂适应系统。这是以往此领域研究中通过理论分析、案例研究所不能实现的。

当然，本研究只是一个探索，今后还需要对相关问题开展进一步的研究。今后在基于 Agent 的集群知识溢出仿真系统中还可以加入人们所关心的、极为重要的若干主体及若干变量，以更全面系统地考查集群知识溢出现象。

参 考 文 献

1. 蔡彬清、陈国宏、李美娟：《基于自组织的产业集群演化中的锁定效应研究》，载《科技进步与对策》2008 年第 25 期。

2. 蔡彬清、陈国宏、李美娟：《基于 CA 的产业集群技术发展动力研究》，载《研究与发展管理》2009 年第 21 期。

3. 宣慧玉、高宝俊：《管理与社会经济系统仿真》，武汉大学出版社 2002 年版。

4. 张永安、田钢：《多主体仿真模型的主体行为规则设计研究》，载《软科学》2008 年第 22 期。

5. Albino V., Carbonara N., Giannoccaro I., Innovation in Industrial Districts: an Agent-based Simulation Model, International Journal of Production Economics, 2006, 104: 30 – 45.

6. Audretsch, D. B., Feldman, M. P., R&D Spillovers and the Geography of Innovation and Production, American Economic Review, 1996, 86 (3): 630 – 640.

7. Brenner, T., Simulating the Evolution of Localised Industrial Clusters an Identification of the Basic Mechanism, Journal of Artificial Societies and Social Simulation, 2001, 4 (3).

8. Cai Bin-qing, Chen Guo-hong, Huang Xin-huan, Study on the Motive Force of Technology Development in Industrial Clusters Based on Cellular Automata, 2007 TY-IMOT, 2007, 10: 529 – 536.

9. Chen Guohong, Cai Binqing, The Simulation of Technology Diffusion in Industrial Clusters Based on Cellular Automaton, EMS, 2008, 10.

10. Francesca Giardini, Gennaro Di Tosto, Rosaria Conte, A Model for Simulating Reputation Dynamicsin Industrial Districts, Simulation Modelling Practice and Theory, 2008, 16: 231 – 241.

11. Jongyong Park, Hakyeon Lee, Yongtae Park, Disembodied Knowledge Flows among Industrial Clusters: A Patent Analysis of the Korean Manufacturing Sector, Technology in Society, 2009, 31 (1): 73 – 84.

12. Saxenian, A., Regional Advantage: Culture and Competition in Silicon Valley and Route 128, Harvard University Press, Cambridge, MA. 1994.

13. Sorenson O., Rivkin J. W., Fleming L., Complexity, Networks and Knowledge? Res Policy, 2006, 35 (7): 994 – 1017.

14. Wooldridge M. Intelligent Agents: Theory and Practice. Knowledge Engineering Review, 1995, 10 (2): 115 – 152.

An Agent-based Simulation Model for Enterprises Knowledge Spillover in Industrial Clusters

Chen Guohong[1]　**Cai Binqing**[1,2]　**Dai Yijun**[1]

(1. School of Management, Fuzhou University, P. R. China, 350108;

2. Department of Engineering Management, Fujian University of Technology,

P. R. China, 350108)

Abstract: This paper explores enterprises knowledge spillover in industrial clusters using an agent based simulation model. The knowledge spillover in industrial clusters is simulated based on analyzing the micro-mechanism of enterprises knowledge spillover in industrial clusters. According to the simulation, the knowledge spillover effect in knowledge disparity, knowledge learning and knowledge lock-in can be illustrate, and some meaningful conclusions can be pointed out.

Key Words: Industrial Cluster　Knowledge Spillover　Agent-based Simulation

技术创新活动中研发经费、专利和
技术转让的相关性研究[*]

郭　炬　叶阿忠　郭　昆[**]

摘　要：大多数学者通过分析技术创新投入与产出来表述技术创新的作用。区别于以往把专利要素作为投入指标的研究，把专利分为申请与授权，同时分属投入与产出要素，并以此为基础研究各要素间相互关系。研究发现，R&D、专利与技术转让等技术创新要素不能全部作为内生变量使用。运用卡尔曼滤波的方法可以找到一种度量单一技术创新水平的指标，进而描述中国在经济发展过程中技术创新的演进路程，并证明目前中国的技术创新活动已经遇到了瓶颈。

关键词：技术创新　专利申请　专利授权　R&D 经费支出　技术转让

中图分类号：F062.4　　　　　**文献标识码**：A

0　引　言

自从美籍奥地利经济学家、美国哈佛大学教授约瑟夫·阿洛伊斯·熊彼特（Joseph Alois Schumpeter）提出创新理论以来，各国学者纷纷对创新进行研究。在 20 世纪 80 年代之前，Davis（1974），North（1977），Rothwell & Robertson（1973），Utterback（1975），Rosenberg（1972），Nelson（1977）等关于创新的研究主要集中在技术创新和制度创新领域（赵树宽、许超、王嘉嘉，2008）。而国内对技术创新的研究一般认为是开始于 1989 年。

在技术创新与经济关系的论述中，约瑟夫·阿洛伊斯·熊彼特在创新五个内容中提到，经济的变革与增长归因于创新活动。而美国加州大学经济学家保罗·罗默则认为生产要素有资本、非技术的劳动力、人力资本和知识技术四项，而技术创新是可以提高投资收益的重要生产要素。国内的傅家琪在研究中曾得出技术创新是影响产业升级的核心因素，并认为国家高质量经济增长的过程，正是技术创新效应持续发挥的过程（傅家琪，2008）。

关于技术创新要素的研究，学者们最先关注的是技术创新投入要素，例如 Daniele Archibugi 等（1996）论述了专利在技术创新中的作用，并认为应该与经济相联系来研究技术创新（Daniele Archibugi，Mario Pianta，1996）。Anthony Arundel 等（1998）通过对欧洲多个企业的专利申请研究说明技术创新活动的强度（Anthony Arundel，Isabelle Kabla，1998）。Biju Paul Abraham 等（2001）也支持专利申请对技术创新水平起作用的研究（Biju Paul，2001）。但 Maryann P. Feldman，Albert N. Link 逐渐认识到以前学者在研究技术创新时由于只关注于投入要素诸如专利等，而忽略了企业

---

　*　收稿日期：2010 - 04 - 15；修订日期：2010 - 08 - 19。
　**　郭炬，福州大学管理学院，福建信息职业技术学院，讲师，在读博士生，福州 350002。叶阿忠，福州大学管理学院，教授，博士生导师，福州 350002。郭昆，福州大学数学与计算机科学学院，福州大学管理学院，讲师，在读博士生，福州 350002。

间关系，因而对技术创新的研究产生了相反的影响；建议增加对产出要素的研究（Maryann P. Feldman，2001）。Jian Cheng Guan 等（2006）通过研究发现技术转让是创新机制、经济发展的关键因素（Jian Cheng Guan, Chiu Kam Mok, Richard C. M. Yam, K. S. Chin, Kit Fai Pun, 2006），表明产出要素和投入要素一样，对技术创新产生影响。因此，Antoine Llor（2007）就把技术创新指标归为专利申请、专利授权、许可协议、活跃专利和许可证（组合），以及的授权收入，尽管他也认为由于信息量过多过大（Basberg，1987；Griliches，1990；Griliches et al.，1987；Pavitt，1988），会导致偏差与不足（Antoine Llor，2007）。

目前，技术创新能力已经成为一个国家或地区能否保持可持续性发展的决定性要素，但具体的技术创新能力评测指标仍未形成共识。王海威等（2005）总结了 M. Burgelman 等人的观点：企业创新能力是便于组织支持企业技术创新战略的组织特性全集；同时也总结了 D. C. Barton 等人的观点：企业技术创新能力的核心是掌握专业知识的人、技术系统、管理系统的能力及企业的价值观（王海威、朱建忠、许庆瑞，2005）。但具体的评价体系仍未有效建立。学者们目前普遍采用多指标、大信息量加以研究，以期获得满意结果。

本文认为，从专利申请、授权、研发经费和技术转让收入的角度出发，研究各要素间相互关系，有助于更好地分析技术创新能力的内在组成和发展趋势，而通过 Bo carlsson（2002）关于总研究经费和许可证、专利数及产生的技术转让收入之间存在高度相关的思路（Bo Carlsson, Staffan Jacobsson, Magnus Holmén, Annika Rickne, 2002），进行实证分析，可以获得令人满意的结论。同时针对目前技术创新能力指标繁杂、信息量冗余的情况，从不可观测与衡量的角度加以分析，通过计量方法，得到与实际相符的趋势图表，并对中国的技术创新发展水平加以分析，为中国的技术创新决策提供依据与借鉴。

本文的结构安排如下：第 1 节介绍基于 VAR 模型的技术创新要素之间的相互关系，第 2 节描述专利授权对 R&D 经费投入的半参数模型，第 3 节分析了技术创新能力的演变，第 4 节给出结论，第 5 节指出了今后努力方向。

1　技术创新要素之间的相互关系分析

1.1　单位根检验

国内对技术创新的研究一般认为是开始于 1989 年，但考虑到样本数量对分析结果精确度的影响和获取样本的难度，本文选取 1987～2008 年数据进行分析。[①] 表 1 的 ADF 单位根检验表明，Lapp、Lgra、Linv、Ltra 都是具有截距项的一阶单整非平稳序列；Lgdp 是二阶单整非平稳序列。

表 1　　　　　　　　　　　　　　　　相关变量单位根检验

变量符号	变量名称	检验类型（C，T，N）	T 统计量	5% 临界值	Prob.	单整阶数
Lapp	专利申请量	（C，0，1）	-4.713075	-3.020686	0.0014	1
Lgra	专利授权量	（C，0，1）	-4.918553	-3.020686	0.0009	1
Linv	R&D 经费投入	（C，0，1）	-5.568667	-3.020686	0.0002	1
Ltra	技术转让收入	（C，0，1）	-7.945187	-3.020686	0.0000	1
Lgdp	国内生产总值	（C，0，3）	-3.996703	-3.065585	0.0086	2

注：C，T，N 分别代表检验中是否带有常数项、时间趋势项及滞后阶数，滞后阶数的选择为 AIC 最小化原则，采用 Eviews 6.0 软件计算。

---

① 本文中采用的数据凡没有特别指出的均出自中国科技部网站统计数据库；本文分析所用软件为 Eviews 6.0。

1.2　Granger 因果关系检验

为了更好地对专利申请、专利授权、R&D 经费支出和技术转让相互关系进行动态分析，本文采用 VAR 模型处理多个相关指标的分析。由于 Lapp、Lgra、Linv、Ltra 都是具有截距项的一阶单整非平稳序列，在建立 VAR 模型时无法满足平稳性条件，因此，通过差分变换，把 ΔLapp、ΔLgra、ΔLinv、ΔLtra 作为研究对象。

通过信息准则（AIC 和 SC 值最小），本文获得向量自回归滞后阶数为 2。Granger 因果关系检验结果（见表 2）：实际专利申请数量的增长率、专利授权数量的增长率、R&D 投入费用的增长率都是引起技术转让收入增长率变化的原因；实际专利申请数量的增长率、技术转让收入的增长率、R&D 投入费用的增长率都是引起专利授权数量增长率变化的原因；实际专利授权数量的增长率是引起 R&D 投入费用的增长率变化的主要原因。而实际 D（Ltra）、D（Lgra）、D（Linv）不能分别和同时 Grange 引起实际 D（Lapp）的 P 值分别达到 0.9799、0.8236、0.4072、0.8876 表明实际专利申请数量的增长率可以作为外生变量。

表 2　　　　　　　　　　　　　　　　　　Granger 因果关系检验

	原假设	χ^2 统计量	自由度	P 值
D（Ltra）	实际 D（Lapp）不能 Grange 引起实际 D（Ltra）	4.760702	2	0.0925
	实际 D（Lgra）不能 Grange 引起实际 D（Ltra）	7.227387	2	0.0270
	实际 D（Linv）不能 Grange 引起实际 D（Ltra）	5.655443	2	0.0591
	实际 D（Lapp）、D（Lgra）、D（Linv）不能同时 Grange 引起实际 D（Ltra）	24.05266	6	0.0005
D（Lapp）	实际 D（Ltra）不能 Grange 引起实际 D（Lapp）	0.040658	2	0.9799
	实际 D（Lgra）不能 Grange 引起实际 D（Lapp）	0.388140	2	0.8236
	实际 D（Linv）不能 Grange 引起实际 D（Lapp）	1.796897	2	0.4072
	实际 D（Ltra）、D（Lgra）、D（Linv）不能同时 Grange 引起实际 D（Lapp）	2.324349	6	0.8876
D（Lgra）	实际 D（Ltra）不能 Grange 引起实际 D（Lgra）	11.60299	2	0.0030
	实际 D（Lapp）不能 Grange 引起实际 D（Lgra）	5.055576	2	0.0798
	实际 D（Linv）不能 Grange 引起实际 D（Lgra）	9.870424	2	0.0072
	实际 D（Ltra）、D（Lapp）、D（Linv）不能同时 Grange 引起实际 D（Lgra）	16.03566	6	0.0136
D（Linv）	实际 D（Ltra）不能 Grange 引起实际 D（Linv）	2.264980	2	0.3222
	实际 D（Lapp）不能 Grange 引起实际 D（Linv）	1.169760	2	0.5572
	实际 D（Lgra）不能 Grange 引起实际 D（Linv）	9.051109	2	0.0108
	实际 D（Ltra）、D（Lapp）、D（Lgra）不能同时 Grange 引起实际 D（Lgra）	12.04624	6	0.0609

注：表 2 中对每一个方程来说，前三行是关于每一个其他滞后内生变量在特定显著性条件下的 χ^2 统计量，第四行是方程中所有滞后内生变量在显著性条件下的 χ^2 统计量。

1.3　脉冲响应函数

脉冲响应函数是分析一个内生变量的冲击给其他内生变量带来的影响。由于内生变量的选择顺序不同会给结果带来不同，因此本文根据变量考查重点，在 Granger 检验基础上按下列顺序进行分析：D（Ltra）、D（Lgra）、D（Linv）、D（Lapp）。图中横轴表示冲击的滞后期数（单位：年度），纵轴表示各相应的变量，实线表示脉冲响应函数曲线，虚线表示正负两倍标准差偏离带。

从图 1 中可以看出，当本期给技术转让变动一个正冲击后，会给自身带来正向冲击，这种正向冲击逐渐转弱，在第二期趋近于 0。随后，技术转让增长率带来的冲击在相对窄小的范围内上下摆动，表明技术转让增长率对自身的影响并不显著。图 4 显示 R&D 投入费用的增长受某一外部冲击时，在前三期给技术转让增长率带来抑制作用。这种抑制作用逐渐减小，随后在第 3 期后给技术转让增长率带来正向冲击。这种波动变化随后伴随到第 10 期，但波动幅度逐渐减弱，说明 R&D 投入费用的增长率大小的变化在一定程度上加剧技术转让波动。而图 2、图 3 显示，专利申请数量和授权数量的增长率受到正向冲击时，都会在一定时期内（1～2 期）对技术转让增长率产生一个正向冲击，但随后转变为对技术转让增长率的反向冲击，然后不断波动，同时波动幅度不断变小，表明专利申请数量和授权数量的增长率对技术转让增长率的影响相对微弱。

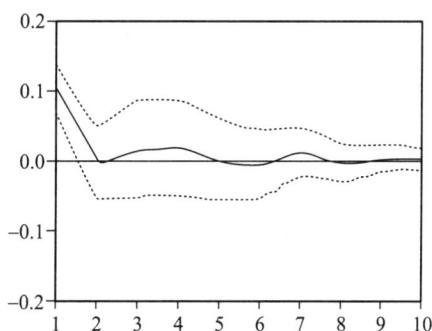

图 1　D（Ltra）对自身的影响

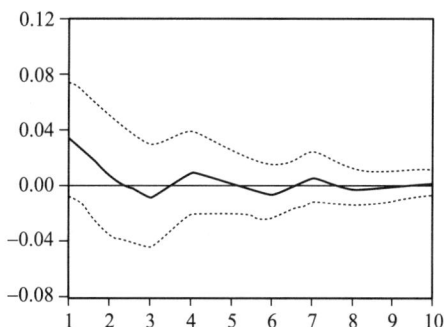

图 2　D（Lapp）对 D（Ltra）的影响

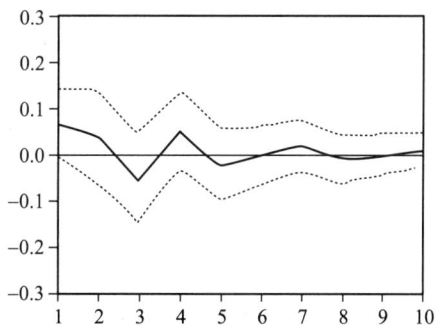

图 3　D（Lgra）对 D（Ltra）的影响

从图 5 中可以看出，技术转让增长率在受到一个正向冲击后，会给专利授权增长率带来一个正向影响，并在第 3 期达到最高点，随后给专利授权增长率的冲击逐渐减弱，在第四期趋近于 0，并逐渐转为反向冲击，随后小幅上下波动。表明技术转让增长率对专利授权有一定影响，但这一影响是滞后的。与此类似的还有图 6 专利申请在受到冲击时对专利授权的影响，也具有较大的滞后效应。图 8 显示在首期给 R&D 投入一个冲击后，R&D 投入会给专利授权带来反向冲击，但随后快速转变为正向冲击，并做大幅摆动，直到第 7 期以后逐渐转弱。表明 R&D 投入费用的增长率大小的变化对专利授权波动有剧烈影响。图 7 表明，专利授权在开始受到一个正向冲击后，给自身带来正向影响，但影响逐渐减弱，随后一直小幅摆动，表明对自身的影响微弱。

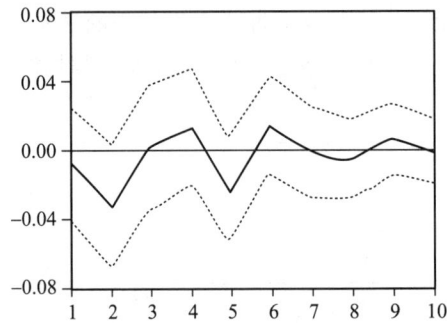

图 4　D（Linv）对 D（Ltra）的影响

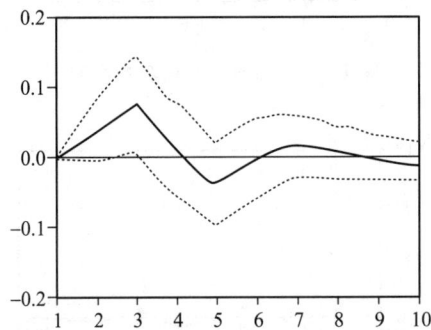

图 5　D（Ltra）对 D（Lgra）的影响

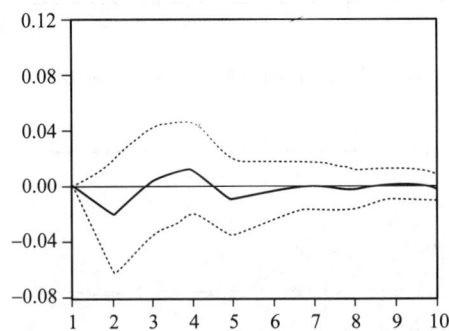

图 6　D（Lapp）对 D（Lgra）的影响

从图 9 中可以看出，给专利授权一个正向冲击后，专利授权在第 1 期不会给 R&D 投入费用的增长率带来响应，而在第 2 期开始对 R&D 投入费用起抑制作用，并且有逐渐加剧的趋势，在第 2 期达到最大的反向作用，随后又逐渐减弱这种冲击，并形成正向冲击。之后上下小幅度波动。图 10 表明，R&D 投入费用的增长率在受到一个正向冲击后，同样会给自身一个正向冲击，但迅速转弱，在第 2 期形成反向冲击达到最大，随后又迅速向上反转，形成正向冲击，并在随后一段时间内形成宽幅振荡。表明 R&D 投入费用的增长率会给自身带来巨大的影响。

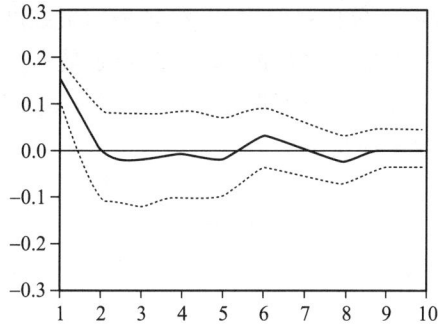

图 7　D（Lgra）对自身的影响

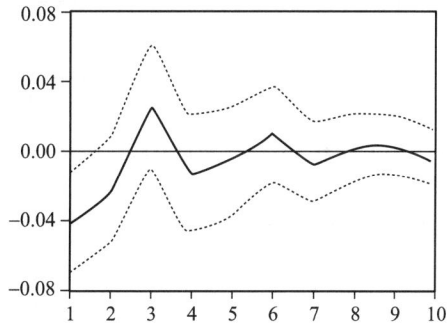

图 8　D（Linv）对 D（Lgra）的影响

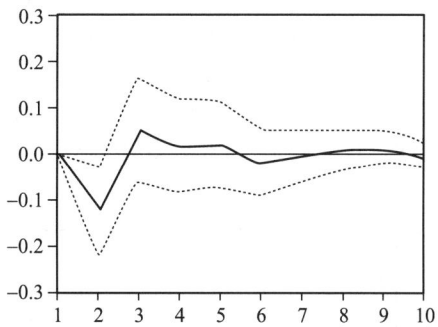

图 9　D（Lgra）对 D（Linv）的影响

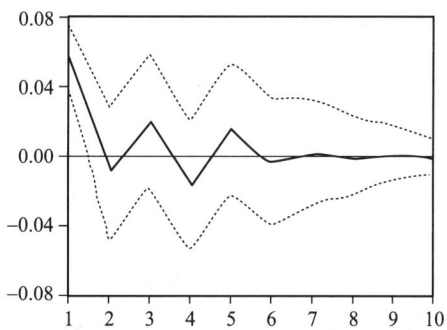

图 10　D（Linv）对自身的影响

1.4　方差分解分析

方差分解是通过分析每一个结构冲击对内生变量变化的贡献度，进一步评价不同结构冲击的重

要性。各图中横轴表示滞后期间数（单位：年度），纵轴表示贡献度（单位：百分数）。从图 11 ~
图 14 中可以看出，R&D 投入费用的增长率对技术转让的贡献最大，在第 10 期达到 32.63%；其次
是技术转让的增长率对自身的贡献，在第 10 期时达到 32.59%；专利授权与申请数量增长率对技
术转让的贡献最小，分别是 28.44% 和 6.34%。

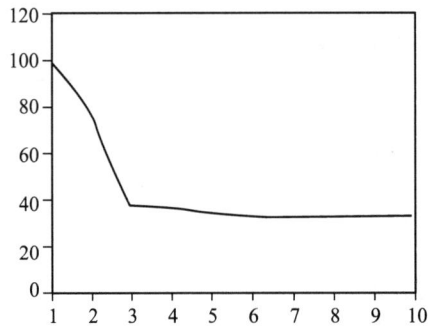

图 11　D（Ltra）对自身的贡献率

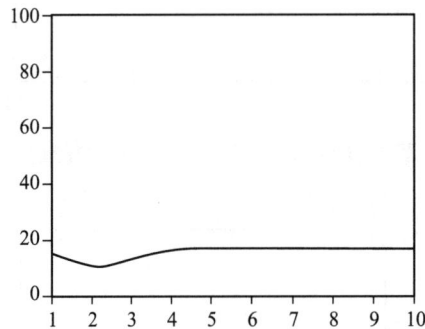

图 12　D（Lgra）对 D（Ltra）的贡献率

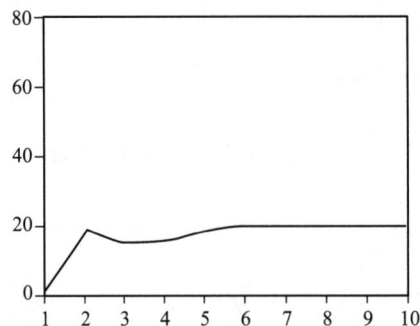

图 13　D（Linv）对 D（Ltra）的贡献率

从图 15 ~ 图 18 中可以看出，专利授权数量的增长率对自身的贡献最大，在第 10 期达到
35.58；其次是 R&D 投入费用的增长率对专利授权的贡献，在第 10 期时达到 28.67%；技术转让和
专利申请数量增长率对专利授权的贡献最小，分别是 16.72% 和 19.03%。

从图 19 ~ 图 20 中可以看出，R&D 投入费用的增长率对自身的贡献是逐渐降低的，在第 10 期
达到 35.23%；而专利授权数量的增长率对 R&D 投入费用的贡献在第 10 期为 26.36%。

2　专利授权对 R&D 经费投入影响的半参数模型分析

专利授权行为表现为专利保护。而 Ashish Arora 等（2008）认为专利保护是 R&D 经费投入的诱因（Ashish Arora，Marco Ceccagnoli，Wesley M. Cohen，2008）。Schankerman（1998）则通过专利保护价值和 R&D 经费投入比率（ESR）来描述 R&D 活动受影响的程度（Schankerman，M.，1998）。Eaton & Kortum（1999）得出结论，消除专利保护将降低 R&D 活动和经济增长（Eaton，J.，Kortum，S.，1999）。因此，虽然在 VAR 中，R&D 经费投入作为外生变量考虑，但可以考虑专利授权行为对其产生的影响。

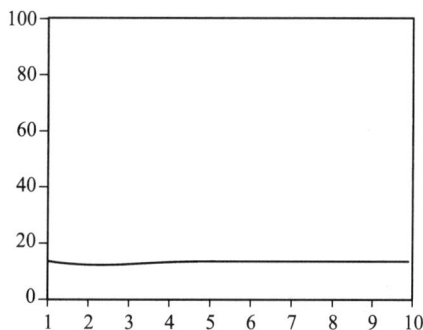

图 14　D（Lapp）对 D（Ltra）的贡献率

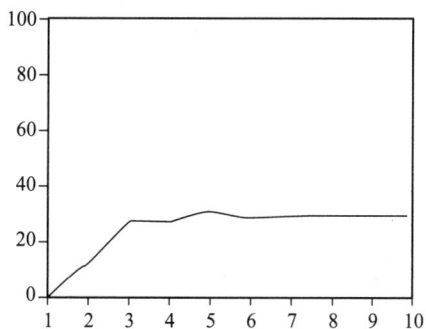

图 15　D（Ltra）对 D（Lgra）的贡献率

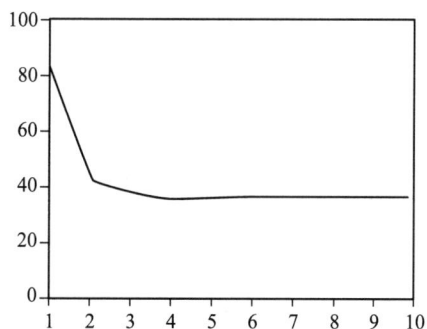

图 16　D（Lgra）对自身的贡献率

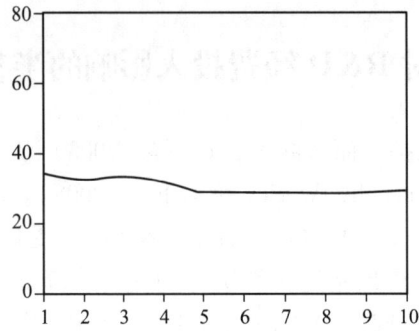

图17　D（Linv）对 D（Lgra）的贡献率

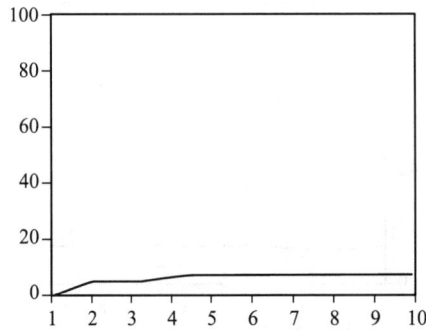

图18　D（Lapp）对 D（Lgra）的贡献率

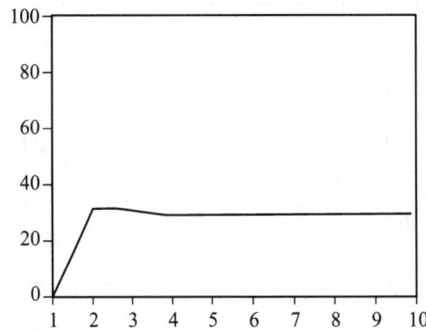

图19　D（Lgra）对 D（Linv）的贡献率

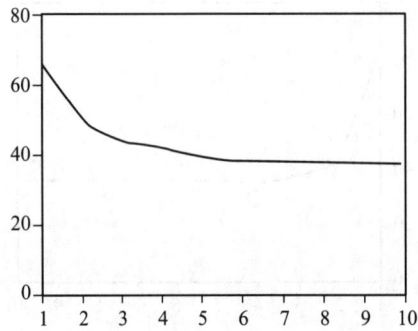

图20　D（Linv）对自身的贡献率

由 Granger 因果检验看出，专利授权数量增长率和 R&D 经费投入增长率存在因果效应。在对两个变量之间关系未知的情况下，半参数模型更符合现实情况，因此，根据 AIC 准则确定 ΔLinv 的滞后阶数为一阶，并据此建立以下模型：

$$\Delta Linv_t = \beta_0 \Delta Linv_{t-1} + \Phi(\Delta Lgra_t) + u_t \tag{1}$$

本文采用最小二乘核估计。由于核函数的选择对 MSE 变动影响很小，无论选择何种核函数，都不改变 MSE 的性质，可以说核函数的选择与估计的有效性无关，Jones（1990）也表达了类似观点。本文为简单起见，选择 Epanechnikov 核函数，$K(u) = 0.75(1 - u^2)$。窗宽的选择运用 M. P. Wand & M. C. Jones（1995）给出的最佳窗宽选择——直接插入法，并通过 R2.7.2 软件来实现，得到核窗宽 $h = 0.0867$。根据 Denby（1984，1986）提出的四步法进行估计，运用 Matlab7.0.1（R14）进行编程，得：

$$\Delta Linv_t = -0.0164 \Delta Linv_{t-1} + \Phi(\Delta Lgra_t) + u_t \tag{2}$$

观察残差自相关和偏自相关图，结果表明残差是白噪音，证明模型是合适的。对被解释变量求导，得到解释变量变化对被解释变量的影响程度。从图 21 中看出，从 1994 年起，专利授予的增长对 R&D 投入增加的影响在迅速变大，在 1996 年达到顶峰。随后又迅速下降，在经过 1998 ~ 2000 年的短暂回升后，又迅速降低，在 2001 年达到最低。随后又迅速回升，并在 2002 年后保持平稳。

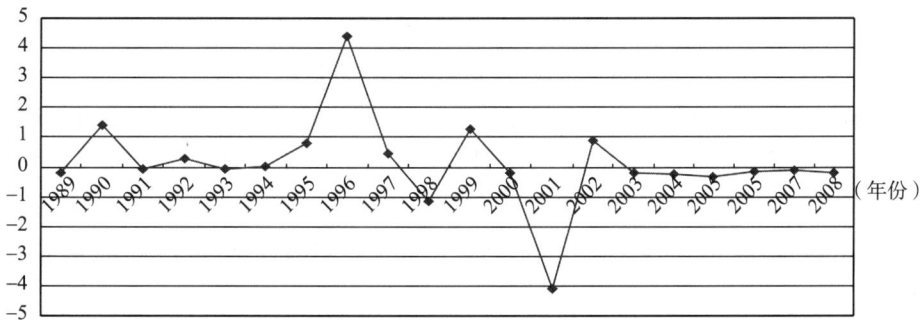

图 21　$\Delta Lgra_t$ 的变化对 $\Delta Linv_t$ 的影响趋势 $\Phi'(\Delta Lgra_t)$

3　各相关变量的长短期均衡关系及创新能力指标的引入

3.1　专利授权的误差修正（ECM）模型分析

专利授权数量受到多个因素影响，例如，Kortum & Lerner（1997）在描述美国 20 世纪 80 年代中期专利授权数量的增加时，强调增加专利申请能力、增加技术机会、加大 R&D 资金投入力度、转向应用研究等会导致更多的专利产出（Kortum S.，Lerner J.，1997）。在技术转让过程中，产出指标从因果关系上更容易被投入要素所解释。专利授权被其他三个要素所解释表明，把专利授权要素作为技术创新产出指标更符合现实。

由 Granger 因果检验得出，专利申请数量、R&D 经费投入、技术转让收入与专利授权数量存在 Granger 因果关系，故可建立以下模型，回归分析，得：

$$Lgra_t = -0.373864 + 1.001515 Lapp_t - 0.201158 Linv_t + 0.223958 Ltra_t \tag{3}$$

由表 1 可知，各个变量均是一阶单整变量，各个变量的一阶差分均是平稳的，所以各个变量之间可能存在协整关系，因此要进行协整检验。

对残差进行单位根检验。MacKinnon（1991）通过模拟试验得到了不同变量协整检验的临界值，在小于 25 个样本、变量数为 4 时，ADF 临界值（5%）为 -4.56，而实证中，对于 21 个样本 4 个变量的 ADF 检验，其残差值为 -4.846997，小于 -4.56，表明 $Lgra$、$Lapp$、$Linv$、$Ltra$ 之间存在稳定的协整关系。

对残差进行 LM 检验，F - statistic 统计量为 0.860077，Prbo. F（2，16）为 0.4418，Obs* R-squared 为 2.135612，Prbo. Chi-Square（2）为 0.3438；检验结果不能拒绝原假设，表明残差不存在序列相关。

Granger 表述定理认为，如果变量 X 与 Y 是协整的，则它们间的短期非均衡关系总能由一个误差修正模型表述。据此建立误差修正模型（ECM）：回归分析，得：

$$\Delta Lgra_t = 0.395351\Delta Lapp_t - 0.446928\Delta Linv_t + 0.518875\Delta Ltra_t$$
$$- 1.139309\,(Lgra_{t-1} + 0.432793 - 1.068247Lapp_{t-1}$$
$$+ 0.329287Linv_{t-1} - 0.266716Ltra_{t-1})\qquad\qquad(4)$$

由式（4）可得 $Lgra_t$ 关于 $Lapp_t$ 的长期弹性为 1.068247，$Lgra_t$ 关于 $Linv_t$ 的长期弹性为 -0.329287，$Lgra_t$ 关于 $Ltra_t$ 的长期弹性为 0.266716。其中，专利申请数量因素对专利授权的影响最大。专利申请数量每上升 1 个百分点，专利授权增长 1.068247 个百分点。其次是技术转让对专利授权增长的影响，技术转让收入每上升 1 个百分点，专利授权数量增长 0.266716 个百分点。而 R&D 投入的长期弹性为负，表明对专利授权有负作用。R&D 投入每增加 1 个百分点，专利授权数量减少 0.329287 个百分点。

由式（4）可得 $Lgra_t$ 关于 $Lapp_t$ 的短期弹性为 0.39535，$Lgra_t$ 关于 $Linv_t$ 的短期弹性为 -0.446928，$Lgra_t$ 关于 $Ltra_t$ 的短期弹性为 0.518875。说明当期专利申请数量每上升 1 个百分点，专利授权数量增长 0.39535 个百分点，而 R&D 投入每上升 1 个百分点，专利授权数量增长 -0.446928 个百分点。技术转让收入每增加 1 个百分点，专利授权总量增加 0.518875 个百分点。从短期均衡模型可以看出，技术转让收入变为主要的专利授权增长拉动力量。但短期 R&D 投入仍然对经济增长产生负作用。

误差修正项的系数为 $\lambda = 1.139309$，反映出偏离长期均衡的调整力度大小是 1.139309。当短期波动偏离长期均衡时，将以 1.139309 的调整力度将非均衡状态拉回到均衡状态。即每年发生的专利申请数量、专利授权数量、R&D 资金投入、技术转让收入的变化与长期均衡的偏差中将有 113.93% 得到调整。

3.2　技术转让与技术创新水平的状态空间模型分析

从专利申请到代表收入的经济影响，其中包括了专利申请、专利授权、R&D 投入和技术转让，提供了整个技术创新过程的监测（Basberg，1987；Griliches，1990；Griliches et al.，1987；Pavitt，1988）。技术转让作为最后阶段的产出指标，受到多个要素影响。新经济增长理论认为：古典经济理论把技术作为经济增长的外生变量是不够的，必须把技术作为经济增长的内生变量，使技术进步"内生化"；因而，考虑把经济要素加入到技术转让的模型中去。而技术创新水平反映一个国家的整体技术创新能力，它是由多项因素构成的，在对每一个定量指标要素没有分配适当的权重时，是很难加以测度的。因而，可以考虑通过对技术转让的分析，间接得到技术创新水平指标。引入不可测度变量技术创新能力来反映对技术转让的影响，可以实现对技术创新能力的分析与研究。

考虑到技术转让和专利申请数量、专利授权数量、R&D 投入之间的因果关系，同时考虑到技术创新水平对技术转让的影响，可以运用卡尔曼滤波的方法对技术创新水平进行研究。由于技术创新水平很难测度，因此考虑使用状态空间模型进行设定，回归分析如下：

量测方程：

$$Ltra_t = -7.250641 + Lgdp_t \times Inno_t - 0.173392Lapp_t$$

$$+0.134177Lgra_t + 0.546766Linv_t + \mu_t \tag{5}$$

状态方程：

$$Inno_t = 0.773289Inno_{t-1} + \mu_t \tag{6}$$

其中，$Inno_t$ 为不可观测的向量（技术创新比率），$Inno_t \times Lgdp_t$ 代表随经济发展而变化的技术创新能力。

由于方程中变量是非平稳序列（一阶或二阶单整）。因而，为检验模型估计的可靠性，须对原方程进行协整关系检验。选用 Engle 和 Granger 的两步法（EG）对方程残差进行单位根检验，结果表明，在 1% 水平下，T 统计量数值 -37.42551 小于临界水平值 -3.788030，因而表明状态空间模型的估计结果是可靠的。

通过研究状态变量序列图 22，可以发现，技术创新比率在经过 1987 ~ 1989 年的急速下降后开始回升，并在 2005 年达到最高的 0.777438，随后又缓慢下降，其间形成比较平稳的上下波动。由于国内对技术创新的关注度从 1989 年开始，同时当年经济发展的基数较低，因此，在 1989 年前，随着我国经济发展速度（GDP）的提高，技术创新比率呈反向下降趋势，在 1989 年达到最低点，为 0.755738。随后走势比较平稳。

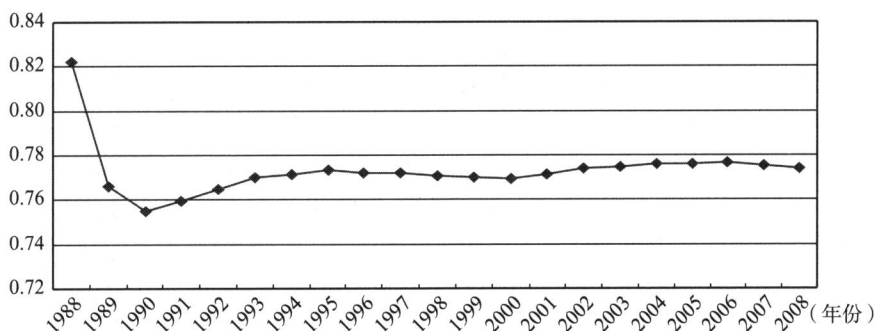

图 22　技术创新比率（$Inno_t$）趋势

图 23 都是以 1990 年技术创新要素、技术创新水平与经济增长为基数 1 进行的描述，可以看出，技术创新要素的增长速度要大于经济增长，技术创新水平的增长最慢。在这反映出技术创新要素的增长相对容易，而技术创新要素增长的速度并不能代表技术创新水平的增长速度，技术创新能力的提高基本与经济的发展速度保持一致，甚至还略低于经济的增长速度。

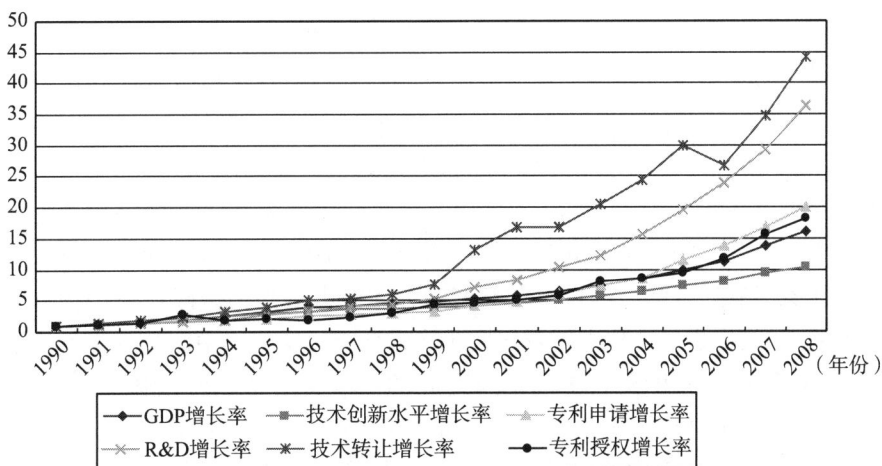

图 23　技术创新要素、技术创新能力与经济增长的比较

4 结   论

（1）中国的专利申请数量在近年来实现了跳跃式发展，由于授权、研发经费和技术转让收入指标中不包括预测专利申请的有效信息，因而从专利申请、授权、研发经费和技术转让收入的相互关系来看，专利申请是唯一具有外生性特征的因素。而在关于技术创新的界定中，R&D 经费作为投入指标已经形成共识，但对于专利这一指标存在分歧。本文认为，专利申请和专利的授权对经济的影响是不同的。专利申请可以作为投入要素，而专利的授权可以作为产出要素。前者作为外生变量与事实相符，后者作为内生变量与统计数据相符。Anthony Arundel 等（1998）关于 R&D 强度对专利申请数量不构成影响的表述（Maryann P. Feldman，Albert N. link，1972）；Pierre-Benoit Joly 等（1996）关于专利申请受不确定因素影响的论断（Richard G. Davis，1972）也间接证明了这一结论。

（2）在对 R&D 经费投入增长的影响因素中，R&D 经费投入对自身影响最大，也最剧烈，专利授权数量的增长对 R&D 经费投入增长也有一定贡献。表明随着经济的发展，对 R&D 经费投入带来了产出的不断增加，这进一步刺激了 R&D 经费的持续投入，最终不断往复，形成循环，不断促进技术创新的发展与提高。而专利授权的增长率对 R&D 经费投入的增长具有滞后效应，其对 R&D 经费投入的响应也具有不确定性。

（3）分析专利授权数量的变化，可以看出，专利申请数量因素对专利授权的长期影响最大，其次是技术转让对专利授权增长的影响，而 R&D 投入专利授权有长期的负作用。表明专利授权数量的增长是以专利申请数量为基础的，这与现实相符。而技术转让收入也能刺激专利授权的不断增长。R&D 投入对专利授权数量的反向作用一种可能是被转让者对专利技术的要求随着整体技术创新能力的提高而有所提高，专利授权人所拥有的专利技术不符合市场要求。而从短期均衡来看，技术转让收入变为主要的专利授权增长拉动力量，这表明技术转让收入在短期可以强烈刺激专利所有人的授权行为，影响专利所有者决策。

（4）在对技术转让收入增长的影响中，R&D 经费支出的贡献率最大，R&D 投入费用的增长率的变化在一定程度上加剧技术转让波动，展示出对技术转让收入的巨大影响。这与普遍认定的"高投入实现高产出"的观点是一致的。而专利申请数量、专利授权数量的增长对技术转让收入的影响相对较小，表明在申请的专利中，仍然存在大量的"垃圾"专利，除了增加专利申请的总额，对技术扩散不会带来任何益处。而在已经申请和获得授权的专利中，由于实用性技术在全部专利中所占比例与技术转让收入金额不相匹配，也会造成以上原因。

（5）从中国技术创新发展的情况来看，在 1990 年前，中国经济在稳步增长时，技术创新比率呈下降趋势，技术创新没有得到足够的重视，这一时期的技术创新要素的发展也滞后于经济发展水平。1990 年后，技术创新要素开始快速发展，超过经济发展速度，但技术创新比率一直在窄幅波动，技术创新能力甚至略低于经济发展速度，这种情况说明快速提升技术创新要素并不会导致技术创新水平的迅速增长；而在认识到技术创新的重要性并取得一定发展以后，中国的技术创新能力并没有取得实质性突破或跳跃式发展。尤其是《中共中央   国务院关于实施科技规划纲要   增强自主创新能力的决定》及国家的"十一五"规划和胡锦涛总书记 2006 年在全国科技大会的讲话中明确指出的"一个国家只有拥有强大的自主创新能力，才能在激烈的国际竞争中把握先机、赢得主动。"这些政策性信号发布之后，技术创新比率还略有下降，反映出中国的技术创新能力的提高已经遇到了瓶颈，这种阻碍是由多个方面原因造成的，本文由于篇幅所限，不再涉及。李树培（2009）对中国企业技术创新能力不足进行了分析，认为："技术后发优势的诱惑、跨国公司技术垄断策略的威胁和政府支持力度不够，是造成我国企业自主创新动力不足的主要因素（R. Rothwell，A. B. Robertson，1973）。"这也间接为本文提供了佐证。

上述结论可以为政府提高国家创新能力提供参考，同时对建立完善的创新能力评价体系也有积极的借鉴作用。

5　不足和今后努力方向

由于中国开展技术创新研究较晚，数据的获得难度较大，1987 年以前的数据很难获得。同时，时间跨度大也造成统计口径会有一定偏差，为模型的建立带来一定的困难。本文选取了近二十年来的官方网站数据进行分析。在分析中受限于样本数量，相关检验严谨性有所不足。

美国经济学家罗森伯格指出，不确定性贯穿在整个创新过程之中。Antoine Llor（2007）也认为："在过去的 20～30 年，创新的重要性被所有国家所理解，为了调整和评估其具体政策和战略，政府和企业就此一直更加积极和更有洞察力去寻找相关要素，以补充现有技术创新指标体系（Richard R. Nelson，Sidney G. Winter，1977）。"因此，有学者就认为技术创新不是单纯取决于技术自身的技术因素，也不是单纯取决于非技术的社会因素，而是取决于形成"新组合"的过程中诸种技术、非技术因素的共同构建（Schankerman，M.，1998）。在已有的技术因素指标中，至今没有获得令人满意的技术创新指标，一个重要原因是技术指标众多，选择困难。因此，如何构建包含技术因素与非技术因素的完整技术创新模型仍然是今后努力的方向。

参 考 文 献

1. 傅家琪：《中国技术创新理论》，载《研究政策与管理》2001 年第 12 期。

2. 刘明、李兆友：《SST 视角下对技术创新的再认识》，载《东北大学学报（社会科学版）》2009 年 3 月第 11 卷第 2 期。

3. 李树培：《我国企业技术自主创新动力不足：原因与对策的博弈分析》，载《南开经济研究》2009 年第 3 期。

4. 王海威、朱建忠、许庆瑞：《技术创新能力及其测度指标研究综述》，载《中国地质大学学报（社会科学版）》2005 年 9 月第 5 卷第 5 期。

5. 赵树宽、许超、王嘉嘉：《典型国家创新体系的对比分析及启示》，载《工业技术经济》2008 年 3 月第 27 卷第 3 期。

6. Anthony Arundel, Isabelle Kabla, What Percentage of Innovations are Patented? Empirical Estimates for European Firms, Research Policy 27, 1998, pp. 127 – 141.

7. Antoine Llor, Delay from Patent Filing to Technology Transfer: A Statistical Study at a Major Public Research Organization, Technovation 2007（27）: 446 – 460.

8. Antoine Llor, Delay from Patent Filing to Technology Transfer: A Statistical Study at a Major Public Research Organization, Technovation 2007（27）: 446 – 460.

9. Ashish Arora, Marco Ceccagnoli, Wesley M. Cohen, R&D and the Patent Premium, International Journal of Industrial Organization, 2008（26）: 1153 – 1179.

10. Basberg, B. L., Patents and the Measurement of Technological Change: a Survey of the Literature, Research Policy 16（2 – 4）, 1987, pp. 131 – 141.

11. Biju Paul Abraham, Innovation Assessment through Patent Analysis, Technovation, 2001（21）: 245 – 252.

12. Bo Carlsson, Staffan Jacobsson, Magnus Holmén, Annika Rickne, Innovation Systems: Analytical and Methodological Issues, Research Policy, February 2002, Vol. 31, Issue 2, pp. 233 – 245.

13. Daniele Archibugi, Mario Pianta, Measuring Technological through Patents and Innovation Surveys, Technovation, 1996, 16（9）: 451 – 468.

14. Douglass North, Economic Growth: What Have We Learned from the Past? Carnegie-Rochester Conference Series on Public Policy, 1977, Vol. 6, pp. 157 – 177.

15. Eaton, J., Kortum, S., International Technology Diffusion, Theory and Measurement, International Economic Review

40, 1999, pp. 537 – 570.

16. Griliches, Z., 1990, Patent Statistics as Economic Indicators: a Survey, Journal of Economic Literature 28 (4): 1661 – 1707 (also NBER Working Paper No. 3301).

17. Griliches, Z., Pakes, A., Hall, B. H., The Value of Patents as Indicators of Inventive Activity, In: Dasgupta, P., Stoneman, P. (Eds.), Economic Policy and Technological Performance. Cambridge University Press, Cambridge (also NBER Working Paper No. 2083), 1987.

18. James M. Utterback, The Role of Applied Research Institutes in the Transfer of Technology in Latin America, World Development, September 1975, Vol. 3, Issue 9, pp. 665 – 673.

19. Jian Cheng Guan, Chiu Kam Mok, Richard C. M. Yam, K. S. Chin, Kit Fai Pun, Technology Transfer and Innovation Performance: Evidence from Chinese Firms, Technological Forecasting & Social Change73, 2006, pp. 666 – 678.

20. Kortum, S., Lerner, J., Stronger Protection or Technological Revolution: What is Behind the Recent Surge in Patenting? NBER Working Paper 6204, NBER, Cambridge, 1997.

21. Maryann P. Feldman, Albert N. Link, Innovation Policy in the Knowledge-based Economy for Public Policy, Kluwer Academic Publisher, 2001, pp. 73 – 74.

22. Nathan Rosenberg, Factors Affecting the Diffusion of Technology, Explorations in Economic History, Autumn 1972, Vol. 10, Issue 1, pp. 3 – 33.

23. Pavitt, K., Uses and Abuses of Patent Statistics, In: van Raan, A. F. J. (Ed.), Handbook of Quantitative Studies of Science and Technology, Elsevier Science Publishers, Amsterdam, 1988.

24. Pierre-Benoit Joly, Marie-Angle de Looze, An Analysis of Innovation Strategies and Industrial Differentiation through Patent Applications: the Case of Plant Biotechnology, Research Policy 25 (1996): 1027 – 1046.

25. Richard G. Davis, Applying Technology Assessment in the Multi-product Company, Futures, October 1974, Vol. 6, Issue 5, pp. 413 – 419.

26. R. Rothwell, A. B. Robertson, The Role of Communications in Technological Innovation, Research Policy, October 1973, Vol. 2, Issue 3, pp. 204 – 225.

27. Richard R. Nelson, Sidney G. Winter, In Search of Useful Theory of Innovation, Research Policy, January 1977, Vol. 6, Issue 1, pp. 36 – 76.

28. Schankerman, M., How Valuable is Patent Protection? Estimates by Technology Field, RAND Journal of Economics 29, 1998, pp. 77 – 107.

The Research about R&D, Patents and Technology Transfer in Technological Innovation Activities

Guo Ju[1,2]　**Ye Azhong**[1]　**Guo Kun**[1]

(1. Fujian Polytechnic of Information Technology, Fuzhou 350002;

2. School of Management, Fuzhou University, Fuzhou 350002)

Abstract: Many scholars stated the function of technological innovation by input-output. The paper regards patent as application and granting, the input and output sides as distinguished from the single indicator of patent, and studies the relationship of the elements of technological innovation. This paper discovers that the elements of patent in technological innovation will not be used as the same endogenous variable. From the conclusion we can find a method to measure a single indicator of technology innovation by using Kalman filter, and then describe the process of technological innovation in the economic development in China, it be proved that the innovation activities have run into obstacles in China now.

Key Words: Technological Innovation　Patent Application　Patent-granting　R&D Technology Transformation

第2卷第1辑　　　　　　　　　　经济管理评论　　　　　　　　　　Vol. 2　No. 1
2010年10月　　　　　　　Economics and Management Review　　　　　　　Oct. 2010

环境约束下的中国经济增长效率研究[*]

朱承亮　　岳宏志[**]

摘　要：本文将环境污染排放及治理同时纳入效率测算框架，在构造环境综合指数测算相对绿色GDP的基础上，采用超越对数型随机前沿模型，对1998~2008年间环境约束下的中国经济增长效率及其影响因素进行了分析。研究发现：（1）我国经济增长效率呈上升趋势，但效率较低，仍有较大提升空间，且存在区域差异。（2）忽略效率影响因素会低估效率，但加入环境约束会降低效率。（3）FDI和对外贸易对效率改善有显著促进作用，引进外资和发展对外贸易没有使中国成为"环境污染天堂"。（4）工业化进程促进了效率改善，但在环境约束下该促进作用受到制约，表明我国工业增长模式急需改变。（5）非国有经济成分的上升有利于效率改善，应当继续深入产权结构改革，加快非国有经济发展。（6）环境污染治理强度对环境约束下的效率改善具有促进作用，而不考虑环境约束时反而具有抑制作用。（7）政府对市场的过度干预会损害效率，政府应当积极转变职能。

关键词：环境约束　绿色GDP　环境综合指数　经济增长效率

中图分类号：F062.2　　　　**文献标识码**：A

0　引　言

改革开放以来，我国经济进入了高速发展的快车道，此期间GDP年均增长率为9.8%。对于中国经济的高速增长，如果只是从与同期其他国家GDP绝对增长幅度的对比来看，中国经济年均9.9%的增长速度确实是可以用"增长奇迹"来形容。这一成就确实令人振奋。但是，这仅仅是从经济增长绝对总量角度来衡量的。一般地，经济增长包括两个方面，一个是经济增长数量方面，另一个是经济增长质量方面。在相当长的一段时间内，对我国经济增长的评价多是从经济增长数量角度出发的，片面追求GDP高速增长，而忽视了经济增长质量方面。以GDP等指标表示的经济增长数量本身具有一定的局限性，一国经济增长不仅要看其经济增长数量方面，更要注重其经济增长质量方面。与此同时，我国经济增长长期依赖于要素大量投入，属于资本驱动型的粗放型增长方式（郭庆旺、贾俊雪，2005；孙琳琳、任若恩，2005；邱晓华等，2006）。经济快速增长导致资源过度消耗，且存在能源效率问题（魏楚、沈满洪，2007），环境污染问题也日益严重，这种粗放型增长方式在为我国带来举世瞩目经济成就的同时，也使我国付出了巨大的环境代价。据全国环境统计公报统计数据显示，2008年全国废水排放总量571.7亿吨，比1998年排放总量395.3亿吨增加了45%；全国工业固体废物产生量19亿吨，比1998年的8亿吨增加了138%；全国环境污染直接经

---

　*　收稿日期：2010 - 04 - 22；修订日期：2010 - 08 - 26。
　**　朱承亮，西北大学经济管理学院，博士，西安710127，E-mail：zhuchengliang100@yahoo.com.cn。岳宏志，西北大学经济管理学院，教授，硕士生导师，西安710127。

济损失 18 185.6 万元，比 1999 年直接经济损失 5 710.6 万元增加了 218%。经济发展过程中的环境污染问题已经引起政府的高度重视，为了突破经济发展中的环境约束实现经济—资源—环境的可持续协调发展，政府实施了一系列的环境保护政策，比如，党的十六大首次把建设资源节约型和环境友好型社会确定为国民经济与社会发展中长期规划的一项战略任务。十七大又将建设资源节约型、环境友好型社会写入党章，提出到 2020 年要使我国成为生态环境良好的国家。在"十一五"规划中，我国确定了主要污染物排放总量削减 10% 的约束性指标。哥本哈根世界气候大会中国承诺延缓二氧化碳的排放，即到 2020 年中国单位 GDP 二氧化碳排放比 2005 年下降 40% ~ 45%。

　　转变经济发展方式，使经济由"又快又好"发展转向"又好又快"发展，已成为我国经济实现可持续性发展的当务之急。本文将运用 1998 ~ 2008 年中国 29 个省份的面板数据对环境约束下的中国经济增长绩效做进一步考察。对环境约束下的中国经济增长效率及其影响因素的研究有着重要的理论意义和现实意义。在理论方面，通过对现有经济增长理论的继承与发展，考虑环境约束的经济增长效率理论可以丰富和完善现有理论，从而树立更加全面、科学的经济增长观。在现实方面，对处于转型期的环境约束下中国经济增长效率及其影响因素的研究，有利于正确评估中国经济增长状况，有利于认清中国经济增长中的环境代价，有利于我国经济的"又好又快"发展。

　　与现有类似研究相比，本文主要在以下方面作了拓展：第一，将环境因素纳入效率测算框架，不仅考虑环境污染排放，而且考虑环境污染治理对中国经济增长绩效的影响；第二；借鉴 2004 年绿色 GDP 测算方法，将环境因素纳入到 GDP 测算框架，构造考虑环境因素的相对绿色 GDP 核算指标，从而提供一种较为简单可行的、考虑环境因素的衡量经济增长绩效的办法；第三，采用参数的随机前沿模型来测算环境约束下的中国经济增长效率；第四，对影响环境约束下的中国经济增长效率的因素进行了实证研究。

　　本文后续部分结构安排如下：第二部分为相关文献综述；第三部分测算相对绿色 GDP；第四部分简述研究方法；第五部分简单介绍研究数据和变量；第六部分为实证研究结果的分析；最后为结论和政策建议。

1　相关文献综述

　　近年来，探索中国经济增长模式成为国内外学者研究的热点问题，全要素生产率（TFP）是衡量一国经济增长质量和可持续性的核心指标，学者们主要从生产率的角度对此进行解释。如 Chow & Lin（2002），易纲等（2003），颜鹏飞、王兵（2004），郑京海、胡鞍钢（2005），王志刚等（2006），朱承亮等（2009）等对我国经济增长效率进行了实证研究。这些研究得出了很多有意义的结论，但是，这些实证研究存在的一个缺陷是他们无一例外地忽略了环境因素对经济增长效率的影响，而忽略环境因素计算出的经济增长效率是不全面的，不能正确衡量相关经济体可持续发展水平。这种传统的 TFP 测度仅仅考虑市场性"好"产出的生产，并没有考虑生产过程中产生的非市场性"坏"产出。即传统 TFP 的核算没有考虑环境因素的影响，没有区分要素投入中哪些用于生产，哪些用于环境污染治理，其测算结果会导致 TFP 的含义被误导（Shadbegian & Gray，2005）。

　　不考虑环境因素的效率评价会促使地方在经济发展过程中仅以 GDP 为导向，忽视环境污染问题，而这种增长方式不利于经济可持续发展。相比之下，随着全球环境问题的日益突出，已有一些国外学者开始尝试将环境因素纳入到 TFP 测算框架。Pittman（1983）在对威斯康星州造纸厂的效率进行测度时，用治理污染成本作为"坏"产出价格的代理指标，首次尝试了在生产率测算中引入"坏"产出。Chung 等（1997）在测度瑞典纸浆厂的生产率时引入了一个方向性距离函数，并且在该函数的基础上构建了 Malmquist-Luenberger 生产率指数（简称为 ML 生产率指数），ML 生产率指数在测算 TFP 时不仅要求"好"产出不断增加，同时还考虑了环境因素，即要求"坏"产出不断减少。从此以后，运用考虑了环境"坏"产出的 ML 生产率指数的实证研究渐渐增多。Hailu & Veeman（2001）将污染治理费用作为一种投入考察了加拿大造纸行业的生产率情况，类似的将环境污染作为生产投入要素的生产率研究还有 Domazlicky & Weber（2004）等。Fare 等（2001）运用 ML 生产率指数测算了 1974～1986 年间美国制造业 TFP，发现考虑环境因素的 TFP 年均增长率（3.6%）要高于忽略环境因素的 TFP 年均增长率（1.7%）。Jeon & Sickles（2004）采用 ML 生产率指数和传统的 Malmquist 生产率指数分别测算了 1980～1990 年间 OECD 和亚洲若干国家的 TFP 增长情况，发现环境因素对 OECD 国家的 TFP 增长影响不大，但是对亚洲国家的 TFP 增长有负的影响。Yoruk & Zaim（2005）分别采用 ML 生产率指数和传统的 Malmquist 生产率指数实证分析了 1983～1998 年间 OECD 国家的 TFP 增长情况，研究发现，整体上 ML 生产率指数的测算结果要高于传统的 Malmquist 生产率指数的测算结果。Kumar（2006）分别采用 ML 生产率指数和传统的 Malmquist 生产率指数考察了 41 个发达国家和发展中国家的 TFP，发现两种方法的测算结果存在显著差距，且发展中国家的 ML 生产率指数测算结果都小于传统的 Malmquist 生产率指数的测算结果。

伴随着中国经济增长中环境污染问题的出现并日益严重，国内关于我国经济增长与环境污染关系的研究日益增多，这些研究文献（彭水军、包群，2006；符淼，2008）大多是关于环境库茨涅茨曲线（EKC）的实证分析，即证明中国经济增长与环境质量之间是否存在一种倒 U 型关系：在经济发展初期，环境质量随着人均 GDP 的上升而下降，而当经济增长达到一个转折点之后，环境质量随着人均 GDP 的上升而上升。将环境因素纳入到效率测算框架的研究国内并不多见，不少学者在这方面做了有益探索。一是从中观工业产业层面的研究：涂正革（2008）采用方向性环境距离函数方法评价了中国规模以上工业企业环境污染、资源消耗与工业增长的协调性问题；杨俊、邵汉华（2009）将工业 SO_2 排放量作为"坏"产出，采用 ML 生产率指数，测算了 1998～2007 年间中国地区工业考虑了环境因素情况下的 TFP 增长及其分解，发现忽略环境因素会高估我国工业 TFP 增长；吴军（2009）以废水排放中化学需氧量（COD）和废气中 SO_2 排放量来代表"坏"产出，采用 ML 生产率指数将环境因素纳入到 TFP 分析框架，测算分析了环境约束下 1998～2007 年间中国地区工业 TFP 增长及其成分，并对其收敛性进行了检验；涂正革、肖耿（2009）以工业 SO_2 排放量代表"坏"产出，构建了方向性环境生产前沿函数模型，采用非参数规划方法对 1998～2005 年间环境约束下的中国工业增长模式进行了研究。二是从宏观区域层面的研究：胡鞍钢等（2008）采用以方向性距离函数为表述的 TFP 模型，在考虑了环境因素的情况下，对 1999～2005 年间中国 28 个省市区的技术效率指标进行了重新排名，发现考虑污染排放因素与不考虑污染排放所得出的技术效率排名差距明显；王兵等（2008）采用 ML 生产率指数，测度了 APEC 17 个国家和地区 1980～2004 年间包含 CO_2 排放的环境管制与 TFP 增长及其成分，发现在平均意义上考虑环境管制后 APEC 的 TFP 增长水平提高了；杨龙、胡晓珍（2010）运用熵权法将六种环境污染指标拟合为各地区综合环境污染指数，并将其引入到 DEA 模型测度了 1995～2007 年间我国 29 个省市区的绿色经济效率，并对其地区增长差异进行了收敛性检验；李静（2009）以工业"三废"排放作为"坏"产出，针对相关 DEA 模型的缺陷，采用 SBM 模型测算了 1990～2006 年间我国各省区的环境效率，发现环境变量的引入明显地降低了中国区域的平均效率水平；李胜文等（2010）将环境污染看成是一种有害投入，估算了我国 1986～2007 年间各省区的环境效率。

综上可见，国内外研究者将环境因素纳入到估计的生产模型中，主要思路有两个：一是将环境污染变量作为一种投入（Hailu & Veeman，2001；李胜文等，2010）；二是将环境污染变量作为一种非期望"坏"产出（Chung et al.，1997；Fare et al.，2001；Jeon & Sickles，2004；Yoruk & Zaim，2005；Kumar，2006；涂正革，2008；杨俊、邵汉华，2009；吴军，2009；涂正革、肖耿，2009；胡鞍钢等，2008；王兵等，2008）。但是，将环境污染变量作为一种投入的办法虽然能够尽可能地减少非期望"坏"产出，但是这不符合实际生产过程，而将环境污染变量作为一种非期望

"坏"产出的办法不能充分考虑到投入产出的松弛性问题（李静，2009）。且对于"好"产出和"坏"产出的不平衡处理也会扭曲对经济绩效和社会福利水平变化的评价，从而会误导政策建议（Hailu & Veeman，2000）。

　　同时，国内的类似研究只是考虑到了经济发展中的环境污染排放，却没有考虑到环境污染治理。值得庆幸的是，政府在对环境保护问题重视的同时，也加大了对环境保护的力度。2008 年环境污染治理投资为 4 490.3 亿元，比 1998 年的 721.8 亿元增加了 5.22%，占当年 GDP 的 1.49%。且对环境保护的投资也取得了明显效果，2008 年全国烟尘排放量总量 901.6 万吨，比 1998 年的 1 452 万吨减少了 38%；工业粉尘排放总量 584.9 万吨，比 1998 年的 1 322 万吨减少了 56%；工业废水排放达标率为 92.4%，比 1998 年工业废水排放达标率提高了 25.4%；工业固体废物综合利用率为 64.3%，比 1998 年提高了 16%；"三废"综合利用产品产值为 1 621.4 亿元，是 1998 年 267.5 亿元的 6 倍多。可见在考察中国经济增长时，只考虑环境污染排放而忽略环境污染治理是不全面的。

　　基于现实环境与经济增长问题的迫切性及类似研究的局限性，本文研究的主要目的是考察环境约束下的中国经济增长状况，测评环境约束下的中国经济增长绩效，并以此为基础考察中国经济增长绩效的影响因素。虽然，胡鞍钢等（2008），杨龙、胡晓珍（2010）从区域层面对此问题进行了有益探索，但是除了上述分析的不完善之处之外，两文中均没有对中国经济增长的非效率影响因素进行探讨。本文将运用 1998 ～ 2008 年中国 29 个省份的面板数据对环境约束下的中国经济增长绩效做进一步考察。

2　环境约束下的中国相对绿色 GDP 估算

　　改革开放以来，中国名义 GDP 总量高速增长，从 1978 年的 3 645.2 亿元增长到 2008 年的 300 670 亿元，年均 GDP 增长率达 9.8%。随着经济的快速发展，资源、环境问题与经济发展的矛盾日益凸显，传统 GDP 核算的弊端已为多数人所认同，对目前以 GDP 为主要指标的国民经济核算体系进行改革势在必行。传统观念认为，自然环境和资源是取之不尽、用之不竭的，所以，过去经济学家们在研究经济发展的时候，没有考虑环境和资源因素在经济发展中的重要作用，以至于在考核经济增长的核心指标 GDP 中没有体现出环境资源的价值损耗，而是仅仅体现了物质财富的总量增加，由此基于名义 GDP 的国民经济核算体系没有对经济发展中的资源与环境代价进行核算，这就人为地夸大了经济收益，必将导致真实的国民福利大为减少，因而必须要对现有的国民核算体系进行校正。况且，长期以来我国的干部晋升制度主要是以 GDP 来评价其优劣的，个别地方政府官员不惜以破坏生态环境透支资源的方式来发展当地经济的现象不利于中国可持续发展。为此，绿色 GDP 的提出和发展是随着人们对环境和资源问题认识的不断升华而逐渐形成的。2006 年中国首次公布了 2004 年绿色 GDP 核算报告。但是，由于绿色 GDP 核算工作的复杂性和困难，在短期内仍然不能准确的衡量环境因素对经济增长效率的影响。

　　按照可持续发展的概念，绿色 GDP 是在传统 GDP 核算基础上，通过相应的资源和环境数据调整而得到的。绿色 GDP 核算的目的是把经济活动的自然部分虚数[①]和人文部分虚数[②]从传统 GDP 中予以扣除，进行调整，从而得出一组以绿色 GDP 为中心的综合性指标，为经济的持续发展服务。

　　可见，绿色 GDP 的核算是一个相当复杂和困难的工程，本文的研究目的是考察环境因素对中

---

　　① 自然部分虚数从下列因素中扣除：（1）环境污染所造成的环境质量下降；（2）自然资源的退化与配比的不均衡；（3）长期生态质量退化所造成的损失；（4）自然灾害所引起的经济损失；（5）资源稀缺性所引发的成本；（6）物质、能量的不合理利用所导致的损失。

　　② 人文部分虚数从下列因素中扣除：（1）由于疾病和公共卫生条件所导致的支出；（2）由于失业所造成的损失；（3）由于犯罪所造成的损失；（4）由于教育水平低下和文盲状况导致的损失；（5）由于人口数量失控所导致的损失；（6）由于管理不善（包括决策失误）所造成的损失。

国经济增长绩效的影响，借鉴绿色 GDP 的核算，本文构造了考虑环境因素的相对绿色 GDP 核算指标，从而提供一种较为简单可行的、考虑环境因素的衡量经济增长绩效的办法。为了尽量利用现有资料，同时考虑到绿色 GDP 核算的可操作性，且环境保护需要关注的重要领域是工业部门，因此，我们选择的指标主要侧重于工业领域的环境污染及其治理要素。

这里我们仅对扣除工业环境因素的绿色 GDP 核算方法进行了初步的探索和实践。我们的主要思路是：通过构建既考虑环境污染排放又考虑环境污染治理的环境指标，通过一定的定量方法测算出环境综合指数（ECI），ECI 综合概括了各地区经济发展中的环境因素（主要是环境治理效用）作用的大小，ECI 值越大，表明该地区经济发展的环境代价越小，反之则环境代价越大。然后，将各地区 GDP 与环境综合指数的乘积定义为各地区相对绿色 GDP（记为 EDP），并将其作为产出指标纳入经济增长效率测算模型，从而考察环境因素对中国经济增长效率的影响。

在构建既考虑环境污染排放又考虑环境污染治理的环境指标时，我们从环境的投入和产出入手，一共 8 个指标，其中包括 2 个绝对量指标和 6 个相对量指标。投入指标用污染治理投资总额来表示，产出指标主要考虑工业"三废"的排放及其处理情况，具体环境指标的构建及其指标定义见表 1 所示。

表 1   指 标 说 明

	指标	定义
投入	污染治理投资总额（万元）	工业污染治理投资总额
产出	废水排放达标率（%）	废水排放达标量/废水排放量×100%
	SO₂ 去除率（%）	SO₂ 去除量/SO₂ 排放量×100%
	工业烟尘去除率（%）	工业烟尘去除量/工业烟尘排放量×100%
	工业粉尘去除率（%）	工业粉尘去除量/工业粉尘排放量×100%
	固体废物综合利用率（%）	固体废物综合利用量/固体废物产生量×100%
	固体废物处置率（%）	固体废物处置量/固体废物产生量×100%
	"三废"综合利用产品产值（万元）	工业"三废"综合利用产品产值

在将由众多因素组成的环境指标转换成环境综合指数（ECI）时，难点在于权重的确定，此处借鉴樊纲、王小鲁等（2003）处理市场化指数的做法，我们采用因子分析（Factor Analysis）来浓缩数据，构造环境综合指数，其中在确定因子权重时采用主成分分析法（Principal Components Analysis），主成分分析法最大的特点和优势在于客观性，即权重不是根据人为主观判断，而是由数据自身特征所确定的。主成分分析法是将多个指标的问题简化为少数指标问题的一种多元统计分析方法。这种方法可以在尽可能保留原有数据所含信息的前提下实现对统计数据的简化，并达到更为简洁明了地揭示变量间关系的目的。

在具体计算过程中，为了消除由于量纲不同可能带来的影响，我们首先对原始数据进行了标准化处理。全部数据均通过了巴特利特球体检验（Bartlett Test of Sphericity），即在显著性为 1%的水平上拒绝了相关矩阵是单位阵的零假设，因此，本文所观测的数据适合做因子分析。在选择因子个数时，我们采用使前 k 个主成分累计方差贡献率达到 80%的办法来确定。基于本文研究目的的考虑，在计算出综合因子得分之后，我们按以下公式将其转换成 [0，1] 区间取值，即为本文所测算的环境综合指数（ECI），如表 2 所示：

$$ECI_i = \frac{S_i}{\max(S_i) - \min(S_i)} \times 0.4 + 0.6 \qquad (1)$$

其中 S_i 为第 i 个省份的综合因子得分值，$\max(S_i)$ 为对应综合因子中的得分最大值，$\min(S_i)$ 为对应综合因子中的得分最小值。

　　从表 2 来看，1998～2008 年间环境综合指数（ECI）处于前 5 位的是山东（0.80）、江苏（0.73）、浙江（0.70）、上海（0.68）和北京（0.68），可以发现这些都处于我国的东部地区，东部地区由于早期快速经济发展过程中积累的丰富资本和技术优势，在经济快速发展的同时，污染排放量日趋减少，同时加强对环境污染治理力度，这些因素使得东部地区经济发展的环境代价较小，表现出较高的环境综合指数值。而处于后 5 位的是青海（0.43）、新疆（0.49）、宁夏（0.51）、贵州（0.51）和内蒙古（0.52），这些都处于我国的西部地区，由于历史和地理因素的影响，西部地区经济发展水平较为落后，生态环境脆弱。虽然"西部大开发"战略的实施，在一定程度上促进了西部地区经济发展，但是伴随而来的是污染产业转移、资源过度开发和利用效率低下等问题，使得西部地区经济发展的环境代价很大，表现出较低的环境综合指数值。进一步分析发现，1998～2008 年间，东部地区环境综合指数（ECI）值最高，均值为 0.666；其次为中部地区，均值为 0.611；再其次为东北老工业基地，均值为 0.606；西部地区最低，均值为 0.532。

　　本文将上述得到的各地区环境综合指数值（ECI）与各地区 GDP 乘积定义为各地区相对绿色 GDP（记为 EDP），即 $EDP_{it} = ECI_{it} \times GDP_{it}$。EDP 值越大，表明 GDP 中绿色 GDP 所占比重越大，也即经济发展中的环境代价越小，这样越有利于地区经济的协调可持续发展；反之，EDP 值越小，表明 GDP 中绿色 GDP 所占比重越小，也即经济发展中的环境代价越大，这样越不利于地区经济的协调可持续发展。

表 2　　　　　　　　　　　　　　　　　　环境综合指数（ECI）

省份＼年份	1998	1999	2000	2001	2002	2003	2004	2005	2006	2007	2008	均值
北京	0.69	0.64	0.61	0.62	0.63	0.67	0.61	0.80	0.70	0.74	0.76	0.68
天津	0.57	0.54	0.63	0.53	0.66	0.64	0.59	0.63	0.63	0.67	0.66	0.61
河北	0.62	0.62	0.59	0.59	0.64	0.65	0.66	0.63	0.63	0.64	0.64	0.63
山西	0.53	0.54	0.60	0.54	0.63	0.65	0.66	0.58	0.60	0.65	0.62	0.60
内蒙古	0.52	0.50	0.53	0.52	0.52	0.47	0.50	0.51	0.55	0.54	0.60	0.52
辽宁	0.69	0.73	0.63	0.61	0.70	0.69	0.69	0.61	0.70	0.69	0.59	0.67
吉林	0.60	0.60	0.64	0.55	0.54	0.52	0.54	0.55	0.52	0.51	0.51	0.55
黑龙江	0.69	0.61	0.66	0.64	0.65	0.60	0.59	0.57	0.54	0.51	0.51	0.60
上海	0.82	0.65	0.56	0.70	0.65	0.56	0.64	0.87	0.67	0.67	0.71	0.68
江苏	0.85	0.74	0.71	0.76	0.68	0.72	0.72	0.66	0.77	0.71	0.69	0.73
浙江	0.67	0.69	0.74	0.81	0.71	0.71	0.69	0.64	0.74	0.69	0.67	0.70
安徽	0.63	0.62	0.62	0.69	0.66	0.59	0.60	0.58	0.61	0.63	0.63	0.62
福建	0.59	0.59	0.57	0.47	0.64	0.69	0.68	0.63	0.62	0.64	0.63	0.61
江西	0.47	0.50	0.49	0.52	0.72	0.56	0.63	0.61	0.57	0.64	0.67	0.58
山东	0.82	0.88	0.85	0.84	0.82	0.82	0.81	0.67	0.83	0.76	0.75	0.80
河南	0.66	0.67	0.65	0.63	0.61	0.65	0.64	0.64	0.63	0.63	0.63	0.63
湖北	0.61	0.64	0.61	0.72	0.66	0.64	0.62	0.62	0.60	0.60	0.60	0.63
湖南	0.72	0.67	0.58	0.62	0.56	0.57	0.57	0.57	0.60	0.57	0.55	0.60
广东	0.64	0.64	0.78	0.70	0.62	0.70	0.70	0.60	0.66	0.62	0.61	0.66
广西	0.56	0.63	0.58	0.67	0.58	0.56	0.55	0.54	0.56	0.57	0.55	0.58
海南	0.50	0.49	0.53	0.57	0.54	0.58	0.53	0.61	0.56	0.56	0.62	0.55
重庆	0.55	0.56	0.54	0.63	0.55	0.56	0.54	0.57	0.54	0.54	0.54	0.56
四川	0.54	0.62	0.61	0.59	0.54	0.58	0.63	0.57	0.60	0.59	0.60	0.59
贵州	0.49	0.50	0.52	0.49	0.45	0.52	0.52	0.55	0.52	0.54	0.56	0.51
云南	0.51	0.62	0.55	0.66	0.56	0.58	0.56	0.59	0.58	0.64	0.65	0.59
陕西	0.49	0.51	0.50	0.49	0.52	0.55	0.57	0.55	0.54	0.55	0.58	0.53
甘肃	0.50	0.53	0.52	0.52	0.53	0.57	0.52	0.52	0.55	0.61	0.62	0.54
青海	0.45	0.48	0.45	0.44	0.42	0.42	0.41	0.47	0.43	0.36	0.36	0.43
宁夏	0.54	0.48	0.60	0.44	0.46	0.48	0.57	0.55	0.47	0.49	0.55	0.51
新疆	0.52	0.51	0.53	0.53	0.50	0.48	0.49	0.49	0.46	0.43	0.42	0.49

上述相对绿色 GDP 即 EDP 值的测算方法，是在借鉴国家绿色 GDP 核算方法的基础上，采用的一种简单可行的仅考虑环境因素的绿色 GDP 测算方法，是我们的一次有益尝试，当然仍存在很多不足之处，比如，环境因素不仅涉及工业领域，还涉及其他的各个领域，例如生活领域，农业领域等；在考虑环境治理所带来的经济效益的同时，还应当考虑环境治理所产生的环境改善和生态效益；当年治理的工业污染只解决了当年的部分环境问题，没有解决过去积累的全部问题等，由于数据限制这些问题在测算过程中没有予以考虑。所以，本文计算的 EDP 值在一定程度上可能低估或者高估了环境因素对经济发展的影响。

3 研 究 方 法

本文主要考察环境约束下的中国经济增长效率状况，本文将我国的各省市区看作是投入一定要素（劳动力、资本）进行生产活动产生一定产出的生产部门。经济增长的技术效率，简称为经济增长效率。Farrell（1957）和 Leibenstein（1966）分别从投入角度和产出角度给出了技术效率的涵义，且认为技术效率是和生产前沿面（Production Frontier）联系在一起的。所谓生产前沿面，是指在一定的技术进步条件下，一定投入所能达到的最大产出所形成的曲线。借鉴 Leibenstein（1966）从产出角度关于技术效率的定义，本文将经济增长效率的含义界定为生产部门在等量要素投入条件下实际产出与最大产出（生产前沿面）的比率。经济增长效率处于 0 ~ 1 之间，当效率值为 1 时，表明现有技术得到了充分发挥，实际产出量在生产前沿面上，此时要想提高效率则要考虑从提高技术进步角度出发使生产前沿面上移；当效率值小于 1 时，越接近于 1 说明效率越高，越接近于 0 说明效率越低，说明实际产出量不在生产前沿面上，两者之间的距离是由于现有技术没有得到充分发挥而引起的，此时应采取措施使在现有技术水平下技术效率得到提高。

对技术效率的测度关键在于对生产前沿面的确定。目前，在实证分析中对技术效率的测度主要有两类方法：一类为非参数方法，该类方法以 Charnes 等（1978）提出的数据包络分析（DEA）方法为代表；另一类为参数方法，该类方法以随机前沿分析（SFA）方法为代表。本文采用参数的 SFA 方法来测算环境约束下的中国经济增长效率及其影响因素。这主要是因为相对于非参数 DEA 方法，参数 SFA 方法具有以下四个优势：第一，SFA 方法具有统计特性，不仅可以对模型中的参数进行检验，还可以对模型本身进行检验，而 DEA 方法不具备这一统计特性；第二，SFA 方法可以建立随机前沿模型，使得前沿面本身是随机的，而且模型中将误差项进行了两部分的分解，这对于跨期面板数据研究而言，其结论更加接近于现实，而 DEA 方法的前沿面是固定的，忽略了样本之间的差异性；第三，通过 DEA 方法所测算出来的效率值是"相对"效率值，对于有效情况的生产单元效率值均为 1，这就不能提供对这些有效单元进一步的比较分析，而 SFA 方法可以弥补这一缺陷，SFA 方法测算出来的是"绝对"效率值；第四，SFA 方法不仅可以测算每个个体的技术效率值，而且可以定量分析各种相关因素对个体效率差异的具体影响，这样可以避免在测度效率影响因素时采用 DEA 方法的两阶段估计法导致的类似于假设相矛盾的弊端。

根据 Meeusen & Broeck（1977），Aigner，Lovell & Schmidt（1977），Battese & Corra（1977）等的研究成果，SFA 模型的一般形式如式（2）所示：

$$y_{it} = f(x_{it};\ \beta) \cdot \exp(v_{it} - u_{it}) \tag{2}$$

式（2）中，y 表示产出，$f(\cdot)$ 表示生产前沿面，x 表示投入，β 表示待估计的参数。误差项为复合结构，由两个部分组成，第一部分 v 服从 $N(0,\ \sigma_v^2)$ 分布，表示随机扰动的影响；第二部分 $u \geq 0$，为技术非效率项，表示个体冲击的影响。根据 Battese & Coelli（1992）的假定，u 服从非负截尾正态分布，即 u 服从 $N^+(u,\ \sigma_u^2)$，且有式（3）：

$$u_{it} = \exp[-\eta \cdot (t - T)] \cdot u_i \tag{3}$$

式（3）中，参数 η 表示时间因素对技术非效率项 u 的影响，$\eta>0$、$\eta=0$ 和 $\eta<0$ 分别表示技术效率（$-u$）随时间变化递增、不变和递减。且 v 和 u 相互独立。

技术效率 TE 定义为实际产出期望和生产前沿面产出期望的比值，即式（4）：

$$TE_{it} = \frac{E[f(x_{it})\exp(\nu_{it}-u_{it})]}{E[f(x_{it})\exp(\nu_{it})\mid u_{it}=0]} = \exp(-u_{it}) \tag{4}$$

显然，当 $u=0$ 时，技术效率 $TE=1$，表示生产单元处于生产前沿面上，此时为技术有效；当 $u>0$ 时，技术效率 $TE<1$，表示生产单元处于生产前沿面下方，此时为技术无效，即存在技术非效率。

20 世纪 90 年代以前的 SFA 模型仅仅可以测算个体技术效率水平，但是，现实情况是我们需要探讨有哪些影响因素导致了技术非效率。早期在探讨影响因素与技术非效率之间的关系时，一般都采用二阶段估计法。二阶段估计法假设技术非效率结果独立且服从某种分布，其基本步骤分成两个阶段：第一阶段先估计出随机前沿生产函数与技术非效率；第二阶段再以所估计出的技术非效率值作为被解释变量，各影响因素作为解释变量，一般的采用最小二乘法（OLS）及其变型形式来估计各影响因素对技术非效率的影响程度。二阶段估计法的假设被认为是不一致，即第二阶段所构建的回归方式违反了第一阶段中关于技术非效率结果独立性的假设。

为了改善这种不合理的估计方式，进入 20 世纪 90 年代 SFA 技术得到了更为深入的发展，Battese & Coelli（1995）提出了 BC（1995）模型，该模型不仅仅可以测算个体效率水平，而且还能够就影响技术非效率的因素做进一步剖析和测算。BC（1995）模型假设技术非效率 u 服从非负截尾正态分布 $N(m_{it},\ \sigma_u^2)$，同时假设 m 为各种影响因素的函数，如式（5）：

$$m_{it} = \delta_{it} + \delta \cdot z_{it} + w_{it} \tag{5}$$

其中，z_{it} 为影响技术非效率的因素，δ_{it} 为常数项，δ 为影响因素的系数向量，若系数为负值则说明该影响因素对技术效率 TE 有正的影响，反之则有负的影响，w_{it} 为随机误差项。Battese & Coelli（1995）还设定了方差参数 $\gamma=\sigma_u^2/(\sigma_\nu^2+\sigma_u^2)$ 来检验复合扰动项中技术非效率项所占比重，r 处于 0～1 之间，若 $r=0$ 被接受，则表明实际产出与最大产出之间的距离均来自于不可控的纯随机因素的影响，此时没有必要使用 SFA 技术，直接采用 OLS 方法即可。

此外，在选择生产函数时，较为常用的有对数型柯布道格拉斯生产函数和超越对数型柯布道格拉斯生产函数。前者虽然形式简单，但是假定技术中性和产出弹性固定；后者放宽了这些假设，并且可以作为任何生产函数的二阶近似（傅晓霞、吴利学，2007），且在形式上更加灵活，能更好地避免由于函数形式的误设而带来的估计偏差。基于本文的数据基础和超越对数型柯布道格拉斯生产函数的优点，本文选用超越对数型柯布道格拉斯生产函数的随机前沿模型。

4　数据及变量说明

本文以 1998～2008 年为研究时间段，所使用的基础数据来源于《中国统计年鉴》（1999～2009）。此外，需要说明的是对于个别省份个别年份的缺省数据采取了取前后两年的平均数补齐的方式加以处理。为保持统计口径的一致性，文中四川省的数据包括重庆市数据，西藏由于数据不全故不在考察范围之内。因此，本文研究对象为中国内地的 29 个省市区。此外，按照传统的区域划分，并结合"西部大开发"、"振兴东北老工业基地"、"中部崛起"等国家重大发展战略，本文将29 个省市区分为东部地区，中部地区，东北老工业基地和西部地区，从而在更大范围内考察区域之间的效率差异。其中，东部地区包括北京、天津、河北、上海、江苏、浙江、福建、山东、广东和海南 10 个省市；中部地区包括山西、安徽、江西、河南、湖北、湖南 6 个省；东北老工业基地包括辽宁、吉林和黑龙江 3 个省；西部地区包括贵州、云南、陕西、甘肃、青海、宁夏、新疆、广西、四川（包括重庆）和内蒙古。

4.1 投入产出变量

有关经济增长的投入，文献中通常选用劳动和资本来表征。对于劳动投入一般采用年均从业人员指标来表示。虽然从业人员数据提供了劳动力的增长，但不包含任何有关劳动力质量的信息。特别是改革以来，廉价的非熟练农村劳动力大量向城市工业、服务业转移，构成了中国经济增长的一个主要推动因素，但是，近年来产业部门对非熟练劳动力需求下降、对专业技术工人需求则上升。这意味着，低素质的劳动力在经济增长中的重要性下降，而人力资本的重要性上升（王小鲁等，2009）。鉴于此，本文使用人力资本存量指标（万人）来表征劳动投入。考虑到人力资本本身只包括正规教育时间的影响，而没有考虑在工作中"边干边学"带来的人力资本存量的增加，但在现实中，从学校毕业后的劳动者通常在工作一段时间后积累了一定的实践经验之后，才会有更高的生产率。因此，本文的人力资本存量取了 3 年滞后项，即为 1995 ~ 2005 年的人力资本存量数据。而又因为重庆市的数据 1997 年之后才独立统计，这是本文中把重庆市数据纳入四川省数据的主要原因。舒尔茨认为，教育是形成人力资本最重要的部门之一，是提高人力资本最基本的主要手段，因此本文以受教育年限法来衡量人力资本指标。本文将从业人员的受教育程度划分为 4 类，即大学教育、高中教育、初中教育和小学教育，且把各类受教育程度的平均累计受教育年限分别界定为 16 年、12 年、9 年和 6 年。在计算人力资本存量指标时，采用岳书敬、刘朝明（2006）的做法，即使用平均教育年限和劳动力数量的乘积来表示人力资本存量，其中，劳动力数量用各省市区历年从业人员数量表示，由于各省市区经济发展水平不同，这里平均受教育年限用各省市区总人口平均受教育年限表示。

资本投入采用年均资本存量（亿元）指标来表征。然而在现有的统计资料中年均资本存量数据并没有直接给出，不少学者对全国及各省份资本存量的估计做了许多有益探索，当前一般采用"永续盘存法"来估算资本存量。张军等（2004）对我国资本存量的估算进行了开创性的研究，多数学者都直接或者间接采用张军估算的资本存量数据来进行研究。单豪杰（2008）在对基期资本存量和折旧率的确定进行细致推算的基础上，重新估算了 1952 ~ 2006 年全国和省际的资本存量。在众多类似研究中，单豪杰（2008）的成果比较具有代表性，数据也比较全面，因此，本文所使用的 1998 ~ 2008 年的资本存量数据直接采用单豪杰（2008）的测算结果，在此表示感谢。此外，2007 年和 2008 年资本存量数据依据其估算方法推算而来。单豪杰（2008）的资本存量数据是以 1952 年为基期的，为了研究的可比性，本文将各省市区历年的资本存量全部按照 1990 年的可比价格进行了折算。

产出以 GDP 或者相对绿色 GDP（EDP）（亿元）指标来表征且将其全部按照 1990 年的可比价格进行了折算。

4.2 影响因素变量

到目前为止，仍没有一个正式的理论作为确定效率影响因素的依据（王兵等，2008），本文在已有类似研究的基础上，主要的从对外经济开放度（外资依存度、贸易依存度）、经济结构（产业结构、产权结构）、环境污染治理强度以及政府规制等方面来考察我国经济增长效率状况。变量具体设定及说明如下：

4.2.1 外资依存度

一般地，在正常状态下，FDI 不仅能够部分解决国内资本稀缺等问题，更重要的是随着外资引进，伴随着的先进技术和管理经验也随之引进，这能够在区域内部或者行业内部产生正的外溢效益。此外，FDI 还与环境污染有着争论性的联系，FDI 引致的环境污染是其对发展中国家的主要负面影响之一，这方面的理论以"污染天堂"假说（Copeland & Taylor，1994）为代表。FDI 的环境效应是一把"双刃剑"（张彦博、郭亚军，2009），对于作为发展中国家第一引资大国的中国来说，FDI 对环境约束下的经济增长效率的作用存在不确定性。本文以 FDI/GDP（EDP）表示外资依存度，为实际利用外商直接投资额（FDI）与当年 GDP（EDP）的比值，这可从整体上反映各省份所吸收外商直接投资的相对规模。其中，FDI 采用实际利用外商直接投资的统计口径，对于用美元表示的 FDI 按照当年人民币的平均汇率换算成人民币，且将其全部按照 1990 年的可比价格进行了折算。

4.2.2　贸易依存度

改革开放以来，尤其是加入 WTO 以后，我国的对外贸易增长迅速，对外贸易对中国经济增长起到巨大拉动作用的同时，由于中国能源消耗和环境污染日益加剧，学者们也开始将快速增长的对外贸易与中国环境污染状况联系起来，考察对外贸易对我国污染排放的影响（沈利生、唐志，2008），认为对外贸易对中国经济增长的环境代价不容忽视（张友国，2009）。在各国减少污染排放的大背景下，一个重要的问题引起了我国学者的关注：通过国际贸易，发达国家是否会专业化生产并出口"干净型"产品，并从我国进口污染密集型产品，从而使我国成为"污染产业天堂"呢？（李小平、卢现祥，2010）因此，对外贸易对环境约束下的中国经济增长效率的作用也存在不确定性。本文以 Trade/GDP（EDP）表示贸易依存度，为进出口贸易总额与当年 GDP（EDP）的比值。其中，对于用美元表示的进出口贸易总额，也按照当年人民币平均汇率将其换算成人民币，且将其全部按照 1990 年的可比价格进行了折算。

4.2.3　产业结构

产业结构优化是转型期我国面临的主要任务之一。我国处于工业化和城市化的关键时期，工业化水平的提高对于环境约束下的中国经济增长效率的影响是双面的，一方面工业化促进了当地经济发展，另一方面我国的工业化发展模式仍然是以资源消耗、环境污染为代价的粗放模式，虽然这种粗放工业增长模式正在逐步转变（涂正革、肖耿，2006），这会给中国经济发展带来一系列问题。本文以工业总产值/GDP（EDP）来表示产业结构特征，且将其按照 1990 年的可比价格进行了折算。

4.2.4　产权结构

中国经济改革伴随着产权结构的变化，其现状高度概括的表述就是"国退民进"。有学者认为"国退民进"是市场经济发展的必然结果，大量实证研究结果表明非国有企业的效率要比国有企业的效率高（刘小玄，2000；姚洋、章奇，2001）。本文选择用国有单位职工人数/当地年均从业人员来刻画产权结构。

4.2.5　环境污染治理强度

中国在经济发展过程中付出了巨大的环境代价，由于政府的高度重视，加大了环境污染治理力度，并且产生了积极效果。对环境污染治理强度的研究有利于认清环境投资绩效，有利于加大环境保护力度。本文以工业环境污染投资总额/GDP（EDP）来刻度环境污染治理强度，且将其按照 1990 年的可比价格进行了折算。

4.2.6　政府规制

在经济发展过程中，政府与市场的关系是学术界探讨的永恒话题之一。我国政府在宏观经济治理过程中处于控制性地位，成为我国经济增长的领导者和事实控制者（钟昌标等，2006）。财政收入是政府干预经济的一个重要手段，本文采用财政收入/GDP（EDP）作为政府规制指标，且将其按照 1990 年的可比价格进行了折算。

上述分析的变量及其定义如表 3 所示。

表 3   **变 量 定 义**

变量	符号	定 义
产出	Y	GDP 或 EDP（亿元），1990 年为基期
劳动投入	HC	滞后 3 年的人力资本存量（万人）
资本投入	K	年均资本存量（亿元），1990 年为基期
外资依存度	FDI	外商直接投资/GDP（EDP），1990 年为基期
贸易依存度	Trade	进出口总额/GDP（EDP），1990 年为基期
产业结构	Industry	工业总产值/GDP（EDP），1990 年为基期
产权结构	Property	国有单位职工人数/年均从业人员 ×100%
工业污染治理强度	Constr	工业污染投资总额/GDP（EDP），1990 年为基期
政府规制	Govern	财政收入/GDP（EDP），1990 年为基期

综上所述，本文根据 Battese & Coelli（1992，1995）模型的基本原理，运用超越对数型柯布道格拉斯生产函数，在 1998 ~ 2008 年省级面板数据的基础上，建立了如下随机前沿研究模型（主函数模型和效率影响因素函数模型）：

$$\ln Y_{it} = \beta_0 + \beta_{hc} \ln HC_{it} + \beta_k \ln K_{it} + 1/2\, \beta_{hchc} (\ln HC_{it})^2 + 1/2\, \beta_{kk} (\ln K_{it})^2$$
$$+ \beta_{hck} \ln HC_{it} \ln K_{it} + v_{it} - u_{it}$$
$$m_{it} = \delta_0 + \delta_1 FDI_{it} + \delta_2 Trade_{it} + \delta_3 Industry_{it} + \delta_4 Pr\,operty_{it}$$
$$+ \delta_5 Constr_{i(t-1)} + \delta_6 Govern_{it} + w_{it}$$

基于本文研究目的的需要，根据是否考虑效率影响因素和环境因素，本文将设定四个模型来进行研究，即模型 1（不考虑影响因素不考虑环境约束）、模型 2（不考虑影响因素考虑环境约束）、模型 3（考虑影响因素不考虑环境约束）、模型 4（考虑影响因素考虑环境约束）。需要说明的是，考虑到在环境污染治理投资中会涉及技术研发等活动，使其投资效果会有一定时滞性，因此工业污染治理强度变量采取了滞后 1 年处理。不考虑环境约束时，产出变量 Y 采用 GDP 指标表示；考虑环境约束时，产出变量 Y 采用 EDP 指标表示。当然，考虑影响因素时各影响因素指标要根据是否考虑环境约束作相应变换。

5 实证结果及分析

根据上述研究方法和面板数据，我们运用 Frontier 程序对我国 1998 ~ 2008 年间经济增长效率及其影响因素进行了估计，具体实证分析结果如下。

5.1 效率及地区差异分析

表 4 给出了模型 1 ~ 模型 4 的主函数 SFA 估计结果，从表 4 可见，在 4 个模型中 r 值均在 1% 的显著性水平下显著，印证了本文所采用的 SFA 方法的合理性。特别是模型 1 和模型 2 中的值分别为 0.966 和 0.798，表明随机误差中大部分是来自于技术非效率的影响，而小部分是来自于统计误差等外部因素的影响，这也说明进一步运用模型 3 和模型 4 考察技术非效率影响因素的必要性。

模型 1 和模型 2 中的值大于 0，说明我国经济增长不在生产前沿面上，即处于技术非效率状态，这表明在技术进步率不变的前提条件下，我国经济还有较大的增长空间，应当提高技术效率向生产前沿面靠拢。而模型 1 和模型 2 中 η 值显著不为 0，这表明技术非效率是随时间加速递减的，即经济增长效率是随时间不断改善的。

表 4　　　　　　　　　　　　　　　主函数 SFA 估计结果

变量	模型 1	模型 2	模型 3	模型 4
常数项	− 1. 183 * （− 1. 168）	− 0. 524 （− 0. 530）	− 3. 910 ** （− 2. 991）	0. 533 （0. 310）
lnHC	0. 018 （0. 058）	− 1. 120 * （− 1. 696）	1. 031 ** （2. 588）	− 0. 142 （− 0. 288）
ln$K$	0. 982 *** （4. 620）	2. 516 *** （3. 466）	0. 828 ** （2. 889）	0. 830 ** （2. 708）
$[\ln HC]^2$	0. 066 ** （2. 640）	0. 248 *** （3. 506）	0. 032 * （1. 028）	0. 116 *** （3. 077）
$[\ln K]^2$	0. 051 *** （3. 946）	0. 140 *** （6. 702）	0. 054 *** （3. 071）	0. 092 *** （4. 543）
$[\ln HC][\ln K]$	− 0. 081 ** （− 2. 729）	− 0. 415 *** （− 4. 711）	− 0. 136 *** （− 3. 739）	− 0. 188 *** （− 4. 734）
σ^2	0. 233 *** （9. 918）	0. 111 * （1. 618）	0. 101 *** （12. 490）	0. 106 *** （10. 327）
r	0. 966 *** （172. 534）	0. 798 *** （25. 710）	0. 339 *** （3. 144）	0. 249 *** （10. 968）
u	0. 948 ** （2. 593）	0. 596 * （1. 605）	—	—
η	0. 009 ** （2. 870）	0. 057 *** （6. 063）		
Log 函数值	215. 310	65. 520	− 66. 655	− 71. 992
LR 检验	727. 607	483. 073	163. 677	158. 933

注：小括号内为 t 检验值，***、** 和 * 分别表示显著性水平为 1%、5% 和 10%。

从 4 个模型效率估算结果来看，1998～2008 年间我国经济增长效率是波动缓慢上升的，如图 1 所示。在不考虑影响因素的情况下（模型 1 和模型 2），我国经济增长效率平均水平分别为 0. 323 和 0. 346，而考虑影响因素情况下（模型 3 和模型 4），我国经济增长效率平均水平分别为 0. 617 和 0. 600。可见，在分析我国经济增长效率时，如果不考虑效率影响因素的冲击，我国的经济增长效率水平将会可能被低估。此外，从劳动和资本的平均产出弹性来看，相对于模型 1 和模型 2 来说，模型 3 和模型 4 的设定更符合经济现实，我国经济增长是典型的要素投入型增长。在此基础上我们发现，不考虑环境因素（模型 3）和考虑环境因素（模型 4）情况下，全国效率均值有一定差异，不考虑环境因素的经济增长忽略了经济增长中的环境代价，因而测算的全国平均效率值（0. 617）要高于考虑环境因素时的全国平均效率值（0. 600）。1998～2008 年期间全国经济增长效率均值在 0. 6 附近，这表明在不增加劳动力和资本要素投入的前提下，如果各地区同时提高技术效率，则在现有技术进步水平条件下全国经济增长总量将会在现有基础之上可以提高 40% 左右，也即在现有技术进步条件下我国经济还有很大的增长空间，提高经济增长技术效率是提高我国经济增长质量的主要措施之一。

从表 5 可见，在不同模型处理下，1998～2008 年期间我国经济增长效率区域差异明显。整体上，区域效率差异同区域经济发展水平相适应。从模型 3 和模型 4 来看，东部地区效率值最高，其次为东北老工业基地，再其次为中部地区，西部地区效率值最低，这与胡鞍钢等（2008）的研究结论一致。东部地区由于早期快速经济发展过程中积累的丰富资本和技术优势，在经济快速发展的同时，污染排放量日趋减少，同时增加对环境污染治理力度，这些因素使得东部地区经济发展的环境代价较小，表现出较高的环境综合指数值，从而经济增长效率值也最高。东北老工业基地是我国工业的摇篮，也是我国重工业的重要基地，在我国工业化进程中起到重要的作用，但是由于粗放型的工业增长模式，使得环境质量恶化，随着"振兴东北老工业基地"战略的实施，加上作为资金、技术密集型的重工业基地的独特优势，东北地区加快了产业结构的优化升级，粗放型的工业增长模式逐步发生转变，在经济发展的同时注重资源环境代价，表现出较高的经济增长效率值。由于历史和地理因素的影响，中西部地区经济发展水平较为落后，生态环境脆弱，"西部大开发"和"中部崛起"战略的实施，在一定程度上促进了中西部地区经济发展，但是伴随着高能耗高污染产业逐渐向中西部地区转移，使得中西部地区经济发展的环境代价很大，表现出较低的经济增长效率。图 2 给出了模型 4 的效率区域比较图[①]。

表 5　　　　　　　　　　　　　　　　　经济增长效率区域比较

	东部沿海	东北老工业基地	中部地区	西部地区	全国
模型 1	0.291	0.492	0.235	0.377	0.323
模型 2	0.420	0.503	0.281	0.265	0.346
模型 3	0.780	0.688	0.529	0.469	0.617
模型 4	0.816	0.678	0.513	0.414	0.600

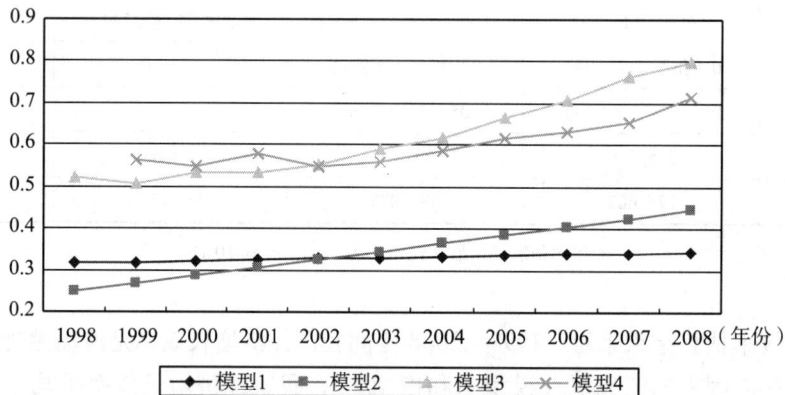

图 1　经济增长效率时间趋势

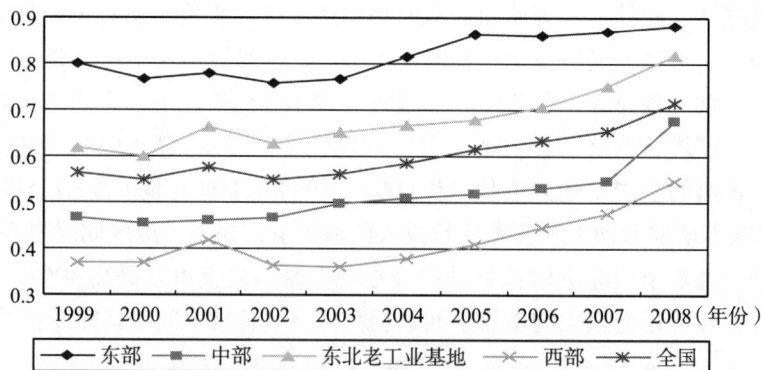

图 2　模型 4——经济增长效率区域比较

综上所述，在测算我国经济增长效率时，如果不考虑效率影响因素的冲击，我国的经济增长效率水平将会可能被低估，因此，在测度经济增长效率时应当加入适当的影响因素变量加以处理。此外，在加入效率影响因素的前提下，考虑环境因素的效率值要低于不考虑环境因素的效率值，且存

---

①　由于篇幅限制，文中没有给出 4 个模型的各年份各省份的效率值，感兴趣的读者可以向作者本人索取。

在区域差异。

5.2　效率影响因素分析

表 6 显示了效率影响因素函数的 SFA 估计结果，且模型 3 和模型 4 的 σ2 和 r 值均通过了显著性水平为 1% 的检验，表明技术非效率是经济增长实际产出未达到生产前沿面的重要原因。从效率影响因素的估计结果来看，模型 3 和模型 4 的影响方向大体一致，但影响幅度略有差异。下面我们对表 6 中的效率影响因素结果作进一步解析。

外资依存度变量（FDI）在不考虑环境因素时回归估计系数显著为负，表明 FDI 对我国经济增长效率有促进作用，外商直接投资相对规模每增长 1%，则效率水平将会增长 3.1%，这和何枫、陈荣（2004），朱承亮等（2009）的研究结论一致。而在考虑环境因素的情况下，这一促进作用下降了 0.9 个百分点，即效率水平增长 2.2%。这表明，在考虑环境因素情况下，FDI 在我国经济增长中起到了正的环境效应，但是 FDI 的技术外溢效应也受到相应的约束，说明在引资的过程中要提高引进外资的质量。

贸易依存度变量（Trade）在模型 3 和模型 4 中的回归系数都显著为负，表明对外贸易对我国经济增长效率具有促进作用。对外贸易相对规模每增长 1%，在不考虑环境因素的情况下效率水平将会增长 0.4%，这也和何枫、陈荣（2004），朱承亮等（2009）的研究结论一致；而在考虑环境因素的情况下这一促进作用提高了 0.2 个百分点，即效率水平将会增长 0.6%。这说明，在自由贸易的情况下，即使在考虑环境因素的情况下对外贸易没有抑制中国经济增长效率的提高，反而起到了显著的促进作用。中国并没有通过对外贸易成为发达国家的"污染产业天堂"，因为发达国家向我国转移的产业不仅仅是污染产业，同时也向我国转移了低排放系数的"干净"产业（李平、卢现祥，2010），并且随着经济发展和技术进步我国的对外贸易结构也在发生变化，我国已经从低技术附加值出口为主转变到了以中等技术附加值出口为主的出口结构，我国的高技术产品出口有所增加。但是，从总体上来看，我国出口品技术高度虽然有一定提高，但仍没有达到世界平均水平（樊纲等，2006），且进口仍以中高技术产品为主，这可能是导致对外贸易对我国经济增长效率促进作用较低的主要原因之一。

表 6　　　　　　　　　　　　　　　　**效率影响因素函数 SFA 估计结果**

变量	模型 3（不考虑环境因素）	模型 4（考虑环境因素）
常数项	1. 137 ***　（6. 896）	0. 471 **　（2. 184）
外资依存度（FDI）	− 0. 031 ***　（− 3. 265）	− 0. 022 *　（− 1. 652）
贸易依存度（Trade）	− 0. 004 **　（− 2. 501）	− 0. 006 ***　（− 3. 994）
产业结构（Industry）	− 0. 009 ***　（− 8. 752）	− 0. 002 **　（− 2. 138）
产权结构（Property）	− 0. 005 *　（− 1. 359）	− 0. 007 *　（− 1. 398）
工业污染治理强度（Constr）	0. 358 **　（2. 066）	− 0. 006　（− 0. 056）
政府规制（Govern）	0. 060 ***　（3. 054）	0. 073 ***　（6. 526）
σ^2	0. 101 ***　（12. 490）	0. 106 ***　（10. 327）
γ	0. 339 ***　（3. 144）	0. 249 ***　（10. 968）
log likelihood function	− 66. 655	− 71. 992
LR test of the one-sided error	163. 677	158. 933

注：小括号内为 t 检验值，***、** 和 * 分别表示显著性水平为 1%、5% 和 10%。

产业结构变量（Industry）在模型 3 和模型 4 中的回归系数都显著为负，表明工业化对我国经济增长效率具有促进作用。我国处于工业化和城市化的关键时期，工业总产值占 GDP 比重从 1998 年的 74.45% 逐步上升到 2008 年的 133.52%，工业化水平的提高对我国经济增长起到了显著的推动作用。同时也注意到在考虑环境因素的情况下，这一推动作用降低了 0.7 个百分点，说明我国在工业化的发展过程中给环境带来了一定影响，从而限制了对经济增长效率的促进作用。工业化发展过程是以一定的资源消耗和环境污染为代价的，然而我国的粗放工业增长模式正在逐步转变（涂正革、肖耿，2006），这也是产业结构变量在模型 4 中系数显著为负的主要原因。

　　非国有经济发展对中国经济增长效率会产生怎样的影响，本文以国有单位职工人数/当地年均从业人员来刻画产权结构，并以此考察产权结构差异与变化对经济增长效率的影响。全国国有单位职工人数占当年年均从业人员比重从 1998 年的 18.46% 逐步下降到 2008 年的 10.44%，同时地区间国有单位职工比重的差异也非常显著，中西部地区国有单位职工比重较高。实证分析发现，产权结构变量（Property）在模型 3 和模型 4 中的回归系数均为负，国有单位职工人数占年均从业人员比重下降 1%，经济增长效率在统计上显著上升 0.5 ~ 0.7 个百分点，这说明外资企业、港澳台资企业和民营企业的发展壮大从总体上有利于经济增长效率的提高，这和刘小玄（2000），姚洋、章奇（2001）的研究结论一致。

　　工业污染治理强度变量（Constr）在模型 3 中的系数显著为正，工业污染治理强度每增长 1%，则效率水平将会降低 35.8%，说明工业污染投资在不考虑环境因素的情况下，对经济增长效率的提高并没有促进作用，反而有显著的负面影响。这是因为，在不考虑环境因素的情况下，各地政府主要以 GDP 的绝对增长作为业绩考核指标，没有考虑到经济增长中的环境代价，而将工业污染治理投资纳入了经济增长成本核算体系，随着污染治理投资额的增加（环境污染治理投资总额占 GDP 比重从 1998 年的 0.86% 上升到 2008 年的 1.49%[①]），这大大削减了以 GDP 为主的考核指标的绩效，因而对环境污染治理投资表现为对经济增长的抑制作用。而在考虑环境因素的情况下，工业污染治理强度变量的系数为负值，虽然没有通过任何检验，但这仍表明在考虑环境因素的情况下对污染治理的投资能对经济增长效率的提高起到促进作用。可见，改变现行的以 GDP 为主要指标的考核机制，考虑经济增长中的环境代价，有利于对我国经济增长的客观评价。同时，注意到 1998 ~ 2008 年期间环境污染治理投资总额占 GDP 比重增长缓慢，11 年间仅增长了 0.63 个百分点，而实证研究发现对污染治理投资对环境约束下的经济增长效率提高起到促进作用，因此应当加大对环境污染治理强度，促进我国经济"又好又快"发展。

　　政府规制变量（Govern）在模型 3 和模型 4 中的回归系数都显著为正，表明政府控制对我国经济增长效率具有抑制作用，财政收入占 GDP（EDP）比重每增加 1%，效率水平将会降低 6% 或 7.3%。1998 ~ 2008 年期间，财政收入占 GDP 比重从 12% 上升到 20%[②]，说明此期间政府对市场的干预在增强，实证结果表明，政府的过度干预不利于经济增长效率的提高。由于我国市场经济的不完善，政府干预在我国市场化进程中起到举足轻重的作用，由于政府对市场化进程的过度干预会降低经济效率，因此应当转变政府职能，特别是在政府公共支出方面优化支出结构，从工业污染治理强度变量在模型 4 中的实证结果来看，应当加大对环境污染治理的投入，支持环保技术的研发。

6　结论及启示

　　针对现有研究效率差异的文献中要么忽略环境因素要么仅考虑环境污染排放的缺陷，本文将环境污染排放和环境污染治理同时纳入效率测算框架，在构造各地区环境综合指数（ECI）测算了相对绿色 GDP 的基础上，采用超越对数型柯布道格拉斯生产函数随机前沿模型，对 1998 ~ 2008 年间

---

　　① 据《全国环境统计公报》（1998、2008）统计，1998 年环境污染治理投资为 721.8 亿元，2008 年环境污染治理投资为 4 490.3 亿元。

　　② 据《中国统计年鉴》（1998、2008）统计，1998 年财政收入为 9 875.95 亿元，GDP 为 84 402.3 亿元；2008 年财政收入为 61 330.35 亿元，GDP 为 300 670 亿元。

环境约束下的中国经济增长效率及其影响因素进行了分析，得到以下结论和启示：

第一，整体上我国经济增长效率呈上升趋势，但效率较低，仍有较大的提升空间，且存在区域差异。

第二，忽略效率影响因素会低估我国经济增长效率，且环境约束下的中国经济增长效率要低于无环境约束的效率，这表明在测评我国经济增长绩效时，既要考虑环境因素还要考虑其他相关因素的影响，这样才能客观、真实地反映中国经济增长状况。

第三，外商直接投资和对外贸易对效率的提升有显著的促进作用，引进外资和发展对外贸易没有使中国成为"环境污染天堂"。要想对效率提升起到更大促进作用，要求我国在积极引进外资和发展对外贸易的同时，应注重外资引进质量和改善对外贸易结构。

第四，工业化进程促进了中国效率的提升，但是在环境约束下工业化对效率提升的促进作用受到了制约，表明我国工业增长模式急需改变，走科技含量高、经济效益好、资源消耗低、环境污染少、人力资源优势得到充分发挥的新型工业化模式，为我国经济增长效率的提高打好微观基础。

第五，非国有经济成分的上升有利于效率的提高，应当继续深入产权结构改革，加快非国有经济发展。

第六，环境污染治理强度对环境约束下效率的提升起到积极的促进作用，而不考虑环境约束时，随着环境污染治理强度的加强反而抑制了效率提升。这说明各地政府应急需改变以 GDP 为主要考核指标的政绩考核机制，要重视经济发展中的资源环境代价，加大对环境污染的预防和治理，提高环境污染治理强度。

第七，财政收入占 GDP 比重的上升不利于效率提升，说明政府对市场的过度干预会损害效率。政府应当积极转变职能，在环境约束下积极引导企业走资源节约型、环境友好型生产模式。

总之，正确评价我国经济发展绩效就必须在传统生产率研究基础上考虑环境因素的影响，只有将环境因素和地方经济增长目标统一起来，形成全面、科学的增长观，重视经济增长过程中的资源环境代价问题，才能有利于实现经济发展和生态环境的和谐统一，实现中国经济"又好又快"发展。

参 考 文 献

1. 樊纲、关志雄、姚枝仲：《国际贸易结构分析：贸易品的技术分布》，载《经济研究》2006 年第 8 期。

2. 樊纲、王小鲁、张立文、朱恒鹏：《中国各地区市场化相对进程报告》，载《经济研究》2003 年第 3 期。

3. 傅晓霞、吴利学：《全要素生产率在中国地区差异中的贡献：兼与彭国华和李静等商榷》，载《世界经济》2006 年第 9 期。

4. 符淼：《我国环境库兹涅茨曲线：形态、拐点和影响因素》，载《数量经济技术经济研究》2008 年第 11 期。

5. 郭庆旺、贾俊雪：《中国全要素生产率的估算：1979～2004》，载《经济研究》2005 年第 6 期。

6. 胡鞍钢、郑京海、高宇宁、张宁、许海萍：《考虑环境因素的省级技术效率排名 (1999～2005)》，载《经济学 (季刊)》2008 年第 3 期。

7. 何枫、陈荣：《经济开放度对中国经济效率的影响：基于跨省数据的实证分析》，载《数量经济技术经济研究》2004 年第 3 期。

8. 李静：《中国区域环境效率的差异与影响因素研究》，载《南方经济》2009 年第 12 期。

9. 李胜文、李新春、杨学儒：《中国的环境效率与环境管制——基于 1986～2007 年省级水平的估算》，载《财经研究》2010 年第 2 期。

10. 李小平、卢现祥：《国际贸易、污染产业转移和中国工业 CO_2 排放》，载《经济研究》2009 年第 11 期。

11. 刘小玄：《中国工业企业的所有制结构对效率差异的影响——1995 年全国工业企业普查数据的实证分析》，载《经济研究》2000 年第 2 期。

12. 彭水军、包群：《中国经济增长与环境污染——基于广义脉冲响应函数法的实证研究》，载《中国工业经济》

2006 年第 5 期。

13. 邱晓华、郑京平、万东华、冯春平、巴威、严于龙：《中国经济增长动力及前景分析》，载《经济研究》2006 年第 5 期。

14. 单豪杰：《中国资本存量 K 的再估算：1952~2006 年》，载《数量经济技术经济研究》2008 年第 10 期。

15. 沈利生、唐志：《对外贸易对我国污染排放的影响——以二氧化硫排放为例》，载《管理世界》2008 年第 6 期。

16. 孙琳琳、任若恩：《中国资本投入和全要素生产率的估算》，载《世界经济》2005 年第 12 期。

17. 涂正革：《环境、资源与工业增长的协调性》，载《经济研究》2008 年第 2 期。

18. 涂正革、肖耿：《环境约束下的中国工业增长模式研究》，载《世界经济》2009 年第 11 期。

19. 涂正革、肖耿：《中国工业增长模式的转变——大中型企业劳动生产率的非参数生产前沿动态分析》，载《管理世界》2006 年第 10 期。

20. 吴军：《环境约束下中国地区工业全要素生产率增长及收敛分析》，载《数量经济技术经济研究》2009 年第 11 期。

21. 魏楚、沈满洪：《能源效率及其影响因素：基于 DEA 的实证分析》，载《管理世界》2007 年第 8 期。

22. 王兵、吴延瑞、颜鹏飞：《环境管制与全要生产率增长：APEC 的实证研究》，载《经济研究》2008 年第 5 期。

23. 王小鲁、樊纲、刘鹏：《中国经济增长方式转换和增长可持续性》，载《经济研究》2009 年第 1 期。

24. 王志刚、龚六堂、陈玉宇：《地区间生产效率与全要素生产率增长率分解》，载《中国社会科学》2006 年第 2 期。

25. 姚洋、章奇：《中国工业企业技术效率分析》，载《经济研究》2001 年第 10 期。

26. 岳书敬、刘朝明：《人力资本与区域全要素生产率分析》，载《经济研究》2006 年第 4 期。

27. 易纲、樊纲、李岩：《关于中国经济增长与全要素生产率的理论思考》，载《经济研究》2003 年第 8 期。

28. 杨俊、邵汉华：《环境约束下的中国工业增长状况研究——基于 Malmquist-Luenberger 指数的实证分析》，载《数量经济技术经济研究》2009 年第 9 期。

29. 杨龙、胡晓珍：《基于 DEA 的中国绿色经济效率地区差异与收敛分析》，载《经济学家》2010 年第 2 期。

30. 颜鹏飞、王兵：《技术效率、技术进步与生产率增长：基于 DEA 的实证分析》，载《经济研究》2004 年第 12 期。

31. 张彦博、郭亚军：《FDI 的环境效应与我国引进外资的环境保护政策》，载《中国人口·资源与环境》2009 年第 4 期。

33. 张友国：《中国贸易增长的能源环境代价》，载《数量经济技术经济研究》2009 年第 1 期。

34. 张军、吴桂荣、张吉鹏：《中国省际物质资本存量估算：1952~2000》，载《经济研究》2004 年第 10 期。

35. 钟昌标、李富强、王林辉：《经济制度和我国经济增长效率的实证研究》，载《数量经济技术经济研究》2006 年第 11 期。

36. 郑京海、胡鞍钢：《中国改革时期省际生产率增长变化的实证分析》，载《经济学（季刊）》2005 年第 2 期。

37. 朱承亮、岳宏志、李婷：《中国经济增长效率及其影响因素的实证分析：1985~2007 年》，载《数量经济技术经济研究》2009 年第 9 期。

38. Aigner, D. J. , Lovell, C. A. , Schmidt, Formulation and Estimation of Stochastic Frontier Production Functions Models, Journal of Econometrics, 1977 (1): 21 – 37.

39. Battese, G. E. , Corra, G. S. Estimation of a Production Frontier Model: With Application to the Pastoral Zone of Eastern Australia, Australian Journal of Agricultural Economics, 1977 (3): 169 – 179.

40. Battese, G. E. , Coelli, T. J. Frontier Production Function, Technical Efficiency and Panel Data: with Application to Paddy Farmers in India, Journal of Productivity Analysis, 1992 (3): 153 – 169.

41. Battese, G. E. , Coelli, T. J. , A Model for Technical Inefficiency Effects in a Stochastic Production Frontier for Panel Data, Empirical Economics, 1995 (20): 325 – 332.

42. Copeland, B. , Taylor, S. , North-South Trade and the Environment, Quarterly Journal of Economics, 1994, 109, pp. 755 – 787.

43. Charnes, A. , Cooper, W. W. , Rhodes. E. , Measuring the Efficiency of Decision-Making Units, European Journal of Operational Research, 1978 (6): 429 – 444.

44. Chow, G. , Lin, A. L. , Accounting for Economic Growth in Taiwan and Mainland China: A Comparative Analysis,

Journal of Comparative Economics, 2002, 30 (3): 507 – 530.

45. Chung, Y. H., Fare, R., Grosskopf, S., Productivity and Undesirable Outputs: A Directional Distance Function Approach, Journal of Environmental Management, 1997, 51 (3): 229 – 240.

46. Domazlicky, B., Weber, W., Does Environmental Protection Lead to Slower Productivity Growth in the Chemical Industry? Environmental and Resource Economics, 2004, 28, pp. 301 – 324.

47. Farrell M. J., The Measurement of Production Efficiency, Journal of Royal Statistical Society, 1957, 120 (3): 253 – 281.

48. Fare, R., Grosskopf, S., Pasurka, C., Accounting for Air Pollution Emissions in Measuring State Manufacturing Productivity Growth, Journal of Regional Science, 2001, 41, pp. 381 – 409.

49. Hailu, A., Veeman, T. S., Non-parametric Productivity Analysis with Undesirable Outputs: An Application to the Canadian Pulp and Paper Industry, American Journal of Agricultural Economics, 2001, 83, pp. 605 – 616.

50. Hailu, A., Veeman, T. S., Environmentally Sensitive Productivity Analysis of the Canadian Pulp and Paper Industry, 1959 – 1994: An Input Distance Function Approach, Journal of Environmental Economics and Management, 2000, 40, pp. 251 – 274.

51. Jeon, B. M., Sickles, R. C., The Role of Environmental Factors in Growth Accounting, Journal of Applied Econometrics, 2004, 19, pp. 567 – 591.

52. Kumar, S., Environmentally Sensitive Productivity Growth: A Global Analysis Using Malmquist-Luenberger Index, Ecological Economics, 2006, 56, pp. 280 – 293.

53. Leibenstein H., Allovative Efficiency vs "X-efficiency", American Economic Review, 1966 (56): 392 – 415.

54. Meeusen. W., Broeck. J., Efficiency Estimation from Cobb-Douglas Production Functions with Composed Error, International Economic Review, 1977 (2): 435 – 444.

55. Pittman, R. W., Multilateral Productivity Comparisons with Undesirable Outputs, Economic Journal, 1983, 93, pp. 883 – 891.

56. Shadbegian, R. J., Gray, W. B., Pollution Abatement Expenditures and Plant-level Productivity: A Production Function Approach, Ecological Economics, 2005, 54, pp. 196 – 208.

57. Yoruk, B., Zaim, O., Productivity Growth in OECD Countries: A Comparison with Malmquist Index, Journal of Comparative Economics, 2005, 33, pp. 401 – 420.

Empirical Study on China's Economic Growth Efficiency Under the Binding of Environment

Zhu Chengliang Yue Hongzhi

(School of Economics and Management, Northwest University,

Xi'an, Shanxi 710127)

Abstract: Putting both environmental emissions and control into efficiency testing framework, on the basis of constructing ECI to estimate the relative green GDP, this paper have analyzed China's economic growth efficiency and factors under the binding of environment between 1998 – 2008 using beyond the logarithmic stochastic frontier model. We have found that: (1) China's economic growth efficiency is rising, but less efficient, and there is still great room for improvement, and there are regional differences. (2) Ignore the efficiency factors will underestimate the efficiency, but the efficiency will reduce under the binding of environment. (3) FDI and foreign trade play a significant role in promoting efficiency and they do not make China a "pollution haven". (4) Efficiency will be improved by industrialization, but it will be restricted under the binding of environment, and this shows that it is time to change China's industrial growth mode. (5) Efficiency will be improved by increasing non-state economic sectors, so it is necessary to continue indepth structural reforms of property rights and accelerate the non-state economic development. (6) Intensity of environmental pollution control plays a significant role in promoting efficiency, but regardless of the environment, it will restrain efficiency improvement. (7) Efficiency will be undermined with government excessive interference to the market, and government functions should be positive changed.

Key Words: Environmental Constraints　Green GDP　Environment Composite Index　Economic Growth Efficiency

第 2 卷第 1 辑　　　　　　　　　　　　经济管理评论　　　　　　　　　　　　Vol. 2　No. 1
2010 年 10 月　　　　　　　　　Economics and Management Review　　　　　　　　　Oct. 2010

影响我国企业 R&D 投入的因素及其空间计量分析[*]

陈　泓[**]

摘　要： 本文在探讨影响企业 R&D 投入因素的基础上，利用空间滞后模型论证了我国 31 个省份的规模以上企业 R&D 经费投入之间存在较明显的空间相关性，东部沿海地区形成高值集聚情况，而西部地区则体现了低值集聚的情况。回归结果显示，企业主营业务收入、科技活动人员数对 R&D 经费投入具有较显著的正相关作用，企业 R&D 活动中的政府资金对企业 R&D 投入也存在较明显的杠杆效应。

关键词： R&D 投入　空间滞后模型　空间相关性

中图分类号： F064. 1　　　　　　　**文献标识码：** A

0　引　言

美籍奥地利经济学家熊彼特认为经济发展就是整个社会不断地实现新组合的过程，这个"创新理论"引发了学术界对创新的思考，我国则是从 20 世纪 80 年代开始了对技术创新的探讨。到目前为止，技术创新的概念已有了比较明确的界定，一般都将其认为是一个从新产品构思到市场化的一个过程。技术创新对于经济增长的推动作用无论是理论上还是实际上都是毋庸置疑的。在目前关于技术创新过程、机制的文献研究中，创新投入特别是 R&D 经费投入一直是研究的关注点。但现有的文献多把研发投入作为投入变量，探讨研发投入和经济增长等相关因素的关系，探讨研发投入与研发产出之间的相互关系，或者说更多关注研发绩效的问题，而针对研发经费投入影响因素的文章则较少。企业是技术创新的主体，首先意味着企业是创新投入的主体。因此，探讨影响企业研发投入的因素具有重要的现实意义。

传统的对于技术创新、企业 R&D 投入的研究较少考虑到空间维度，而空间经济学则认为几乎所有的空间数据都具有空间依赖性或空间自相关性的特征，空间计量方法利用地理位置的相邻性来建立区域的空间联系，来识别具有空间依赖性的数据之间的关系。创新活动的特点决定了创新具有明显的空间集聚特征，现有文献已开始利用空间计量的方法对区域创新行为进行分析，如吴玉鸣（2006）对中国省域研发与创新的计量分析结果发现，中国 31 个省域创新能力的贡献主要由企业研究与开发投入实现。付森（2009）通过空间计量方法论证了我国的技术活动存在着局部集聚现象，且随时间推移地理集聚呈增强趋势。本文认为空间计量的方法同样适合于我国省际间企业 R&D 投入的集聚效应分析，省际 R&D 投入主要受制于地区经济发展状况，而企业作为创新主体，其 R&D 投入也必将随着企业间区域联系的加强而产生空间集聚效应。

　＊　收稿日期：2010 - 04 - 15；修订日期：2010 - 08 - 19。
＊＊　陈泓，福州大学管理学院，讲师，在读博士生，福州 350108。

　　本文的研究思路是探讨影响企业 R&D 投入的因素，并通过构建空间计量模型来探讨不同省份的企业 R&D 投入是否存在空间集聚效应；探讨不同因素对于企业 R&D 投入的贡献度。

1　文 献 综 述

　　Varsakelis（2001）以 50 个国家为样本，研究了国家文化、专利保护和经济开放程度对 R&D 强度的影响，这些可以归纳为是影响企业 R&D 投入的外部因素。而 Patrik & Andreas（2003）利用瑞典 1990～1999 年间的企业微观数据，探讨了企业规模、竞争状况、技术机会、技术外溢、资本强度、人力资本和所有权形式等因素对企业 R&D 投入的影响，这些因素中多数都是企业内部因素。

　　王任飞（2005）概括了影响企业 R&D 投入的内部因素及外部环境因素等两类因素，并基于 2000～2003 年的我国电子信息行业百强企业的统计数据，验证了企业规模、盈利能力、出口导向三个内部因素对于企业 R&D 具有较显著的影响，企业规模和盈利能力与企业 R&D 是正相关关系，而出口导向因素则与 R&D 投入形成负相关。张海洋（2008）利用企业盈利能力、要素禀赋、技术机会、政府公共政策、市场竞争、外资活动等变量对我国工业 R&D 投入决定因素进行计量分析。李丽青（2008）构建企业 R&D 动力整合模型，也是从内在因素（利益驱动、企业家精神和企业文化）等及外部因素（科学技术、社会需要或市场需求、市场竞争和政府政策等）两类指标来探讨。刘笑霞等（2009）归纳了企业规模、负债水平、出口导向、区域经济发展水平、盈利状况、所有制性质（是否属于外商投资企业）等因素对制造企业研发支出及研发强度的影响。吕媛（2009）通过对高技术产业 R&D 影响因素进行回归分析，提出企业的 R&D 投入与净营运资金、资产负债率、净利润、产权比率和高管总人数正相关，与无形资产和企业规模负相关的观点。刘胜强等（2010）从公司治理、股权结构、公司高管、董事会结构和负债五个方面系统探讨了公司治理对企业 R&D 投资的影响，这也是从微观视角进行的实证探讨。

　　综上，企业 R&D 活动是一个系统活动，影响企业 R&D 投入的动力来自多个方面，各个动力因素相互影响、相互制约。根据目前的研究成果来看，影响企业 R&D 投入的因素主要可划分为外部动力和内部动力两大类。外部因素主要包括技术变动、市场竞争、政府公共政策的影响等。而内部因素则涵盖了企业规模、盈利能力、企业的要素禀赋、出口导向等因素。

　　值得特别关注的是，很多文献都探讨了政府科技投入对于企业 R&D 投入的影响。我们知道，由于技术、知识具有公共产品的特征，在技术创新领域会出现 R&D 投入不足及市场失灵的情况，需要国家制定针对 R&D 的公共政策。但关于政府 R&D 投入或政府科技补贴对企业 R&D 投入是产生杠杆效应还是产生挤出效应的问题目前还未形成一致看法。Dominique Guellec 和 Van Pottelsberghe 对 17 个 OECD 国家 1981～1996 年的政府科技投入对企业 R&D 支出的影响进行了系统研究，认为政府对企业的研发进行财政资助和提供税收优惠政策对企业 R&D 投入起到明显的杠杆效应，即政府对企业直接投入 1 美元将会导致企业 R&D 投入增加 0.7 美元。我国的杜文献（2007）、程华（2008）等持相同观点，通过计量分析认为政府 R&D 投入对企业 R&D 投入具有明显的诱导效应。程华（2008）实证说明当政府科技投入变动 1% 时，大中型工业企业 R&D 投入会变动增加 0.72%。也有部分研究表明政府的研发投入会排挤私人的研发投入，如我国姚洋、章奇等分别通过计量方法论证了政府科技投入对于企业 R&D 投入的挤出效应。

　　现有文献在探讨企业 R&D 投入的影响因素时主要采用是回归分析的计量方法，既有涉及截面数据也有涉及面板数据的计量模型。而刘新同（2008）则采用系统聚类方法对我国各地区 R&D 投入水平进行分类，利用 K‑均值聚类法将我国 31 个省份分为六类，认为东中西部地区的科技投入符合各地区的经济发展情况，体现了明显的地区差异。刘新同（2009）进一步利用因子分析法对我国研发投入区域间差异进行分析。但从现有的文献来看，国内仍较缺乏关于企业 R&D 投入空间相关性的研究成果。

2　中国 31 个省份的企业 R&D 投入空间计量模型构建及实证分析

2.1　空间计量理论模型及其估计

目前，应用较为广泛的空间计量模型主要有空间滞后模型（Spatial Lag Mode，SLM）及空间误差模型（Spatial Error Model，SEM）。空间滞后通常被假定是空间自回归过程，因此空间滞后模型又称为空间自回归模型，空间滞后模型反映了因变量的影响因素会通过空间传导机制作用于其他地区，其表达式为：

$$y = \rho W y + X\beta + \mu \tag{1}$$

其中 y 是被解释变量，W 是空间权重矩阵，β 是 X 的参数向量，ρ 是空间滞后项 Wy 的系数，其衡量权重矩阵观测值之间的空间相互作用程度，μ 是随机误差项。

空间误差模型则反映了区域间外溢是随机冲击的作用结果，其表达式为：

$$\begin{cases} y = X\beta + \mu \\ \mu = \lambda W\mu + \varepsilon \end{cases} \tag{2}$$

其中 μ 为随机误差项，λ 为 $n \times 1$ 阶的截面因变量向量的空间误差系数，λ 衡量了样本观察值中的空间依赖性。ε 为正态分布的随机误差向量。β 反映了自变量 X 对因变量 y 的影响，W 是空间权重矩阵。

对具有空间相关性的数据采取最小二乘法（OLS）进行回归分析，系数估计会产生偏差，必须用极大似然法估计 SLM 和 SEM 模型的系数（Anselin）。在实际应用中，是选择 SLM 模型还是 SEM 模型，需要构建判别准则以分析哪种模型更加适用。关于这个问题，Anselin 等在 2004 年就提出了判别准则：如果在空间依赖性的检验中发现，LMLAG 较之 LMERR 在统计上更加显著，且 R – LM-LAG 显著而 R – LMERR 不显著，则可以断定适合的模型是空间滞后模型，相反，如果 LMERR 比 LMLAG 在统计上更加显著，且 R – LMERR 显著而 R – LMLAG 不显著，则可以断定空间误差模型是恰当的模型。除了拟合优度 R^2 检验以外，常用的检验准则还有自然对数似然函数值（Log Likelihood，LogL）、赤池信息准则（Akaike Information Criterion，AIC），施瓦茨准则（Schwartz Criterion，SC）等指标。AIC 和 SC 值越小，模型拟合效果越好。LogL 最大的模型最好。因此，这几个指标也用来识别应如何在 OLS 经典线性回归模型或 SLM、SEM 中进行选择。

2.2　实证分析

2.2.1　指标选择及数据来源

在探讨企业 R&D 投入的影响因素以确定模型的变量时，本文结合相关文献的研究成果，以企业 R&D 投入（rd）为被解释变量，选取了企业主营业务收入（sr）、企业科技活动人员数（ry）、企业 R&D 活动中的政府资金（zf）作为解释变量，引入空间权重矩阵来构建计量空间模型。

（1）企业作为创新活动的主体，探讨企业的 R&D 投入能够更为直观地反映区域创新投入的状况，规模以上工业企业的统计数据完整没有缺失，因而本文选取 2008 年我国 31 个省份的规模以上工业企业相关数据进行分析。根据国家统计局统计方法制度，规模以上工业企业指的是年产品销售收入在 500 万元及以上的工业企业。

（2）企业的主营业务收入。企业 R&D 投入主要依靠内部资金，企业的盈利能力和利润所得是企业 R&D 投入的一个重要决定因素。因而本文选取主营业务收入作为企业的盈利能力指标，这个指标在一定程度上也反映了企业的规模大小。一般认为企业主营业务收入越高，企业越有增加 R&D 投入的冲动。

（3）企业的科技活动人员数。R&D 投入需要有大量的要素禀赋作为支持，一般研究认为企业的科技活动人数是企业进行创新的主要来源，特别是进行自主创新的人力资源源泉。科技活动人员数这个企业重要的要素禀赋对 R&D 投入模式有重要影响。

（4）企业 R&D 活动的政府资金。现有的公共政策激励如政府对企业 R&D 资金支持会对企业的 R&D 投入行为产生影响。

本文采取截面数据，选取 2008 年我国 31 个省份的规模以上工业企业的相关数据进行分析。31 个省份的规模以上工业企业的 R&D 经费、主营业务收入、科技活动人员数量及企业 R&D 活动中的政府资金等数据，均来自《中国科技统计年鉴（2009）》。

2.2.2 模型构建

探讨 2008 年我国省际间企业 R&D 投入的空间影响，需要选择适合的空间计量模型，我们根据上述提及的 Anselin 判别准则来进行选择。从表 1 的实证结果中能够发现 OLS 估计的拟合优度 R^2 检验不及空间模型的 R^2 检验来得显著，且 OLS 估计下的 AIC 和 SC 数据较大，模型拟合效果不好，应采取极大似然估计（LM）。LM（lag）检验（$p = 0.0003342$）较 LM（error）检验（0.9575883）更加显著（$0.0003342 < 0.9575883$），且 R – LMLAG 检验（0.0003088）显著，而 R – LMERR（0.6979645）不显著，可以断定 SLM 模型的拟合度更好，采用 SLM 模型可以更好地反映我国 31 个省份的企业 R&D 投入是如何通过空间传导机制作用于其他地区的。

表 1   2008 年我国省际 R&D 影响因素的实证分析结果

模型	OLS	SLM	SEM
C	– 2.620127 （0.1715736）	– 3.441314 （0.0094970）	– 0.8432424 （0.4700764）
ln *sr*	0.4206908 （0.0715520）	0.5197981 （0.0011099）	0.3278624 （0.0197611）
ln *ry*	0.3200874 （0.2566322）	0.3025271 （0.1095362）	0.3480092 （0.0447515）
ln *zf*	0.4144398 （0.0034894）	0.1968948 （0.0532591）	0.2490549 （0.0010995）
R^2	0.955162	0.974524	0.974560
LogL	– 10.6913	– 1.95016	– 3.686807
AIC	29.3826	13.9003	15.3736
SC	35.1186	21.0702	21.109563
空间依赖检验			
LM（lag）	12.8682566 （0.0003342）	R – LM（lag）	13.0160265 （0.0003088）
LM（error）	0.0028281 （0.9575883）	R – LM（error）	0.1505981 （0.6979645）

注：括号内是统计量的概率。

基于上述指标选择来构造计量模型，为了避免数据的相关性干扰，分别对各变量取对数。因而针对企业 R&D 投入的空间滞后模型构造如下：

$$\ln rd = \beta_0 + \rho W \ln rd + \beta_1 \ln sr + \beta_2 \ln ry + \beta_3 \ln zf + \mu \qquad (3)$$

各变量含义如前文所述，需要说明的是 W 是一个二元对称的矩阵，它是遵循 Rook 相邻规则确定的权重矩阵，W 定义了我国 31 个省份之间的地理相邻关系。

2.2.3　空间相关性分析

（1）Moran 散点图分析。图 1 的 Moran 散点图是关于空间滞后因子（W_RD）和 RD 可视化的二维图，其中 RD 表示我国 31 个省份的企业 R&D 投入，W_RD 表示这些省份与邻近地区之间的空间加权值。在 Moran 散点图中，若散点分布在第 1 象限及第 3 象限则代表观测值之间存在正的空间相关性。分布在第 2 象限和第 4 象限的散点则代表观测值之间呈现负的空间相关性。如图所示，大多部地区落入第 1 象限和第 3 象限，说明了企业 R&D 投入高的区域被企业 R&D 投入高的区域包围（第 1 象限），同时企业 R&D 投入低的区域被企业 R&D 投入低的区域所包围（第 3 象限），全局 Moran 指数等于 0.4002，大于 0，说明 31 个省份企业的 R&D 投入存在较明显的空间相关关系。

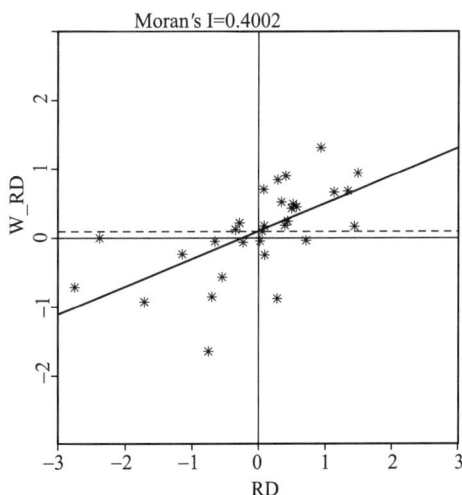

图 1　2008 年各地区企业 R&D 投入的 Moran 散点图

（2）空间联系的局部指标（Local Indicators of Spatial Association，LISA）分析。LISA 是描述区域单元周围显著的相似值区域单元之间的空间集聚程度的指标。从图 2 上可看出大红色区域代表的是具有较高企业 R&D 投入的区域被同为具有较高企业 R&D 投入的区域所包围，形成集聚效应；深蓝色代表的是低—低集聚的情况，表示企业 R&D 投入较低的省份其周边区域的企业 R&D 投入也较低；浅蓝色代表的是低—高集聚的情况，而粉红色代表的是则是高—低集聚，R&D 投入较高的区域被 R&D 投入较低的区域所包围。从图 2 上可以看出，红色的高—高集聚区域包括了山东、江苏、上海、安徽、浙江、江西、福建七个省份，说明这些省份的 R&D 投入较高，形成较显著的空间集聚效应。蓝色由新疆、西藏、青海三个省份组成，这三个省份科技不发达，R&D 投入较低，形成了低—高集聚的情况。浅蓝色所在的区域是海南省，实际上按地理相邻的法则，海南省与其他的 30 个省份并没有直接的地理相连关系，海南自身的 R&D 投入较低，而如广东省在内的周边省份经济较为发达，企业科技投入高，就形成了低—高集聚的现象。粉色区域是四川，可以看出四川省的 R&D 投入较高，但周边的其他西部省份 R&D 投入较低，无法形成集聚效应。我国规模以上企业的 R&D 投入存在空间集聚效应可由我国 31 个省份的经济发展水平做出解释，这与我国 R&D 投入的东中西部差距的现实相吻合。

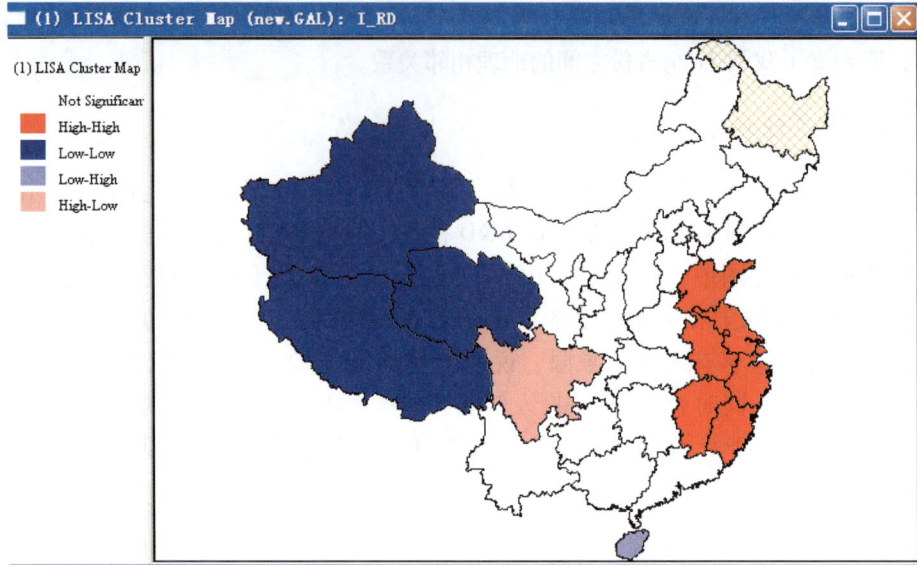

图2　2008 年各地区企业 R&D 投入的 LISA 图

2.2.4　回归分析

利用 GEODA 软件，对回归方程中的 ρ、β_0、β_1、β_2、β_3 进行参数估计，回归结果如下：

$$\ln rd = -3.441314 + 0.1197427 W \ln rd + 0.5197981 \ln sr$$
$$\underset{(0.0094970)}{} \quad \underset{(0.0000012)}{} \quad \underset{(0.0011099)}{} $$
$$+ 0.3025271 \ln ry + 0.1968948 \ln zf$$
$$\underset{(0.1095362)}{} \quad \underset{(0.0532591)}{}$$

从回归结果来看，R&D 投入的空间滞后项系数为 0.1197427，且结果相当显著（ρ = 0.0000012），说明各个地区之间的企业 R&D 投入存在正的空间相关性，这个结论与 Moran 散点图一致，说明了邻近省份的企业 R&D 投入除了与地区经济发展水平相关外，还具备较明显的区域集聚特点。企业主营业务收入、科技活动人员数的系数分别通过 5% 及 10% 的显著性检验。企业主营业务收入的系数为 0.519798，这一指标说明规模以上企业的盈利能力与企业的 R&D 投入是正相关关系，企业的主营业务收入对 R&D 投入具有很明显的推动作用。科技活动人员数的系数为 0.3025227，科技活动人员数对于 R&D 投入也有着较显著的积极影响，这主要是由于科技人员的创新产出使得企业不断地从创新中获得收益，进一步增强了企业 R&D 投入的动力，从而形成一个良性循环。R&D 投入的政府资金的系数为 0.1968948，系数为正，说明政府科技投入对于企业 R&D 投入会产生杠杆效应。

3　结论与启示

实证表明，我国31 个省份的规模以上企业的主营业务收入对企业的 R&D 投入具有明显的推动作用，这与王任飞（2005）、张海洋（2008）、吕媛（2009）等人的研究结果基本一致，说明规模以上企业盈利越多，其 R&D 投入则越高，越有利于技术创新。实证结果表明科技活动人员数对企业的 R&D 投入也产生了较明显的推动作用，科技活动人员是企业重要的要素禀赋，是影响企业 R&D 活动、自主创新的关键。政府资金对企业的 R&D 投入产生了较明显的杠杆效应，这与多数的研究成果的结论一致，如 Van Pottelsberghe 等。但回归结果显示，政府资金对企业 R&D 的乘数效应为 0.1968948，低于程华（2008）等人的实证结果，这在一定程度上说明了考虑到空间效应，政府资金对于企业 R&D 投入的影响效应有所弱化。31 个省份的企业 R&D 投入存在明显的空间集聚效应，空间相关性检验说明东部沿海地区企业 R&D 投入较高，形成高值集聚，而西部地区企业 R&D 投入较少，这与我国总体的经济发展状况及创新绩效的现实总体一致。

近年来，我国 R&D 经费支出不断增长，从 2003 年的 1 539.6 亿元增加到 2008 年的 4 616 亿元，2008 年 R&D 经费支出占国内生产总值的比重已达 1.47%，其中，企业 R&D 投入占了 70% 左右的比重。然而，这一数字仍远低于美国、日本、欧盟的标准。同时，我国的不同省份的企业 R&D 投入存在明显的差异，出现了地区创新发展不平衡问题。这要求进一步提高企业 R&D 投入的比例，发挥企业 R&D 投入在创新产出中的作用。

企业的 R&D 活动是维持企业持续发展的源泉，为进一步明确企业作为研发投入的主体地位：首先，应充分发挥政府公共政策对企业 R&D 的引导、杠杆作用。在目前的科技体制下，由政府财政增加 R&D 投入是我国获得创新投入的必要来源，也是保证我国进入创新型国家行列的资金保证。因此，政府要进一步实施相关的促进 R&D 投入的激励政策，加强政府资金对企业自主创新的市场引导作用，充分发挥政府资金在促进企业 R&D 投入方面的杠杆效应与放大效应。同时，政府应大力促进地区间科技的交流与合作，解决各省份 R&D 投入与区域创新能力不平衡问题。其次，进一步鼓励企业成为技术创新及技术创新投入的主体。企业应加强科技人才的培养，建设强有力的研发队伍，可通过员工激励等方法加强企业科技活动人员的创新性与积极性，从而推动企业进一步加大 R&D 投入。鼓励企业应构建完善的企业内部资金支持创新的制度，鼓励企业利用自有盈利来带动研究开发，真正成为 R&D 投入的主体。

参 考 文 献

1. 程华、赵祥：《企业规模、研发强度、资助强度与政府科技资助的绩效关系研究》，载《科研管理》2008 年第 3 期。

2. 杜文献、吴林海：《政府 R&D 投入对企业 R&D 投入的诱导效应——基于 1991～2004 年中国科技统计数据的实证分析》，载《科技进步与对策》2004 年第 11 期。

3. 符淼：《地理距离和技术外溢效应——对技术和经济集聚现象的空间计量学解释》，载《经济学（季刊）》2009 年第 8 期。

4. 刘胜强、刘星：《公司治理对企业 R&D 投资行为的影响研究综述》，载《科技管理研究》2010 年第 1 期。

5. 刘新同：《我国区域 R&D 投入水平差异聚类分析》，载《科技管理研究》2008 年第 12 期。

6. 刘新同：《我国研发投入区域间差异分析科技管理研究》，载《科技管理研究》2009 年第 9 期。

7. 刘笑霞、李明辉：《企业研发投入的影响因素》，载《科学学与科学技术管理》2009 年第 3 期。

8. 吕媛、黄国良：《高技术产业研发投入的影响因素》，载《科技管理研究》2009 年第 2 期。

9. 王任飞：《企业 R&D 支出的内部影响因素研究——基于中国电子信息百强企业之实证》，载《科学学研究》2005 年第 2 期。

10. 吴玉鸣：《空间计量经济模型在省域研发与创新中的应用研究》，载《数量经济技术经济研究》2006 年第 5 期。

11. 张海洋：《我国工业 R&D 投入的决定因素》，载《财经论丛》2008 年第 2 期。

12. Guellec D，van Pottelsberghe B，The Impact of Public R&D Expenditure on Business R&D，Paris：DSTI WorkingPaper，2000.

13. Patrik G，Andreas P：Determinants ofFirm R&D：Evi-dence from Swedish Firm LevelData，FIEF Working Papers series 2003，No. 190.

The Influencing Factors of R&D Input in Chinese Enterprises and the Spatial Econometric research

Chen Hong

(School of Management, Fuzhou University, Fuzhou 350002)

Abstract: This paper analyze the influencing factors of R&D input, then by using the spatial lag model to demonstrate that there is evident spatial correlation in the R&D input of the large-scale enterprises in 31 provinces. The east of china shows a high-high space agglomeration phenomenon, while in the west, it presents a low-low correlation. Empirical evidence shows that main business income and technological staff have a significant positive correlated with the R&D Input, and the government funds have a leverage effect on the R&D Input.

Key Words: R&D   Spatial Lag Model   Spatial Correlation

第 2 卷第 1 辑　　　　　　　　　经济管理评论　　　　　　　　　Vol. 2　No. 1
2010 年 10 月　　　　　　Economics and Management Review　　　　　　Oct. 2010

中国股市投资者情绪与城镇居民消费行为[*]

陈　强[**]

摘　要：本文通过构造股市投资者情绪与居民消费关系的理论模型，发现股市投资者情绪变化会通过错误估值股票收益和引致交易者风险修正等途径影响到消费决策。股市投资者情绪对消费变动的影响与股市行情、消费者风险厌恶类型、股市收益与风险等因素有关；噪声交易者总风险的变化对噪声交易者消费行为偏差的影响关系取决于噪声交易风险与一般收益风险的比值大小。同时，实证分析也进一步支持了模型的结论。

关键词：居民消费　投资者情绪　实证分析

中图分类号：F063.2　　　　　　**文献标识码**：A

0　引　言

一般来看，股票市场发展程度越高，股票市场与其他经济变量如投资、消费等变量之间的相互联系也会越强。关于股市与消费的关系已经有许多研究，然而这些研究大部分是基于财富效应的视角进行理论探讨与实证研究，很少考虑到个体的心理特征因素。有研究表明无论是从经济理论还是从已有的实证研究来看，心理因素都是直接影响居民消费需求和证券市场上投资行为的主要因素之一（Arthur，W. B.，1997；石文典，2001；石文典、肖余春，2004）。根据 Modigliani、Brum-berg 的生命周期假说和 Friedman 的持久收入假说，居民需追求各期消费服从一条比较平稳的消费路径来最优化其一生的效用；如果引入股票市场的影响，由于股票市场的波动性强，必然会影响消费者的预期与决策。可见金融市场的心理状态会影响到消费者的消费决策行为，它是连接股票市场与消费的重要关联因子之一。

自从行为经济学与行为金融学的兴起以来，金融市场的心理学基础越来越受到经济学家的重视。不过，以往的研究多只是局限于就金融市场心理因素对金融市场的影响，如 Barberis et al. (1998) 建立了一个能够生成投资者过度反应和反应不足的情绪模型来研究股市投资特征。Lee. et al.，(2002) 研究表明投资者情绪是影响股票价格的系统性因子。Brown & Cliff (2004) 以封闭式基金折价现象为背景，研究发现情绪的水平值、变化量与市场收益强相关。高清辉 (2005) 论述了投资者的情绪指标的测定与应用，并探讨了投资者情绪对股票市场的影响。姜继娇等 (2006) 从投资者认知偏误视角，研究"上证" A 股市场情绪的关键影响因素。黄少安、刘达 (2005) 采用时间跨度更大的数据进行分阶段实证研究，认为个人投资者情绪会对基金折价产生重要的影响。

---

* 收稿日期：2010 – 04 – 22；修订日期：2010 – 08 – 19。
国家社会科学基金项目（项目编号：07BJY021）。获 2008 年中国数量经济学年会首届优秀论文二等奖。
** 陈强，上海交通大学安泰经济与管理学院，在读博士生，上海 200052，E-mail：chenq003@126.com。

然而关于金融市场心理因素与宏观经济的其他变量的关系的深入研究十分少，如刘红忠、张昉（2004）利用股票的流动性作为衡量市场投资者情绪高低的指标，对我国上市公司投资水平影响因素的实证研究，发现上市公司的投资水平与市场投资者情绪呈现明显的负相关，并利用行为金融学的研究成果尝试对此给出一定的解释。石文典、肖余春（2004）在间隔两个月重复测试我国城市居民消费心理预期水准的基础上，采用交叉滞后相关法研究了消费心理预期水准与股票涨跌幅之间的关系，发现消费心理预期是导致股票涨跌的主要因素，从而证明消费心理预期是影响消费需求的重要因素。

由于传统基于股市角度研究消费问题的文献主要基于经验数据来体现股票市场与居民消费之间的关系，而对股市如何通过一些内在联系如心理因素影响消费方面的深入研究还不够。股市投资者心理大体包括信心、预期、态度、情绪等方面，这些通常会随着时间的变化而改变，他们的改变会对市场产生重要影响。行为金融学认为投资者情绪影响投资者决策，一般投资者也是消费者，那么这种情绪特征是否会影响到个体的消费决策以及其影响关系如何，这将是一个值得深入研究的课题。本文将股市投资者情绪与居民消费结合起来，从理论和实证两个视角进行考察。首先运用动态经济学的方法，结合行为金融有关理论，进行理论模型的构建与分析。另外，在理论分析基础上，利用我国有关数据进行实证检验与分析。

1 股市投资者情绪与居民消费关系的理论模型

1.1 基于股市因素的消费变动分析

假定消费者（本模型实际上只考虑参与股票投资的消费者）在 t 时刻的总资产 V_t 由风险资产 A_t（出于简单考虑，假定消费者的风险资产只有股票资产）和无风险资产 B_t 构成。在此认为储蓄 S_t 是无风险的窖藏[①]，消费者的收入为 y_t，消费者的消费水平为 c_t。消费者的效用水平定义在消费者的消费水平上，即 $u(c_t)$。消费者要选择他的消费水平来极大化他的效用贴现和，即：

$$\max E_0 \sum_{t=0}^{\infty} \beta^t u(c_t) \tag{1}$$

其受约束于下面的预算约束条件（式（2）），初始的资产 $V_0 = A_0 + B_0$ 给定：

$$V_{t+1} = A_{t+1} + B_{t+1} = R_{t+1}(A_t + y_t - S_t - c_t) + B_t + S_t \tag{2}$$

其中，$A_{t+1} = R_{t+1}(A_t + y_t - S_t - c_t)$，$B_{t+1} = B_t + S_t$，$\beta$ 为主观贴现因子，R_{t+1} 为从 t 期到 $t+1$ 期消费者股票投资的总收益率，假定消费者会根据当期的股市行情形成下一期的股市收益预期，即为 $E_t(R_{t+1}) \triangleq E(R_{t+1} | \psi_t)$。$E_t$ 为对 t 时刻消费者所有的信息集合 ψ_t 的条件期望[②]。

现实中，消费者不可能无限借贷，因此为了防止消费者的债务水平趋近于无穷大，必须对消费者的借贷有限制，假定对任意时刻 t，存在常数 M，满足：

$$E_0 V_t \geqslant M > -\infty \tag{3}$$

令 π 为有效风险投资比重[③]，出于简单考虑，假定其在短期内是恒定的（说明居民的投资结构偏好在短期内不变），在借贷约束（式（3））和初始财富 $V_0 = A_0 + B_0$ 给定时可求得最优性条件：

---

① 由于我国利率市场化程度不高，居民消费对利率微调的敏感性不是很大，在此出于简单考虑，假定消费者只在股票市场进行风险投资，与股票投资相比，认为储蓄是无风险的窖藏。

② 根据下文投资者情绪的分析，本文实际上将 ψ_t 表示为交易者在 t 期收到的关于股票价格的信号。

③ 本文所定义的有效风险投资比重是按期望总收益加权平均计算得出的风险投资比重。由于假定储蓄无净收益（即总收益为1），风险投资（股票投资）总收益为 R，则有效风险投资比重与实际风险投资比重 K 满足关系式：$\pi E_t(R_{t+1}) = \kappa E_t(R_{t+1}) + (1+\kappa)$。

$$u'(c_t) = E_t(\beta \pi R_{t+1} u'(c_{t+1})) \tag{4}$$

取效用函数为常数绝对风险规避型效用函数，即 $u(c_t) = \dfrac{-e^{-ac_t}}{a}$，其中 a 是绝对风险规避系数，且认为消费量服从正态分布①，则最优性条件可写为：

$$e^{-ac_t} = \beta \pi E_t(R_{t+1} e^{-ac_{t+1}}) = \beta \pi E_t(R_{t+1}) e^{-aE_t(c_{t+1}) + \frac{a^2 \mathrm{Var}_t(c_{t+1})}{2}} \tag{5}$$

将式（5）两边取对数得：

$$-ac_t = \ln \beta \pi + \ln E_t(R_{t+1}) - aE_t(c_{t+1}) + \frac{a^2 \mathrm{Var}_t(c_{t+1})}{2} \tag{6}$$

进而求得：

$$\Delta E_t(c_{t+1}) = E_t(c_{t+1}) - c_t = \frac{1}{a}\left(\ln \beta \pi + \ln E_t(R_{t+1}) + \frac{a^2 \mathrm{Var}_t(c_{t+1})}{2}\right) \tag{7}$$

其中，$\Delta E_t(c_{t+1})$ 表示对 $t+1$ 期的预期消费变化量；$\mathrm{Var}_t(c_{t+1})$ 表示 $t+1$ 期消费在 t 期的条件方差，可以看做消费波动风险的体现。式（7）表明居民消费变化量会同时受到股市收益的条件预期 $E_t(R_{t+1})$ 和消费波动风险 $\mathrm{Var}_t(c_{t+1})$ 的影响。

1.2　股市投资者情绪与消费行为偏差

为了进一步分析投资者情绪对消费行为的影响，需首先探讨股市投资者情绪对股市收益条件预期 $E_t(R_{t+1})$ 的影响关系。股市投资者情绪可以有多种刻画方法，如可以通过投资者的偏好结构参数、主观贴现因子、风险规避系数或跨期替代弹性的变动来描述投资者情绪波动（Mehra、Sah，2002；陈彦斌，2005）。这些刻画方法的特点是基于个体某些特征因素的角度，不易细化外在环境对情绪的影响根源与特点。为此，本文通过假设股票市场上有两种投资者：理性投资者（L）和噪声交易者（Z），将投资者情绪具体化为噪声交易者对股票资产的收益预期与理性投资者的偏差②。为简便考虑，假设股票价格服从正态分布，即 $\theta_t \sim N(\bar{\theta}, \sigma_\theta^2)$，且投资收益只来自资本利得，不考虑股利分配，则股票投资收益可表示为；

$$R_{t+1} = 1 + r_{t+1} = 1 + \frac{\theta_{t+1} - \theta_t}{\theta_t}, \tag{8}$$

其中，r_{t+1} 的条件值服从正态分布，即：

$$r_{t+1} \mid \psi_t \sim N(\bar{r}, \sigma_r^2) = N\left(\frac{\bar{\theta} - \theta_t}{\theta_t}, \frac{\sigma_t^2}{\theta_t^2}\right) \tag{9}$$

理性投资者与噪声交易者在 t 期都会收到关于股票价格的信号 ψ_t。ψ_t 由两部分组成：股票价格的真实信号与噪声信号。噪声信号不能影响理性投资者，但能引起噪声交易者产生情绪变化。用随机变量 ε_t 表示噪声交易者由于情绪变化而产生的对股票的错误估价，其与 θ_t 相互独立，则噪声交易者对信号 ψ_t 的理解是：$\psi_t = \theta_t + \varepsilon_t$，$\varepsilon_t \sim N(\bar{\varepsilon}, \sigma_\varepsilon^2)$，$\varepsilon_t \neq 0$ 表示噪声交易者的错误估价不能相互抵消。

令 μ_t 为噪声交易者由于错误估价而导致对收益的错误判断比率，且其条件值服从正态分布，即 $\mu_t = \dfrac{\varepsilon_t}{\theta_t}$，并且有：

$$\mu_{t+1} \mid \psi_t \sim N(\bar{\mu}, \sigma_\mu^2) = N\left(\frac{\bar{\varepsilon}}{\theta_t}, \frac{\sigma_\varepsilon^2}{\theta_t^2}\right) \tag{10}$$

---

① 若 $X \sim N(\mu, \sigma^2)$ 则 $E\exp(X) = \exp(\mu + \sigma^2/2)$，其中 $\exp(\cdot)$ 表示指数函数。

② 王美今、孙建军（2004）总结了国外一些学者关于情绪（sentiment）的定义，并将"投资者情绪"具体化为噪声交易者对风险资产的估计与理性投资者的偏差。本文为便于细化投资者情绪对消费的影响，将噪声交易者定义为受情绪影响而对股票资产收益分布的预期形成错误理念的投资人。

其中，σ_r^2 为股票交易者一般收益风险的体现，σ_μ^2 为噪声交易风险的一种表现。因此，$\bar{r}+\bar{\mu}$ 表示噪声交易者对股票投资收益的评价，$\sigma_r^2+\sigma_\mu^2$ 则表示由于噪声交易者的情绪变化导致股票投资收益偏离正常状态而加大了股票交易的总风险。

依据以上假定可求得噪声交易者的条件预期投资收益为：

$$E_t^Z(r_{t+1}) = \bar{r} + \frac{\sigma_r^2}{\sigma_r^2 + \sigma_\mu^2}(r_t - \bar{r} + \mu_t - \bar{\mu}) \tag{11}$$

由于理性投资者能从信号 ψ_t 中排除噪声信号的影响，对 ψ_t 的理解仍然是 $\theta_t \sim N(\bar{\theta}, \sigma_\theta^2)$。则理性交易者的条件预期投资收益为：

$$E_t^L(r_{t+1}) = E^L(r_{t+1}) = \bar{r} \tag{12}$$

将式（11）与式（12）分别代入式（7）可求得噪声交易者和理性交易者的预期消费变化量为：

$$\Delta E_t^z(c_{t+1}) = \frac{1}{a}\left(\ln\beta\pi + \ln\left(1 + \bar{r} + \frac{1}{1 + \sigma_\mu^2/\sigma_r^2}(r_t - \bar{r} + \mu_t - \bar{\mu})\right) + \frac{a^2\mathrm{Var}_t(c_{t+1})}{2}\right) \tag{13}$$

$$\Delta E_t^L(c_{t+1}) = \frac{1}{a}\left(\ln\beta\pi + \ln(1 + \bar{r}) + \frac{a^2\mathrm{Var}_t(c_{t+1})}{2}\right) \tag{14}$$

由式（13）和式（14）可看出，不论是理性交易者还是噪声交易者，其消费决策会受到风险厌恶类型、股票投资比重、股市收益水平和消费预期波动的影响。其中 $\mu_t - \bar{\mu}$ 体现了投资者情绪对消费行为的影响。当 $\mu_t - \bar{\mu} > 0$ 时说明投资者充满乐观情绪，反之，当 $\mu_t - \bar{\mu} < 0$ 时说明投资者充满悲观情绪。从中可看出噪声交易者的消费决策还易受到投资情绪的影响。将式（13）与式（14）相减可求得：

$$\Delta E_t^z(c_{t+1}) - \Delta E_t^L(c_{t+1}) = \frac{1}{a}\ln\left(1 + \frac{1}{1 + \sigma_\mu^2/\sigma_r^2}\left(\frac{r_t - \bar{r} + \mu_t - \bar{\mu}}{1 + \bar{r}}\right)\right) \tag{15}$$

式（15）即为股市投资者情绪与消费行为偏差的关系表达式，它体现了噪声交易者由于情绪的影响导致其消费行为与理性交易者消费行为的偏差关系。

1.3 模型启示

从式（15）可看出，当消费者是风险厌恶型（$a > 0$）时，在股市持续繁荣阶段（$r_t - \bar{r} > 0$），噪声交易者充满乐观情绪，即有 $\mu_t - \bar{\mu} > 0$，此时有 $\Delta E_t^z(c_{t+1}) - \Delta E_t^L(c_{t+1}) > 0$，说明噪声交易者相对于理性交易者的预期消费增加量会出现正的偏差，反之，在股市持续低迷阶段（$r_t - \bar{r} < 0$），噪声交易者充满悲观情绪，即有 $\mu_t - \bar{\mu} < 0$，此时有 $\Delta E_t^z(c_{t+1}) - \Delta E_t^L(c_{t+1}) < 0$，说明噪声交易者相对于理性交易者的预期消费增加量会出现负的偏差。当消费者是风险喜好型（$a < 0$）时，出现的偏差情形则相反。

另外，由上文知噪声交易者的总风险水平为 $\sigma_r^2 + \sigma_\mu^2$，其总风险的增大对噪声交易者消费行为偏差的影响具有不确定性。这要取决于噪声交易风险 σ_μ^2 与一般收益风险 σ_r^2 的比值大小。当噪声交易者总风险的增大主要来自 σ_μ^2 时，σ_μ^2/σ_r^2 变大，噪声交易者与理性消费者的消费偏差幅度会变小；说明相对于通常的股市收益波动风险 σ_r^2 而言，噪声交易风险 σ_μ^2 越大，越有利于抑制噪声交易者消费的偏差程度。反之，当噪声交易者总风险的增大主要来自 σ_r^2 时，σ_μ^2/σ_r^2 变小，噪声交易者与理性消费者的消费偏差幅度会变大，从而加大了噪声交易者消费的偏差程度。

由此可见，股市投资者情绪变化主要会通过错误估值股票收益和引致交易者风险修正等途径影响到消费行为。

2　中国股市投资者情绪与居民消费关系的实证研究

2.1　实证设计与数据说明

2.1.1　实证设计

我国股市的个体投资者中，跟风从众、盲目信赖专家的现象很普遍（王美今、孙建军，2004），因而我国股市可能存在较多市场情绪，以上模型（式 15）便可用于描述我国股市投资者情绪的变化对居民消费行为的影响。一般认为投资者是风险厌恶型的，因此可以推知更乐观的投资者情绪导致了更多的消费，即它们之间存在正相关关系；而且依据模型知由于情绪波动引致的风险修正也会进一步影响到消费行为。下文就此观点将中国股市投资情绪与城镇居民消费行为结合起来进行实证检验与分析。

具体实证步骤如下：首先探讨了投资者情绪指标的构造，然后通过构建 VAR 模型对投资者情绪与居民消费关系进行脉冲响应与方差分解分析，从总体上把握两者之间的相互影响。最后通过 EGARCH – M 模型引入收入与风险因素，进一步探讨了情绪指标对消费的作用关系。若数据支持各模型，且方程中情绪变化的影响显著、方向正确，则可以认为情绪变化是影响消费行为的一个重要因素，理论模型的结论从而得到实证支持。

2.1.2　指标与数据说明

根据理论模型（式 15）知，需要用到的指标主要涉及投资者情绪数据和消费数据，首先，要构造投资者情绪指标，根据 Baker & Stein（2003）的模型，本文选用流动性指标 q 作为市场投资者情绪的代理变量。流动性就是投资者根据市场的基本供给和需求状况，以合理的价格迅速交易一定数量资产的能力（刘红忠、张昉，2004）。本文用股票的交易量与收益率之比来衡量流动性，即价格变化一个百分点时需要多少交易数量。则第 t 期的流动性指标 q_t 数学表达式可表示为[①]：

$$q_t = \frac{1}{2} \sum_{i=1}^{2} \frac{N_i}{r_i} \tag{16}$$

其中，r_1、r_2 是由月度上证 A 股和深市 A 股综合平均指数分别计算得到的对数收益率，N_1、N_2 是当月上证 A 股和深市 A 股各自股票的成交数量（单位：万股），由式（16）可以得到我国 A 股市场的平均流动性水平 q_t，以此来衡量投资者情绪。

本文收集的有关数据来自 Wind 数据库和国家统计局网站。原始数据包括：城市居民消费价格指数（环比，月度数据，2002 年 1 月 ~ 2007 年 12 月）、城镇居民家庭收支基本情况中的平均每人月可支配收入（元）（月度数据，2002 年 1 月 ~ 2006 年 12 月）、城市消费品零售总额（亿元）（月度数据，2002 年 1 月 ~ 2007 年 12 月）、上证和深市 A 股最高与最低股价指数和成交量（百万股）（月度数据，2002 年 1 月 ~ 2007 年 12 月）。

其中，每月的平均股票价格指数以当月 A 股最高与最低股价指数的简单平均表示。收入、消费数据都通过城镇居民消费价格指数调整为实际值（以 2002 年 1 月的价格指数为基期水平）。由于 Wind 数据库中的城镇居民家庭收支基本情况的平均每人月可支配收入有部分月份缺失[②]，因此

---

① 一般情况下，不同市场对投资者主观情绪的影响程度会取决于投资者对不同市场的认识与重视程度，而不是简单的依赖于不同市场的规模大小。由于我国沪深两市的发展程度相当，各市的收益水平相差不大，为了避免主观权重选择的偏差，本文假定投资者对沪深两市的重视程度相同，因此流动性指标采用简单算术平均数形式。

② 该数据库中平均每人月可支配收入 2002 年 1 月和 12 月的数据缺失。

本文对收入与消费的数据的季度调整选用了 TRAMO/SEATS 方法。

2.1.3　单位根检验

依据以上处理过的数据，本文首先用 ADF 方法对有关变量进行了单位根检验，结果如表 1。由检验结果可看出各变量的对数形式是趋势平稳序列，它们都不存在单位根，因此直接对它们建立回归模型不存在虚假回归问题。

表 1　　　　　　　　　　　　　　　　有关变量的单位根检验

变量	检验类型（e，T，d）	t - 统计值	5% 临界值	Prob.	D. W. 值
$\ln(c_t)$	（e，T，0）	- 6.64237	- 3.47436	0.0000	2.006747
$\ln(y_t)$	（e，T，0）	- 5.85735	- 3.50050	0.0001	2.173433
$\ln(q_t)$	（e，T，0）	- 9.100252	- 3.475305	0.0000	2.028659

注：e 和 T 分别表示带有常数项和趋势项，d 表示采用的差分阶数。

2.2　股市情绪波动与消费行为的向量自回归（VAR）模型分析

2.2.1　VAR 模型构建

由于一般的模型仅仅只是描述因变量对自变量变化的反应，VAR 模型则考虑了模型中各变量间的相互作用，它是用于描述变量间的动态关系的一种实用的方法。本文拟选用 VAR 模型对 $\ln(q_t)$、$\ln(c_t)$ 两个变量之间的关系进行动态分析。根据变量研究的重要性，确定各变量在 VAR 模型中的先后顺序依次为 $\ln(q_t)$、$\ln(c_t)$。建模时，首先根据 VAR Lag Order Selection Criteria 的输出结果，初步选择滞后 2 期或 3 期；通过分别建立 VAR（2）和 VAR（3）后综合比较输出结果中的 LR 准则、SC 准则和 AIC 准则，最终选定 VAR（3）模型，观察该 VAR（3）模型特征多项式的逆根都在单位圆内，因此该 VAR（3）模型是稳定的，可以用其做进一步分析。

VAR 模型的系数通常是很难解释的，而脉冲响应函数可以用于衡量来自随机扰动项的一个标准差冲击对内生变量当前和未来取值的影响，因此，通常需要通过系统的脉冲响应函数和方差分解来推断 VAR 的内涵。脉冲响应函数分析的是 VAR 模型中的一个内生变量的冲击给其他内生变量所带来的影响，而方差分解是通过分析每一个结构冲击对内生变量变化的贡献度。

2.2.2　脉冲响应分析

图 1、图 2 分别是 $\ln(c_t)$、$\ln(q_t)$ 对来自 $\ln(q_t)$、$\ln(c_t)$ 的一个单位 Cholesky 标准差新息的脉冲响应图。其中，横轴表示冲击作用的滞后期间数（单位：月），纵轴表示相应的变量，实线表示脉冲响应函数曲线，虚线表示正负两倍标准差的偏离带。

从图 1、图 2 可以看出，$\ln(c_t)$、$\ln(q_t)$ 对来自对方一个单位 Cholesky 标准差新息相互冲击的响应明显不同。$\ln(q_t)$ 对 $\ln(c_t)$ 的冲击在第 1 期就产生正的影响，并随后表现出持续上升的正的冲击，在第 4 期达到最大响应值 0.02430，之后其响应稍有减弱，但一直保持正的影响，说明股市投资者情绪带来的冲击对消费有一定的促进作用和持续效应，这和模型（式 15）的结论是一致的。$\ln(c_t)$ 对 $\ln(q_t)$ 的冲击在第 1 期没产生什么影响，但在第 2 期表现出负向影响，紧接着又反弹为正向影响，并在第 3 期达到最大响应值 0.1462，随后这种正向影响出现回落，但也一直保持正的影响。说明 $\ln(c_t)$ 对 $\ln(q_t)$ 的冲击虽然在初期不稳定，但总体上表现出促进作用。

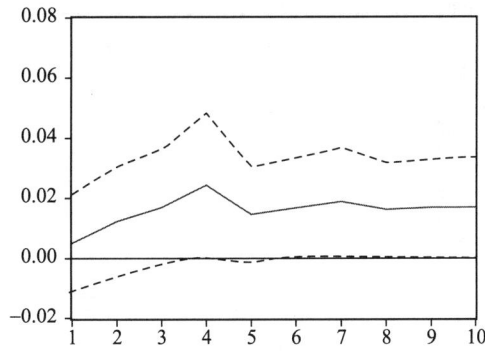

图 1　$\ln(q_t)$ 的冲击引起 $\ln(c_t)$ 响应

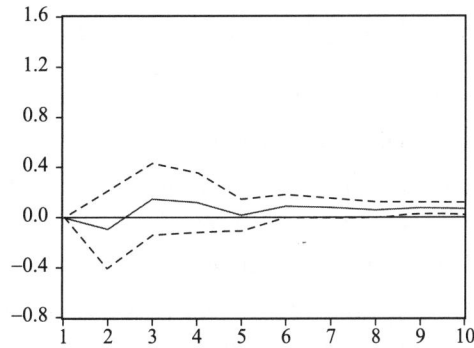

图 2　$\ln(c_t)$ 的冲击引起 $\ln(q_t)$ 响应

2.2.3　方差分解分析

为了进一步了解不同冲击的重要性，本文利用 VAR（3）模型得到方差分解图（见图 3、图 4）。图中，横轴表示冲击作用的滞后期间数（单位：月），纵轴表示所有变量对研究变量的贡献率，实线表示贡献率函数曲线。

从方差分解图中可看出，$\ln(q_t)$ 的冲击对 $\ln(c_t)$ 响应的贡献率和 $\ln(c_t)$ 的冲击对 $\ln(q_t)$ 响应的贡献率都出现明显的持续上升趋势，但前者的贡献率总体上比后者来的大，它们在第 10 期的贡献率分别达到最大值 20. 35％和 4. 111％。表明，虽然股市投资者情绪与消费波动具有相互影响与促进的关系，但它们之间的相互作用是不对称的，股市投资者情绪对消费波动的影响具有相对较大的贡献作用。

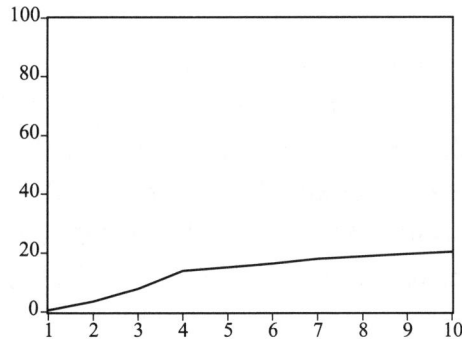

图 3　$\ln(q_t)$ 的冲击对 $\ln(c_t)$ 响应的贡献率

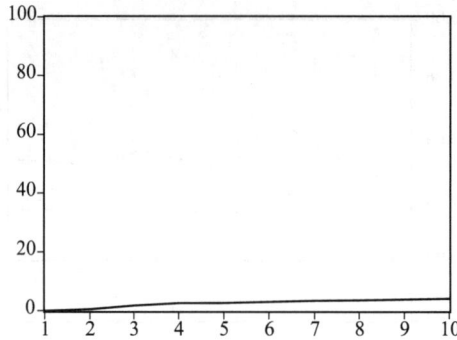

图 4 $\ln(c_t)$ 的冲击对 $\ln(q_t)$ 响应的贡献率

2.3   股市情绪波动对消费变动的 EGARCH – M 模型分析

EGARCH 模型是非对称 ARCH 模型的一种形式,首先 ARCH 模型,即自回归条件异方差模型是用于刻画预测误差的条件方差中可能存在的某种相关性,其主要思想是:扰动项的条件方差依赖于它的前期值的大小。ARCH(p) 模型就是时刻 t 的扰动项的条件方差依赖于时刻(t – p)的残差平方的大小。而实际经济中还常常表现出一种非对称效应,某些扰动的冲击对变量的不同方向的影响力度是不同的,即所谓存在杠杆效应。EGARCH 模型便是用于描述变量行为的非对称反应。根据金融理论知,股票资产的收益应当与其风险呈正相关,具有较高可观测到的风险资产一般可以获得较高的平均收益,则 EGARCH – M 模型能较好的刻画这一关系,且可用它研究风险因素的影响关系。

2.3.1   EGARCH-M 模型的确定[①]

从上文的脉冲响应分析知变量间存在明显的滞后影响。为了进一步分析股市投资者情绪对消费变动的关系,并考虑到收入是影响消费的重要因素,在此通过加入人均可支配收入变量并选用了如下的分布滞后回归模型(式 17)进行分析。

$$\ln(c_t) = \alpha + \sum_{i=0}^{3} \beta_i \ln(y_{t-i}) + \sum_{i=0}^{3} \gamma_i \ln(q_{t-i}) + \nu_t \tag{17}$$

其中,β_i,γ_i 分别为过去第 i 期收入和股市投资者情绪指标对当期消费的弹性。由于该方程中的变量都不存在单位根,因此直接利用数据进行逐步回归,通过诊断检验剔除不显著变量后确定的最终估计模型如下:

$$\ln(c_t) = 0.5683\ln(y_{t-1}) + 0.5568\ln(y_{t-3}) + 0.01952\ln(q_{t-2}) + 0.02305\ln(q_{t-3})$$

Std. Error (0.157641)   (0.156291)   (0.011320)   (0.011242)

t-Statistic (3.605048)   (3.562364)   (1.724487)   (2.050332)

$$\text{Adjusted R-squared} = 0.765609, \quad \text{D. W.} = 2.215138 \tag{18}$$

由估计结果可看出,经调整的判定系数比较高,达到 0.762858,各系数的估计结果在统计意义上都比较显著。采用拉格朗日乘数法(LM 法)对该方程的残差序列进行 ARCH 效应检验,发现条件方差的滞后阶数取 1~4 时,其相应的 F 统计量和 $T \times R^2$ 统计量的伴随概率都小于 5%,说明存在明显的 ARCH 效应。因此可以对该方程的残差序列建立 EGARCH – M 模型。在假设残差的条件分布服从正态分布情况下,通过诊断检验,最终得到如下 EGARCH – M(1,2)模型:

---

① 由于城镇居民家庭收支基本情况中的平均每人月可支配收入数据只到 2006 年 12 月,此处估计所用数据的时间跨度为 2002 年 1 月至 2006 年 12 月。

$$\ln(c_t) = 0.02299\ln(\sigma_t^2) + 0.7196\ln(y_{t-1}) + 0.5386\ln(y_{t-3}) + 0.01333\ln(q_{t-2}) + 0.004342\ln(q_{t-3})$$

Std. Error　（0.006439）　　　（0.077509）　　　（0.104763）　　　（0.002423）　　　（0.002482）

z-Statistic　（3.570908）　　　（9.283958）　　　（5.141349）　　　（5.502697）　　　（1.749542）　　（19）

方程（19）是均值方程，方程（20）是条件方差方程，σ_t^2 是 t 期条件方差，含义是基于过去一期信息的预测方差。u_{t-1} 是滞后 1 期的残差项。不对称效应的存在能够通过杠杆效应项 u_{t-1}/σ_{t-1} 的系数值来反映，只要该系数不为零，冲击的影响就存在着非对称性。

$$\ln(\sigma_t^2) = -6.2181 + 2.598\left|\frac{u_{t-1}}{\sigma_{t-1}}\right| - 0.7938\frac{u_{t-1}}{\sigma_{t-1}} + 0.5312\ln(\sigma_{t-1}^2) - 0.2937\ln(\sigma_{t-2}^2)$$

Std. Error　（0.945078）（0.475374）　　（0.330753）　　（0.176369）　　　（0.136293）

z-Statistic　（-6.579460）　（5.464948）（-2.399857）（3.011939）　　　（-2.155169）

Adjusted R – squared = 0.580042，D. W. = 1.967375　　　　　　　　　（20）

由以上结果可知，各统计检验指标都比较合理。接着对标准化的残差序列进行 ARCH 效应的 LM 检验。结果表明 ARCH 效应消失了，因此该估计模型是可用的。

2.3.2　估计结果的分析

从方程（19）的估计结果可以看出，滞后 2 期与滞后 3 期的股市投资者情绪指标对当期消费的弹性为 0.01333 和 0.004342，表明滞后 2 期与滞后 3 期的股市投资者情绪指标每增加 1%，当期消费大约会增加 0.01333% 和 0.004342%。体现出更乐观的投资者情绪导致了更多的消费，即正相关关系，这与模型式（15）的结论仍是一致的，从而再一次证实了模型的结论。通过方程（19）还可以发现股市投资者情绪指标与每月人均可支配收入指标对消费的弹性大小递减趋势，说明它们对消费影响主要集中在短期内。另外，$\ln(\sigma_t^2)$ 的估计系数（0.02299）相当显著，说明与投资者情绪相关的风险因素是影响消费的一个重要因子；而且总风险与消费量之间表现为正的相关关系，根据理论模型可推知，在投资者情绪与居民消费量呈正相关的情况下，总风险与居民消费量之间的正相关意味着总风险的变化主要不是来自噪声交易风险 σ_μ^2 的变化，这在一定意义上说明在样本期间我国股票市场风险因素中一般收益风险 σ_r^2 的变化仍起主导作用。

从方程（20）的估计结果可以看出，杠杆效应项的系数（-0.7938）显著不为零，体现了负的冲击比正的冲击更容易增加波动。这说明不仅在我国的股票市场存在着明显"杠杆效应"（这与一些学者对我国股市的研究结果相同，如：王美今、孙建军，2004；洪永森等，2004）；而且表明我国宏观经济中的消费行为也表现出不对称效应，根据消费理论和行为经济理论知，造成此现象的原因可能是人们的消费决策存在着"棘轮效应"以及具有损失厌恶特征。另外，$\ln(\sigma_{t-1}^2)$ 项与 $\ln(\sigma_{t-2}^2)$ 项的系数分别为 -0.5312 和 0.2937，可见过去不同时期的风险对当前风险的修正作用不同，其中滞后 1 期的风险会对当期的风险起反向修正作用，而滞后 2 期的风险会对当期的风险起正向修正作用。

3　结　　论

本文将股市投资者情绪与居民消费结合起来，从理论和实证两个视角考察它们间的内在关系。

首先，理论模型将投资者情绪具体化为噪声交易者对股票资产的收益预期与理性投资者的偏差，以此探讨了其对消费行为的影响。模型表明股市投资者情绪变化主要会通过错误估值股票收益和引致噪声交易风险修正等途径影响到消费决策。通常，消费者是风险厌恶类型时股市投资者情绪与消费变动之间存在正相关关系，反之则相反；而噪声交易者总风险 $\sigma_\mu^2 + \sigma_r^2$ 的增大对噪声交易者消费行为偏差的影响取决于噪声交易风险 σ_μ^2 与一般收益风险 σ_r^2 的比值大小。

其次，实证部分进一步证实了模型结论。其中，脉冲响应和方差分解的结果都显示，在股市投资者情绪与消费变动之间的相互作用中，股市投资者情绪对消费变动具有相对较大的效应，这意味着股市投资者情绪确实对中国城镇居民消费行为有着重要的影响。EGARCH－M 模型进一步印证了投资者情绪以及由情绪波动引致的风险修正都对消费行为有重要影响。实证结论都表明我国股市投资者情绪变化会正向影响消费变动。

随着我国资本市场的不断发展与完善以及股民的不断壮大，投资者情绪的变化将会对宏观经济表现出更大的影响，充分认识与把握其影响规律与特征，对于推动我国资本市场健康成长与经济快速稳步发展具有重要参考意义。

参 考 文 献

1. 陈彦斌：《情绪波动和资产价格波动》，载《经济研究》2005 年第 3 期。

2. 高清辉：《论投资者情绪对股市的影响》，载《经济纵横》2005 年第 4 期。

3. 黄少安、刘达：《投资者情绪理论与中国封闭式基金折价》，载《南开经济研究》2005 年第 4 期。

4. 姜继娇、杨乃定、王良等：《"上证" A 股市场情绪的关键影响因素》，载《财经研究》2006 年第 9 期。

5. 洪永淼、成思危、刘艳辉等：《中国股市与世界其他股市之间的大风险溢出效应》，载《经济学（季刊）》2004 年第 4 期。

6. 刘红忠、张昉：《投资者情绪与上市公司投资——行为金融角度的实证分析》，载《复旦学报（社会科学版）》2004 年第 3 期。

7. 石文典：《现阶段我国城市居民消费心理预期的性质与特点》，载《心理科学》2001 年第 6 期。

8. 石文典、肖余春：《消费心理预期与股票涨跌关系的初步研究》，载《心理科学》2004 年第 4 期。

9. 王美今、孙建军：《中国股市收益、收益波动与投资者情绪》，载《经济研究》2004 年第 10 期。

10. Arthur, W. B., et. al., Asset Pricing under Endogenous Expectations in an Artificial Stock Market, In W. B. Arthur (Eds.), The Economy as an Evolving Complex System Ⅱ. Redwoodity, CA: Addison-Wesley, 1997, pp. 15 – 44.

11. Baberis N., S. Andrei and V. Robert, A Model of Investor Sentiment, Journal of Financial Economics, 1998, pp. 307 – 343.

12. Baker M., J. C. Stein and J. Wurgler, When Does The Market Matter? Stock Prices and The Investment of Equity-Dependent Firms, Quarterly Journal of Economics, 2003, pp. 969 – 1006.

13. Brown, G. W., M. T. Cliff, Investor Sentiment and the Near-term Stock Market, Journal of Empirical Finance, 2004, pp. 1 – 27.

14. Lee. W. J., C. X. Jiang., D. C. Indro., Stock Market Volatility, Excess Returns, and The Role of Investor Sentiment, Journal of Banking & Finance, 2002, pp. 2277 – 2299.

15. Mehra R. and S. Raaj, Mood Fluctuations, Projection Bias, and Volatility of Equity Prices, Journal of Economic Dynamic and Control, 2002, pp. 868 – 887.

The Stock Market Investor Sentiment and the Urban Residential Consumption Behavior in China

Chen Qiang

（Antai College of Economics & Management, Shanghai Jiaotong University,
Shanghai 200052）

Abstract: This paper construct a theoretical model of the relationship between the stock market investors' sentiment and residential consumption behavior, and find that the investors' sentiment affects consumption behavior mainly by investors' wrong valuation of stock market returns and changes from transactions' risks. This finding is also supported by empirical analysis.

Key Words: Consumption Behavior　Investor Sentiment　Empirical Analysis

第 2 卷第 1 辑
2010 年 10 月

经 济 管 理 评 论
Economics and Management Review

Vol. 2　No. 1
Oct. 2010

基于高频数据波动率与成交量动态关系研究[*]

唐　勇　寇贵明　路来政[**]

摘　要： 传统的价量分析都是从低频数据来分析股票市场上波动率、收益率与成交量之间的关系。本文基于高频数据，利用分位数回归并结合高频数据的波动率估计方法对高频数据中所呈现出的价量关系进行研究，并分析了股票价格跳跃过程所带来的跳跃方差与成交量之间的关系。实证分析表明：指数及个股收益率与成交量之间的关系并不显著；波动率、跳跃与成交量之间存在着显著相关的关系，个股的波动率与成交量之间的关系显著并呈现出正向相关关系，而指数的波动率与成交量之间呈现出一种负向关系，并且关系比较微弱；个股的成交量的改变会导致股票价格的跳跃方差减小，而指数的成交量的改变则使得指数的跳跃方差增大。

关键词： 高频数据　波动率　成交量　分位数回归　跳跃

中图分类号： F014.5　　　　**文献标识码：** A

0　引言及相关文献回顾

利用股票市场上的价量关系来刻画投资者的交易行为，一直是金融学术界研究的重点内容之一。关于股票市场上价量关系的研究，国内外学者在对成交量信息成分的分析时主要基于两种假设：混合分布假说（MDH）与信息顺序到达假说（SIAH）。Clark（1973）提出的混合分布假说认为，股票收益与成交量相关主要是由于它们对基本共同变量的信息流速度的联合依赖。Copeland 等（1976）提出的信息顺序到达假说认为，信息在交易之间的传播是有顺序的，知情交易者会再调整他们的头寸，使得在市场均衡到来之前有一个顺序均衡。

目前的研究基本上是基于两个方面，一方面是分析股指、个股波动率与成交量之间的动态关系。如：Marsh & Wagner（2000）使用 GARCH – M 模型对七个国际证券市场的量价关系进行了实证研究，发现在绝大多数的市场中，成交量都能解释股票市场波动的 GARCH 效应，特别是对美国市场 GARCH 效应更具有良好的解释效果。Mubarik & Javid（2009）将成交量加入到 GARCH – M 模型中，得出前天的成交量与收益率是当前收益率重要的解释变量。Nowbutsing & Naregadu（2009）利用了 ARCH 族模型来对成交量、收益率与波动率三者之间的关系进行了分析，但他们发现成交量与波动率之间的关系并不是十分地明显。杨火斤、王邦宜（2005）以沪深股市的 20 只股票为样本，对条件方差方程中是否引入交易量分别建立的两组收益率 GARCH 模型进行分析，结果表明，引入交易量后，GARCH 效应显著减小，大部分模型的 GARCH 效应不再显著，而所有模型交易量的系数估计量均显著为正。夏天、华仁海（2007）以我国深沪股市的大盘指数为研究对象，分析

　　* 收稿日期：2010 – 04 – 08；修订日期：2010 – 08 – 26。
　　本文获得的基金项目有：教育部人文社会科学青年基金资助项目（07JC790046）；福建省自然科学基金资助项目（2008J0192），福建省社会科学规划项目（2008B037）
　　** 唐勇，福州大学管理学院，副教授，硕士生导师，福州 350002。寇贵明，福州大学管理学院，在读硕士生福州 350002。路来政，暨南大学金融系，在读硕士生广州 510632。

了"日历效应"对交易量与股价波动性关系的特殊影响，并且分别考虑将原始交易量、包含自相关性的交易量以及进行"好消息"与"坏消息"划分后的交易量引入到 GARCH 模型以及非对称性 GARCH 模型中进行研究。

另一方面则是分析了相关的交易行为后的收益率、价差等变量与成交量的动态关系。如：王杉、宋逢明（2006）根据交易者及其行为通过建立模型分析了我国股票市场上价格变化和交易量之间的关系，得出不知情交易者的持仓量变化和预期变化都对量价关系产生影响，并且不知情交易者会根据交易推测庄家所掌握的私人信息。赵之友（2007）以上交所 200 只股票在 2003 年 1 月 4日～2006 年 5 月 31 日期间的高频分笔交易数据为样本，分别考察了交易价差、公司规模和信息发布事件对我国股市量价关系的影响，表明市值大、价差小的股票，在大交易量的日子回报呈现持续性，而市值低、价差大的股票，在大交易量的日子回报会出现较大的变化。在分析方法上，李丹、董玲（2008）基于广义混合分布假说理论，利用分位数回归方法对中国股市上证综指 1994 年 1 月1 日～2007 年 12 月 31 日的样本进行实证研究，发现分位数回归对波动率与成交量的动态关系提供了更完整的描述，能够弥补以往研究的不足。

从现有的研究上看，大多学者只针对每日收盘数据进行研究，损失了大量信息，未能有效地捕捉到买卖双方的日内信息，国内利用高频数据进行价量分析鲜有系统性研究。本文利用高频数据，首先分析了我国沪深 300 股指以及三只个股的收益率与波动率的关系，进而分析了波动率与成交量的动态关系，在波动率的建模上则采用"已实现"波动等非参数度量方法。同时，利用基于马尔可夫链边际自举法（Markov Chain Marginal Bootstrap，MCMB）的分位数回归方法，通过不同的分位点来挖掘高频数据中两者之间所体现出的动态关系。另外，随着诸多学者关注市场异常波动的风险，本文也将跳跃波动与成交量进行回归，分析跳跃与成交量之间的相关关系。后文的结构安排如下：第二部分对基于马尔可夫边际自举法下的分位数回归方法做简单的介绍；第三部分总结高频数据中波动率的建模方法及跳跃方差计算；第四部分利用沪深 300 指数及三只个股的五分钟收盘价来进行实证分析；第五部分得出结论，并对全文进行总结。

1　分位数回归的概念及 MCMB 介绍

Koenker & Bassett（1978）基于中位数回归的思想上提出了分位数回归方法，这种方法在分析问题时可以从不同的分位点，充分利用数据含有的信息来对回归进行分析，相比传统的回归方法具有相当大的优越性。分位数回归主要解决加权的平均绝对误差的最小化问题来求得回归系数，如式（1）所示：

$$\min_{\beta \in R^n} \sum_{i=1}^{n} \rho_\tau (y_i - \mu(x_i, \beta)) \tag{1}$$

其中，核对函数（check function）$\rho_\tau(x) = \begin{cases} \tau x, & x > 0 \\ (\tau - 1), & x < 0 \end{cases}$。对于任意的 $\tau \in (0, 1)$，参数 β（τ）称为第 τ 回归分位数。

在残差服从正态分布假设的回归方法下得到的回归系数是不稳健的，采用自举法能较好地解决残差分布的问题。在几种传统的自举法中[①]，He & Hu（2002）提出的 MCMB 在解决高维的回归问题中以及处理大量数据当中，其计算的速度和准确度都优于其他几种方法，MCMB 方法的思想如下：

对于一个二维的线性回归模型：

$$\sum_{i=1}^{n} x_{1i}\psi(y_i - x_{1i}b_1 - x_{2i}b_2) = 0 \tag{2}$$

---

① 常见的几种自举方法为：残差自举法（Residual bootstrap）、例子范围自举法（Casewise bootstarp）、方程自举法（Equation bootstrap）及马尔可夫边际自举法（MCMB，Markov Chain Marginal Bootstrap）。

$$\sum_{i=1}^{n} x_{2i} \psi(y_i - x_{1i}b_1 - x_{2i}b_2) = 0 \qquad (3)$$

估计得到 $(\hat{b}_1,\ \hat{b}_2)$ 后，得到残差 $r_i = y_i - x_{1i}\hat{b}_1 - x_{2i}\hat{b}_2$，然后自举 $\psi(r_i)$ 得到两个独立的样本 e_i^1 和 e_i^2，然后由式（4）和式（5）分别得到回归系数 $b_1^{(k)}$、$b_2^{(k)}$。

$$\sum_{i=1}^{n} x_{1i} \psi(y_i - x_{1i}b_1 - x_{2i}b_2^{(k-1)}) = \sum_{i=1}^{n} x_{1i} e_i^1 \qquad (4)$$

$$\sum_{i=1}^{n} x_{2i} \psi(y_i - x_{1i}b_1^{(k)} - x_{2i}b_2) = \sum_{i=1}^{n} x_{2i} e_i^2 \qquad (5)$$

相比于普通最小二乘法（OLS），基于马尔可夫链边际自举法的分位数回归（MCMB – QR），在进行回归分析时无需对序列的分布做出特定假设；同时，对于 OLS 和 LAD（least absolute deviation）只针对一个分位点进行分析的情形下，分位数回归对于不同的分位点进行分析，因此能够提供一个更为全面的数据分析，尤其在对于出现异常点的数据的拟合方面，其稳健性更强。这种通过马尔可夫链的重复抽样方法能够使得回归的系数更为准确，因此本文在收益率、波动率与成交量的回归过程中均采用 MCMB – QR 方法。

2　基于高频数据的波动率度量方法及跳跃

2.1　基于高频数据的波动率非参数估计方法

目前基本高频数据波动率的非参数度量方法主要以"已实现"波动（Realized Volatility，RV）为主，诸多学者在此基础上进行了改进和扩展研究，下面是一些常见波动率计算方法。

（1）"已实现"波动是 Andersen & Bollerslev（1998）提出的一种全新的无模型的波动率度量方法。其定义为：

$$RV_t \equiv \sum_{j=1}^{1/\Delta} r_{t+j\cdot\Delta,\ \Delta}^2 \quad t = 1,\ 2,\ \cdots,\ T \qquad (6)$$

（2）"已实现"双幂次变差是 Bardorff – Nielsen & Shephard（2004）等提出的另一类似于 RV 的波动率度量方法，该方法在一定程度上考虑到了资产价格的跳跃，其定义如下：

$$BV_{t+1}(\Delta) \equiv \mu_1^{-2} \sum_{j=2}^{1/\Delta} \left| r_{t+j\Delta,\ \Delta} \right| \left| r_{t+(j-1)\cdot\Delta,\ \Delta} \right|^s \quad r,\ s \geqslant 0 \qquad (7)$$

其中，当 $r+s=2$，$r \in (0,\ 2)$ 时，BV_{t+1} 收敛于积分波动（Integrated Volatility，IV）。

（3）Christensen（2005）提出了"已实现"极差度量方法，其定义为：

$$RRV_t \equiv \frac{1}{\lambda_2} \sum_{j=1}^{M} Sp_{j,\ t}^2 \qquad (8)$$

关于以上三种计算方法，李胜歌和张世英（2007）进行比较分析，得出这三种方法各有优劣，因此在下面的波动率与成交量动态关系的研究当中，本文将分别用三种方法得到的波动率与成交量分别进行动态分析。

（4）考虑到中股票收益率的"日历效应"，唐勇、张世英（2006）提出了加权已实现极差波动（Weight Realized Rang-based Volatility，WRRV），理论上证实了加权已实现极差波动比已实现极差波动更为有效。其定义如下：

$$WRRV_t = \frac{1}{\lambda_2} \sum w_i Sp_{t,\ i}^2 \qquad (9)$$

（5）波动率的 ARFIMA 估计。Anderson & Bollerslev（2005）提出"已实现波动"取对数后的无条件分布是正态分布，具有显著维单整的性质，因此可以用分整自回归移动平均模型 ARFIMA（p，d，q）（autoregressive fractionally integrated moving average model）来较好地刻画波动率，其形式如下：

$$(1-L)^d \varPhi(L)(\ln RV_t - u) = \theta(L)\eta_t, \ \eta_t \sim i.i.d. \ (0, \sigma_\eta^2) \qquad (10)$$

2.2　跳跃方差

一般信息与重大信息对股市的波动产生不同的影响，因此许多学者尝试着将这种跳跃性的波动分离出来。Anderson，Bollerslev & Diebold （2007）将已实现波动率分为连续路径方差和离散跳跃方差。$p(t)$ 代表资产在 t 时刻的对数收益率，在资产定价理论中，传统的连续时间跳跃扩散过程的微分方程表示如下：

$$dp(t) = \mu(t)dt + \sigma(t)dW(t) + k(t)dq(t), \ 0 \leqslant t \leqslant T \qquad (11)$$

根据二次变差过程，对于 $r(t) = p(t) - p(0)$，有：

$$[r, r] = \int_0^t \sigma^2(s)\,ds + \sum_{0 \leqslant s \leqslant t} k^2(s) \qquad (12)$$

根据文献 [12]，当 $\Delta \to \infty$ 时，式（6）依概率收敛于式（12），即

$$RV_{t+1} \to \int_t^{t+1} \sigma^2(s)\,ds + \sum_{t < s \leqslant t+1} k^2(s) \qquad (13)$$

根据文献 [12] 已实现二次幂变差（realized bi-power variation）能够描述二次变差中的连续成分，其模型为：

$$BV_{t+1}(\Delta) \equiv \mu_1^{-2} \sum_{j=2}^{1/\Delta} \left| r_{t+j\Delta, \Delta} \right| \left| r_{t+(j-1)\cdot\Delta, \Delta} \right| \qquad (14)$$

当 $\Delta \to 0$，式（14）收敛于二次变差中的连续部分，即：

$$BV_{t+1}(\Delta) \to \int_t^{t+1} \sigma^2(s)\,ds \qquad (15)$$

当 $\Delta \to 0$ 时，RV 减去 BV，可以从二次变差中分离出离散跳跃成分，即：

当 $\Delta \to 0$，

$$RV_{t+1} - BV_{t+1} \to \sum k^2(s) \qquad (16)$$

对于给定的样本，由上式计算出的离散跳跃方差不一定为正，负的跳跃被称之为无意义的跳跃，因此离散的跳跃方差表示为：

$$J_{t+1}(\Delta) \equiv \max[RV_{t+1}(\Delta) - BV_{t+1}(\Delta), 0] \qquad (17)$$

但由于由上式计算出来的跳跃成分可能非常小，非常小的跳跃可被认为是度量的误差或者说是连续时间路径方差的一部分，因此 Anderson，Bollerslev & Diebold （2007）对此方法进行了改进，并给出了 $Z_{t+1}(\Delta)$ 统计量来判断波动率是否发生真正的跳跃。而本文主要分析这种跳跃方差（不连续部分）与成交量之间的关系，忽略了较小的跳跃是否是因为抽样或者计算的连续样本路径上的方差①，所以仍采取式（17）计算跳跃方差。

3　实证分析

3.1　实证设计与数据选取

国外学者在进行实证分析时，得出 5 分钟数据能有效地规避微观市场结构噪声的影响，所以本文样本抽样频率为 5 分钟。本文随机选取了浦发银行、万科 A、新和成作为个股研究样本，选取沪深 300 指数作为指数研究对象，时间段为 2009 年 6 月 4 日 ~ 2009 年 11 月 13 日五分钟收盘价，共有 109 个交易日，5 232 个数据。数据来源于兴业证券交易软件。如图 1 所示：

---

① 跳跃可以被划分为有限活动（Finite activity）跳跃与无限活动（Infinte activity）跳跃，较小的跳跃可认为是无限活动跳跃，本文不区分这两种跳跃，因此仍将较小的跳跃划为跳跃行为。

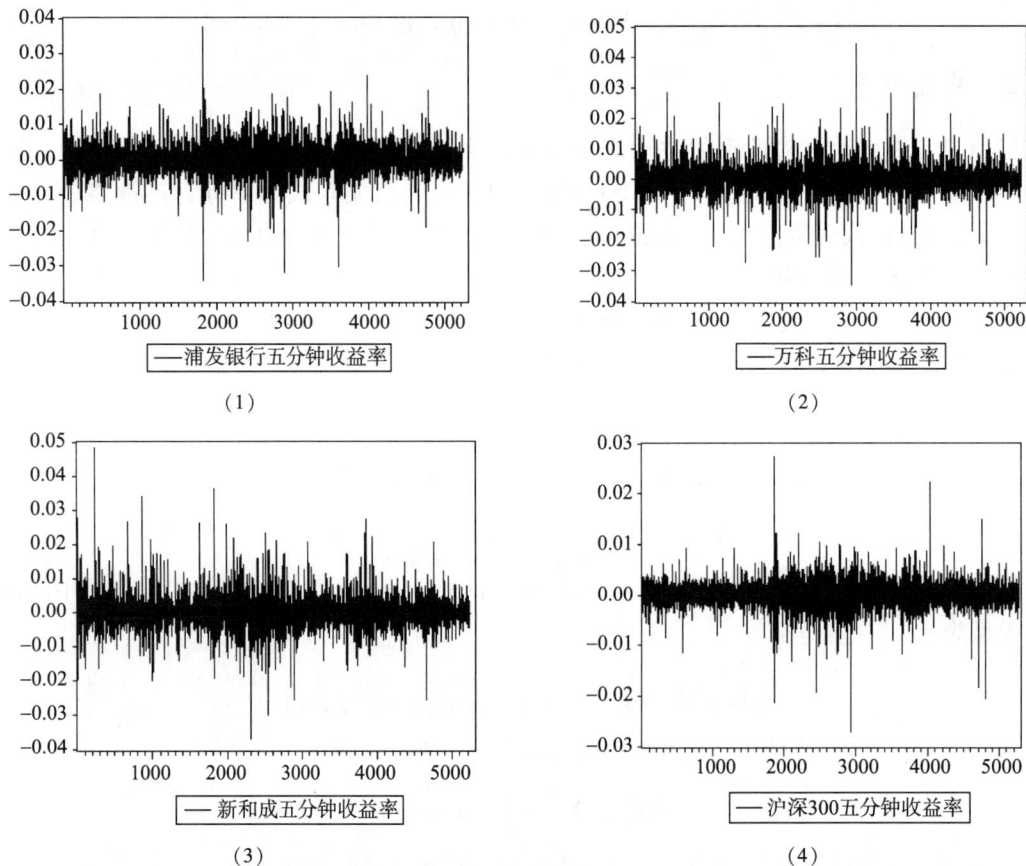

（1）　　　　　　　　　　　　　　　　　　　　（2）

（3）　　　　　　　　　　　　　　　　　　　　（4）

图 1　五分钟收益率序列

对股票交易价格进行除权后，得到除权后的股价，并计算出对数收益率序列 $\{r_t\}$。通过 Eviews 数据处理，从图 1 可以看出，资产收益率存在着明显的波动聚类的现象。

本文首先利用 MCMB – QR 对三只个股及指数的对数收益率与成交量进行回归，分析收益率与成交量之间的关系，接着进而利用 MCMB – QR 分析波动率与成交量之间的关系，分析两者之间的相互关系，最后建立以跳跃方差和成交量为变量建立一个二元 VAR 模型，利用脉冲响应函数分析跳跃方差对成交量的响应。

3.2　收益率与成交量的关系

通过散点图分析发现收益率与成交量对数形式呈现线性关系，因此通过下式来表达它们的动态关系：$r \sim a + \beta \log(evol) + \varepsilon$。其中 r 为收益率序列，$evol$ 为进行指数加权后的成交量序列[①]，ε 为扰动项。通过回归后，采用 MCMB 方法对残差进行重复抽样，这样可以在不知道残差分布的情形下使回归后的残差分布更接近于真实分布，使得回归系数更为准确。

我们进行回归，得到的结果如图 2 所示，其中横轴表示分位点，纵轴表示回归的系数。从回归的系数上看，不管是指数还是个股，在各个分位点下的回归系数都落在 $[-0.004, 0.004]$ 之间。这说明股票市场收益率与成交量之间的关系比较微弱。影响股票市场个股收益率的因素有很多，股票收益率更多的与其基本面因素及题材因素有关，成交量的变化对其影响较小。

---

① 由于原始成交量存在送配股等情形未进行除权，加上成交量自身存在某种趋势，通过指数平滑来消除这些因素对成交量的影响。

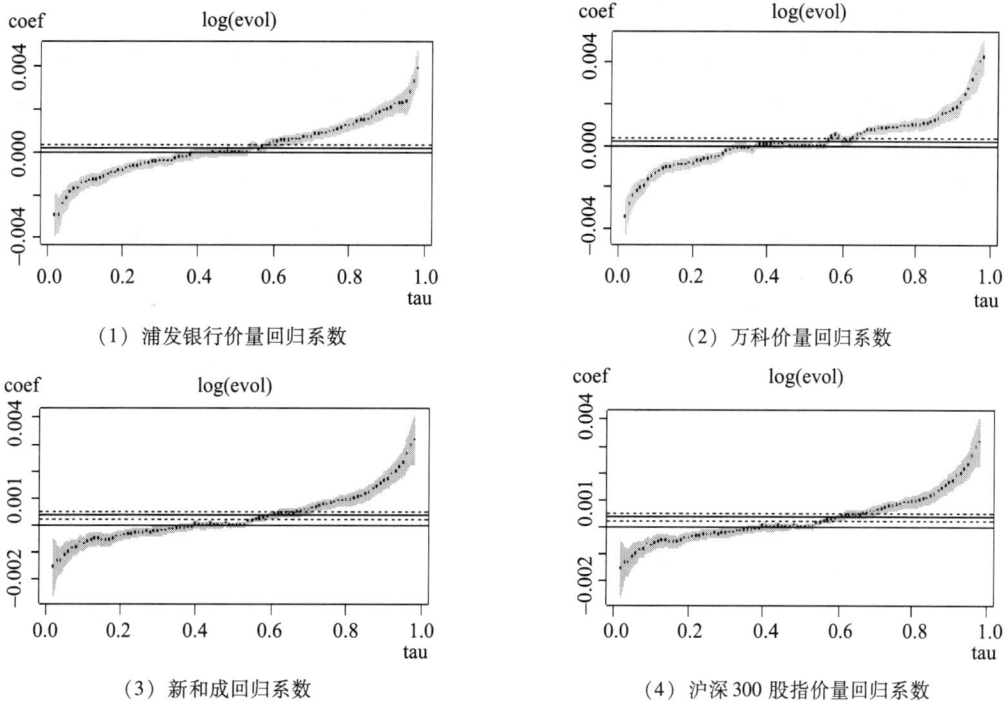

（1）浦发银行价量回归系数　　　　　　　　　　（2）万科价量回归系数

（3）新和成回归系数　　　　　　　　　　（4）沪深 300 股指价量回归系数

图 2　不同分位点下的回归系数

3.3　波动率与成交量的动态关系分析

通过散点图分析可发现波动率的对数形式与成交量的对数形式是线性关系，因此可通过下式来表达它们的动态关系：$\log(\nu) \sim a + \beta \log(evol) + \varepsilon$。其中 ν 为前文方法求得的波动率序列，$evol$ 为进行指数加权后的成交量序列，ε 为扰动项。其中 AFIMA 估计的结果如附表 2 所示，而回归得到的系数见附表（1A、1B、1C、1D），为了便于直观观察与比较，将系数画成折线图如图 3 所示，其中横轴表示分位点，纵轴表示回归的系数。

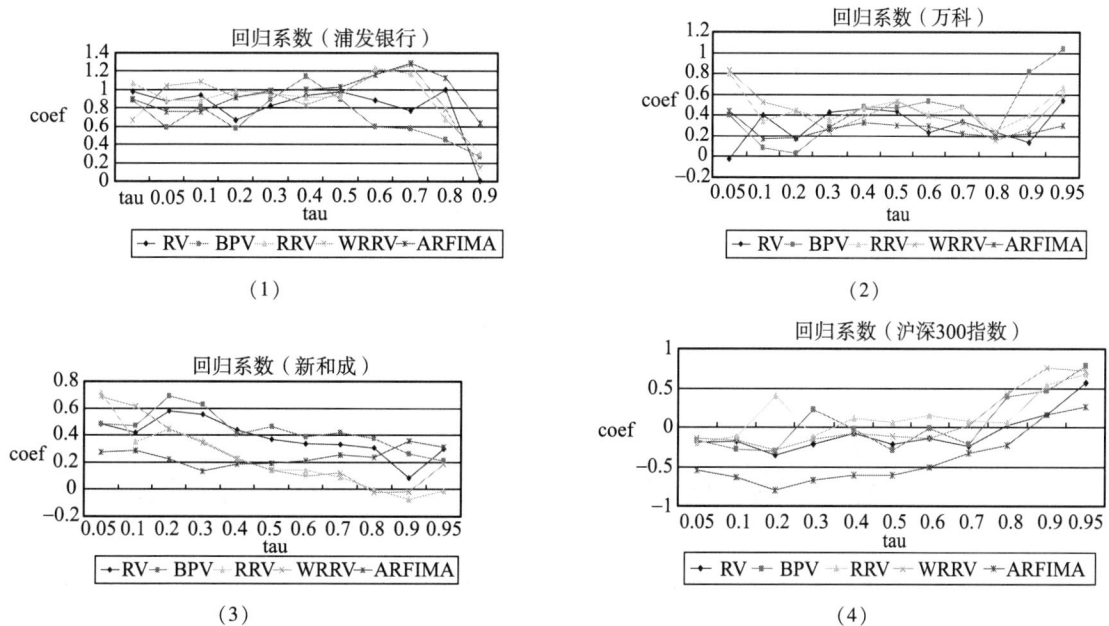

（1）　　　　　　　　　　　　　　　（2）

（3）　　　　　　　　　　　　　　　（4）

图 3　不同分位点下的回归系数

从个股回归的系数上看，我们可以看出大部分的回归系数落在［0.2，1］之间或附近，除了有个别回归系数小于零外，可以看出三只个股的波动率与成交量之间呈现出正向相关关系，两者之间的正向关系要远强于两者之间的负向相关关系。这反映了伴随着成交量的放大，个股的波动也将随之放大，因此，成交量在进行投资分析当中是一个十分重要的因素。

从指数的价量回归系数上看，成交量对波动率的影响要小于个股价量分析下的回归系数。价量之间的关系在不同的分位点下的回归系数也有很大的差别，这也在一定程度上反映 A 股市场的投机性。回归系数大都落在［-0.3，0.3］之间，反映这种价量关系是属于微弱的相关关系，并且回归系数在各个分位点下大都小于零，这显示出波动率与成交量之间呈现出的负向相关关系要强于两者之间的正向关系，这反映出股票市场的成交越活跃，则股票市场越趋于稳定。

不同的波动率度量方法在进行价量分析时也存在着一定的差别，但是回归系数的总体趋势一致，说明波动率与成交量的关系是较为稳定的。

3.4 跳跃方差与成交量的关系研究

一般而言，重大信息则会引起股票价格的巨大跳跃，一定程度上也加大交易的程度，从而使得成交量放大。通过下面的实证，试图分析成交量与跳跃方差之间的关系。由式（17）可得到三只个股及指数的跳跃序列，如图 4 所示：

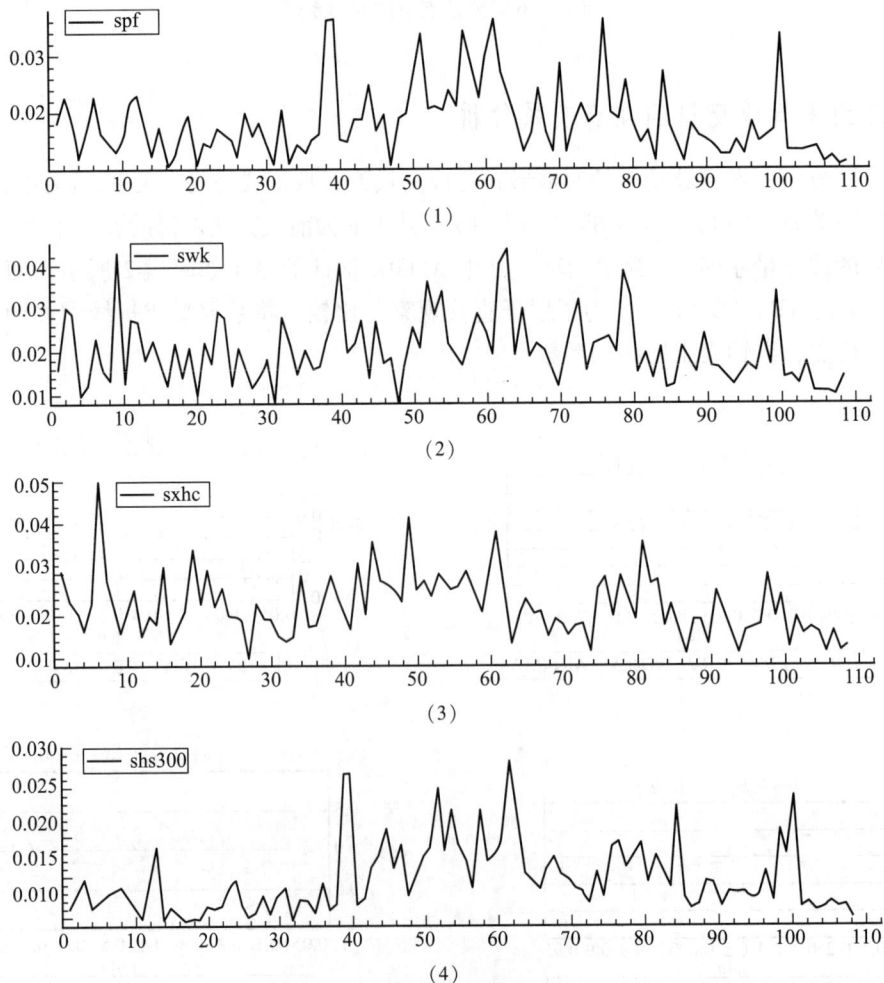

图 4 跳跃方差的标准差序列

注：图（1）浦发银行跳跃方差的标准差序列；图（2）万科 A 跳跃方差的标准差序列；图（3）新和成的跳跃方差的标准差序列；图（4）沪深 300 的跳跃方差的标准差序列。

　　图 4 即为零处截断的跳跃方差的标准差，从跳跃的程度上看，沪深 300 股指的跳跃方差小于个股所呈现出的跳跃方差，而且从总体趋势上看，个股与指数之间存在着共同的跳跃周期，即个股与指数之间存在着共同跳跃（common jump）的现象。

　　本文通过建立一个以跳跃方差和成交量变化量的二元 VAR，利用脉冲响应函数分析跳跃对成交量的响应。由于三只个股、股指的情形类似，在此只做浦发银行的数据的平稳性检验和模型的分析，其余二只个股和指数只给出脉冲响应函数，方法相同，不再赘述。

　　由表 1 变量的单位根检验可以看出，跳跃方差与成交量皆是一阶平稳的，因此在建立 VAR 模型时采用其对数形式。在建立 VAR 模型之前必须选择滞后阶数以及检验模型的平稳性，通过表 2 可得出当选择滞后为 1 时 LR 达到最大，AIC 和 SC 准则均达到最小，因此选择滞后阶数为 1，并且有图 5 可得在滞后阶数为 1 的情形下，该模型是平稳的。因此可以建立脉冲响应函数，得到图 6。

表 1　　　　　　　　　　　　　　　　　相关变量的单位根检验（浦发银行）

变量	检验类型（e，T，d）	t - 统计量	1% 临界值	Prob
跳跃方差	(0，0，1)	− 11.02702	− 2.585172	0.0000
成交量	(0，0，1)	− 7.635187	− 2.586960	0.0000

表 2　　　　　　　　　　　　　　　　　VAR 滞后阶数选择标准

lag	LR	AIC	SC
0	0.794555	− 1.019443	− 1.071228
1	283.3459	− 1.296243	− 1.737280
2	3.629052	− 1.247267	− 0.988514
3	3.059288	− 1.200775	− 0.838283
4	2.299847	− 1.146565	− 0.680504

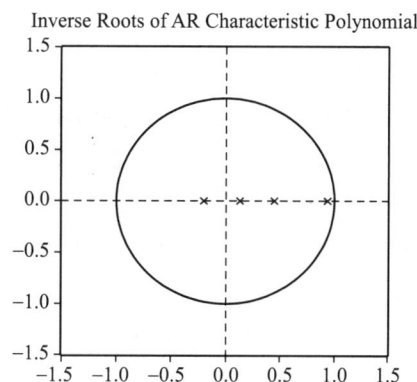

图 5　取滞后阶数为 1 时的 AR 单位圆

　　图 6 所得到脉冲响应函数反映出，成交量的变化对当期股票的跳跃方差并不即刻产生影响，股市的跳跃方差在第二期才做出响应，并且达到最大值。所以关注当日股票的成交量，能够给投资者和市场监管者提供较好的观测量。而从这种冲击的效果上看，对于三只个股来说成交量跳跃方差有一个负向的影响，即成交量发生一个标准差的变动会导致个股风险的下降，因此成交量的变化能够在一定程度上熨平个股的跳跃性的波动，但是这种影响在第三期便逐渐消除，并有逐渐转正的趋势，但是这种冲击较小；成交量发生一个标准差的变动会对指数的跳跃方差有一个向上的冲击，因此可以说成交量的变化会使整个市场的系统风险增大。因此，不管从个股还是指数上看，成交量对于股票市场波动的跳跃的影响是短暂的，建议投资者密切注意成交量异常变化时所导致的第二期的跳跃风险。

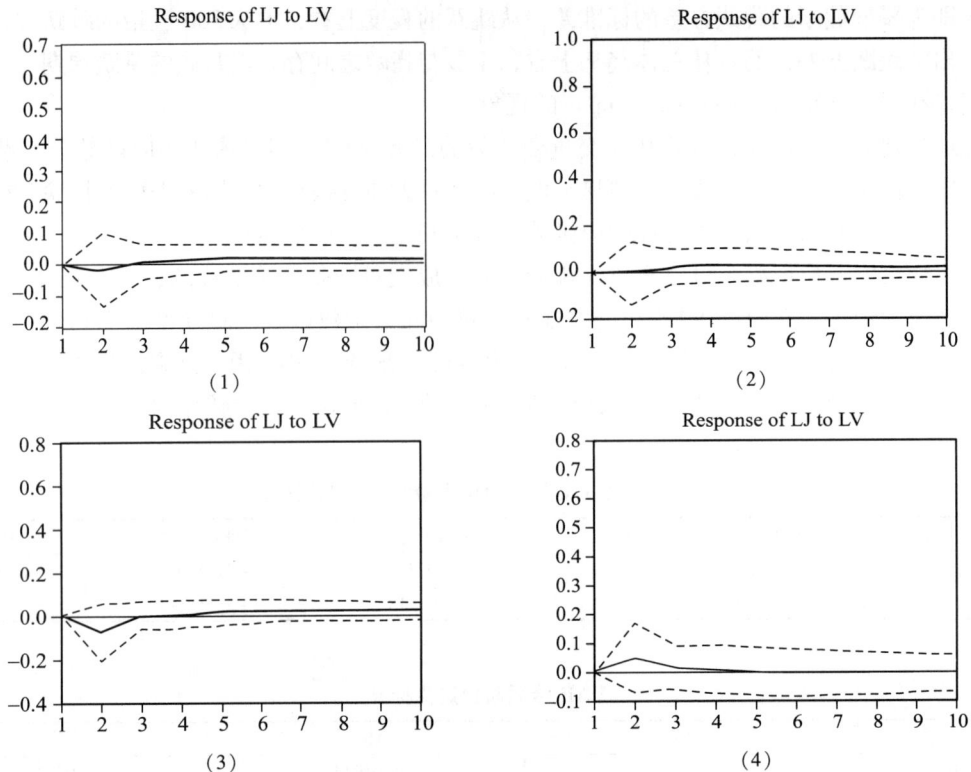

图 6   脉冲响应函数

注：图（1）浦发银行跳跃方差对成交量变化的响应；图（2）万科跳跃方差对成交量变化的响应；图（3）新和成跳跃方差对成交量变化的响应；图（4）沪深 300 股跳跃方差对成交量变化的响应。

4   结   论

本文采用高频数据的建模方法对我国 A 股市场上的三只市值不同的个股以及沪深 300 指数的波动率进行了度量，并从中分离出离散的跳跃方差，利用 MCMB – QR 方法对我国股票市场上的价量关系、波动率与成交量的动态关系进行了分析，并对跳跃方差与成交量进行了分析。在分析中得出 A 股市场的高频数据中的收益率与成交量关系并不密切；而进行价量分析时，对于个股而言，波动率与成交量之间存在着较为密切的关系，并且这种关系为正向相关关系，但是对于指数而言，情形恰好相反；个股的跳跃方差对于成交量的响应在第二期达到最大，并且成交量变化的一个标准差会导致个股跳跃方差的变化，对于指数具有同样的情形。因此建议投资者在进行价量分析时，在进行技术分析时需注意高频数据中的时空价量。特别是在关注市场的异常风险因素时，可密切观察成交量的异常波动，其可反映信息对股票价格的冲击。

参 考 文 献

1. 韩清、刘永刚：《序列相关的微观结构噪声估计》，载《数量经济技术经济研究》2007 年第 4 期。

2. 李丹、董玲：《中国股市波动与成交量动态关系研究》，载《山西财经大学学报》2008 年第 7 期。

3. 李胜歌、张世英：《高频金融数据的两种波动率计算方法比较研究》，载《系统管理学报》2007 年第 4 期。

4. 唐勇、张世英：《高频数据的加权已实现极差波动及其实证分析》，载《系统工程》2006 年第 8 期。

5. 王杉、宋逢明：《中国股票市场的简单量价关系模型》，载《管理科学学报》2006 年第 8 期。

6. 夏天、华仁海：《交易量、日历效应与股价波动性——基于 2001～2005 年中国证券市场的经验分析》，载《西安财经学院学报》2007 年第 3 期。

7. 杨火斤、王邦宜:《交易量与股价波动性:对中国市场的实证研究》,载《系统工程学报》2005 年第 10 期。

8. 赵之友:《市场微观结构对量价关系的影响研究》,载《西北农林科技大学学报 (社会科学版)》2007 年第 11 期。

9. Andersen T. G. , T. Bollerslev, F. X. Diebold, P. Labys, Ex-change Rate Returns Standardized by Realized Volatility are (nearly) Gaussian, Multinational Finance Journal, 2000, 4 (3/4).

10. Andersen, T. G. T. Bollerslev, F. X. Diebold, 2007, Roughing It Up: Including Jump Component in the Measuring Modeling and Forecasting of Return Volatility, The Review of Economics and Statistics. , MIT Press, 2007, Vol. 89 (4): 701 - 720.

11. Andersen, T. G. T. Bollerslev, T. , Diebold, F. X. and Labys, P, Modeling and Forecasting Realized Volatility, Econometrica, 2003, 71, pp. 529 - 626.

12. Barndorff-Nielsen, O. E. N. Shephard, Power and Bipower Var-iation with Stochastic Volatility and Jumps, Journalof Financial Econometrics, 2004, 2 (1).

13. Copeland, T. , 1976, A Model of Asset Trading under the Assumption of Sequential Information Arrival, Journal of Finance, 1976, 31 (4): 1149 - 1168.

14. Christensen K. , M. Podolskij. , Asymptotic Theory for Range based Estimation of Integrated Variance of A Continuous Semi-martingale, Journal of Econometrics, December 2007, Vol. 141, Issue 2, pp. 323 - 349.

15. Clark, P. , A Subordinated Stochastic Process Model with Finite Variance for Speculativeprices, Econometrica, 1973, 91, pp. 135 - 156.

16. Koenker, R. , and G. W. Bassett, Regression, Quantiles Econometrica, 1978, 46, pp. 33 - 50.

17. Koenker, R. W, Quantile Regression , Cambridge, UK: Cambridge University Press, 2005.

18. Mubarik, Javid, Realtionship between Stock Return, Trading Volume and Volatility: Evidence from Pakistani Stock Market, Asia Pacific Journal of Finance and Banking Research, 2009, Vol. 3, No. 3, pp. 1 - 17.

19. Nowbutsing, Naregadu. , Returns, Trading Volume And The Volatility In The Stock Market of Mauritius, African Journal of Accounting, Economics, Finance and Banking Research, 2009, Vol. 5, No. 5, pp. 1 - 36.

20. TerryA. Marsh, Niklas Wagner, Return-volume Dependence and Extremes in International Equity Markets, Haas school of business, UC Berkeley, 2004, RPF - 293.

21. Xuming HE, Feifang Hu. , Markov Chain Marginal Bootstrap, American Statistical Association, September 2002, Vol. 97, No. 459.

附录：

表 1A   浦发银行波动率与成交量回归系数

tau	RV	BPV	RRV	WRRV	ARFIMA
0.05	0.98303 * (0.344559)	0.88712 ** (0.46084)	1.07085 ** (0.60393)	0.67029 ** (0.48102)	0.89873 * (0.24036)
0.1	0.87663 * (0.21030)	0.58198 * (0.34175)	0.88148 ** (0.40222)	1.04461 * (0.38132)	0.76350 * (0.14177)
0.2	0.93473 * (0.34175)	0.80979 * (0.32340)	0.88171 * (0.22855)	1.07853 * (0.37108)	0.75772 * (0.13338)
0.3	0.67325 * (0.34753)	0.58029 * (0.31192)	0.98748 * (0.22228)	0.9196 * (0.27452)	0.92022 * (0.12597)
0.4	0.82495 * (0.27832)	0.89562 * (0.29883)	0.95838 * (0.20816)	0.96646 * (0.19290)	0.98752 * (0.10194)
0.5	0.93552 * (0.26526)	1.14097 * (0.33949)	0.91428 * (0.24104)	0.83651 * (0.31201)	0.99655 * (0.08653)
0.6	0.97972 * (0.39706)	0.89923 * (0.38548)	0.92863 ** (0.40629)	0.97051 * (0.37928)	1.03254 * (0.12381)
0.7	0.88316 * (0.50155)	0.59336 ** (0.47558)	1.2325 ** (0.45176)	1.16112 ** (0.42338)	1.16609 * (0.17855)
0.8	0.77102 ** (0.47353)	0.58082 ** (0.45094)	1.17226 ** (0.55480)	1.2659 ** (0.59836)	1.28746 * (0.25642)
0.9	1.00263 ** (0.79280)	0.45366 ** (0.62452)	0.67846 ** (0.79706)	0.79682 ** (0.71737)	1.13471 * (0.31914)
0.95	0.00682 (1.72764)	0.27124 (1.90222)	0.31051 (0.35907)	0.14755 (0.63830)	0.63827 (0.57997)

注：* 表示回归系数在 1% 的置信水平下是显著的，** 表示在 5% 的置信水平下是显著的。其中括号内的数为标准差。

表 1B   万科波动率与成交量回归系数

tau	RV	BPV	RRV	WRRV	ARFIMA
0.05	− 0.02493 ** (0.51503)	0.40189 ** (0.64758)	0.80034 ** (0.55944)	0.82963 ** (0.57774)	0.44017 ** (0.42979)
0.1	0.40540 * (0.24073)	0.08116 ** (0.4848)	0.34039 ** (0.41408)	0.52727 * (0.35623)	0.17041 * (0.10015)
0.2	0.17528 * (0.34027)	0.03329 * (0.3895)	0.44918 * (0.20860)	0.44795 * (0.24048)	0.18062 * (0.09946)
0.3	0.42491 * (0.26956)	0.28713 * (0.25287)	0.36153 * (0.13944)	0.24588 * (0.17312)	0.26775 * (0.10767)
0.4	0.46197 * (0.27006)	0.47921 * (0.21274)	0.47136 * (0.178)	0.38776 * (0.12306)	0.33506 * (0.10270)
0.5	0.44091 * (0.24715)	0.47331 * (0.20366)	0.53688 * (0.30751)	0.53760 * (0.17665)	0.30651 * (0.09022)
0.6	0.23506 * (0.24715)	0.53398 * (0.24813)	0.41439 * (0.30063)	0.39457 * (0.20973)	0.29969 * (0.11445)
0.7	0.34427 * (0.32844)	0.47132 * (0.28309)	0.48345 ** (0.46065)	0.32950 * (0.31289)	0.22682 * (0.12169)

续表

tau	RV	BPV	RRV	WRRV	ARFIMA
0.8	0.23923 ** (0.41121)	0.20873 * (0.37006)	0.24987 ** (0.43152)	0.15454 ** (0.42561)	0.19760 * (0.10282)
0.9	0.54135 ** (0.51305)	0.82905 ** (0.56277)	0.39832 ** (0.60295)	0.27427 ** (0.55407)	0.22824 * (0.10158)
0.95	0.00682 (0.74331)	1.03772 (0.48090)	0.67205 * (0.37183)	0.61002 (0.44542)	0.30455 * (0.22696)

表 1C　　　　　　　　　　　　　　　　　　　新和成波动率与成交量回归系数

tau	RV	BPV	RRV	WRRV	ARFIMA
0.05	0.48262 * (0.24216)	0.48263 * (0.38731)	0.71491 ** (0.35891)	0.68382 * (0.28192)	0.27761 * (0.086771)
0.1	0.42282 * (0.26545)	0.47245 * (0.23440)	0.35363 * (0.27262)	0.61901 * (0.27730)	0.29044 * (0.10348)
0.2	0.57974 * (0.28057)	0.69189 * (0.27038)	0.44621 * (0.10882)	0.44662 * (0.16672)	0.22310 * (0.11599)
0.3	0.55064 * (0.28057)	0.63028 * (0.26653)	0.35418 * (0.13456)	0.34579 * (0.13236)	0.13725 * (0.07827)
0.4	0.44112 * (0.15815)	0.40464 * (0.18521)	0.23213 * (0.12073)	0.22510 * (0.12973)	0.18332 * (0.07632)
0.5	0.37017 * (0.14444)	0.46168 * (0.16437)	0.1143 * (0.09555)	0.14374 * (0.06064)	0.19122 * (0.08612)
0.6	0.33941 * (0.17176)	0.38553 * (0.13577)	0.14201 * (0.09854)	0.09902 * (0.11186)	0.21355 * (0.09652)
0.7	0.33074 * (0.17811)	0.41831 * (0.12708)	0.08946 * (0.13885)	0.12276 * (0.15112)	0.25390 * (0.13063)
0.8	0.30421 * (0.23421)	0.37374 * (0.18809)	0.00311 * (0.24107)	-0.02493 * (0.23194)	0.23845 * (0.13807)
0.9	0.08441 * (0.31726)	0.25967 * (0.29671)	-0.02493 * (0.28683)	-0.01528 * (0.26351)	0.35528 * (0.18616)
0.95	0.30156 ** (0.56876)	0.20875 ** (0.32641)	-0.01316 ** (0.52960)	0.18568 * (0.47086)	0.31019 * (0.312207)

表 1D　　　　　　　　　　　　　　　　　　　沪深 300 波动率与成交量回归系数

tau	RV	BPV	RRV	WRRV	ARFIMA
0.05	-0.01723 * (0.37652)	-0.16885 * (0.038751)	-0.51572 ** (0.56281)	-0.46138 * (0.38727)	-0.54752 * (0.27292)
0.1	-0.19231 * (0.36965)	-0.68113 ** (0.47025)	-0.20362 * (0.35674)	-0.13462 ** (0.60712)	-0.63878 * (0.21720)
0.2	-0.18016 * (0.31279)	-0.30020 * (0.33406)	-0.39953 * (0.205237)	-0.29626 * (0.20114)	-0.80379 * (0.20746)
0.3	-0.5536 * (0.32358)	0.22934 * (0.26202)	-0.11351 * (0.20523)	-0.15388 * (0.24478)	-0.67673 * (0.14049)
0.4	-0.41243 * (0.412118)	-0.02912 * (0.28254)	0.11134 * (0.23109)	-0.07136 * (0.24002)	-0.61202 * (0.14915)

续表

tau	RV	BPV	RRV	WRRV	ARFIMA
0.5	− 0. 07403 * (0. 32984)	− 0. 29100 * (0. 31375)	0. 06296 * (0. 29691)	− 0. 11666 * (0. 26153)	− 0. 60836 * (0. 18187)
0.6	− 0. 21655 * (0. 32650)	− 0. 01397 * (0. 23667)	− 0. 15042 * (0. 33111)	− 0. 14454 * (0. 31695)	− 0. 502233 * (0. 15072)
0.7	− 0. 44095 ** (0. 41585)	− 0. 21415 * (0. 35897)	0. 07335 ** (0. 50406)	0. 02953 ** (0. 48241)	− 0. 32949 * (0. 26412)
0.8	0. 02800 ** (0. 40140)	0. 38747 ** (0. 47152)	0. 06475 ** (0. 54061)	0. 42853 ** (0. 52104)	− 0. 22981 * (0. 31233)
0.9	0. 16693 ** (0. 44445)	0. 46420 ** (0. 59565)	0. 54147 ** (0. 67354)	0. 75833 (0. 84811)	0. 17085 * (0. 24956)
0.95	0. 57164 ** (0. 45926)	0. 78720 (0. 75480)	0. 67783 ** (0. 40661)	0. 42673 ** (0. 53777)	0. 26987 * (0. 11437)

表 2　　　　　　　　　　个股及指数的波动率的 ARFIMA（p，d，q）估计

	P	d	q	mean
浦发银行 lnRV	0	0. 350765 (0. 1724)	− 0. 531903 (0. 4302)	− 7. 26948
万科 lnRV	0	0. 336098 (0. 1135)	0	− 7. 08201
新和成 lnRV	0	0. 333341 （0. 1124）	0	− 7. 08549
沪深 300 lnRV	0	0. 377126 （0. 09982）	0	− 3. 22180

Research on Dynamic Relationship between Volatility and Trading Volume Based on High-frequency data

Tang Yong[1]　**Kou Guiming**[1]　**Lu Laizheng**[2]

（1. School of Management, Fuzhou University, Fuzhou 350002;

2. School of Finance, Jinan University, Guangzhou 510632）

Abstract：The traditional methods to measure the relationships among return, volatility and trading volume are based on the low-frequency data. Basing on the high-frequency data, this paper uses the quantile regression to measure the relationship between price and trading volume by combining the methods to measure the volatility of high-frequency data. The result of demonstration shows that the relationship between return and trading volume is weak, no matter it is an index or an individual stock. However, the relationship between volatility and trading volume or volatility jump and trading volume is significant. It shows that there is a strong relationship between volatility and trading volume in Individual stock and the relationship is strongly positive, but the situation is reverse in index. The volatility jump compenent gradually decrease as a result of increasing in trading volume, the situation are also revere in index.

Key Words：High-frequency Data　Volatility　Trading Volume　Quantile Regression　Jump

第 2 卷第 1 辑　　　　　　　　　　经 济 管 理 评 论　　　　　　　　　　Vol. 2　No. 1
2010 年 10 月　　　　　　　　Economics and Management Review　　　　　　　Oct. 2010

论企业关系互动中战略协同能力的生成机理[*]

陈莉平[**]

摘　要: 本文认为,企业间关系网络要对企业间竞争优势产生更大影响,关键在于企业间在资源、业务上能实现战略协同优化,并认为嵌入关系网络中的企业不能仅从企业自身的角度来考虑内部资源、能力的协同,还必须考虑企业与网络中其他企业之间在资源、业务上的协同,并在实践中充分利用企业关系互动中产生的战略协同能力提升企业间的竞争优势。因此,本文从基于长期利益最大化的追求、基于战略上一致性的要求、基于关系性契约的治理等三个方面探讨了企业关系互动中战略协同能力的生成机理。

关键词: 关系网络　战略协同能力　机理　竞争优势

中图分类号: F273. 7　　　　　**文献标识码:** A

0　引　　言

近年来,从企业间关系网络出发研究企业的竞争优势及其成长,并认为企业间的关系网络嵌入有助于企业竞争优势的形成,已得到较广泛的共识。然而,企业间关系网络要对企业间竞争优势产生更大影响的关键在于企业间在资源、业务上能实现协同优化。由于企业协同所能发挥的巨大潜在效能,促使企业对协同的追求趋之若鹜,但是大多理论更强调的是对协同结果即协同效应的分析,而忽略了对协同发挥效用机理的研究。因此,本文着重探讨企业关系互动中战略协同能力的生成机理,以利于厘清战略协同能力对企业间竞争优势的影响。

1　协同及企业战略协同能力的提出

1.1　协同概念的提出

"协同"(Synergy)的概念源自系统科学中的协同学理论,1971 年德国物理学家赫尔曼·哈肯(Hemrmal Hkane)提出了协同的概念,1976 年系统地论述了协同理论,并发表了《协同学导论》等著作。哈肯认为协同即协同作用之意,是指在复杂大系统内,各子系统的协同行为产生出超越各要素自身的单独作用,从而形成整个系统的统一作用和联合作用。一个企业同样可以是一个协同系统,因此协同成为经营者有效利用资源的一种方式,从而产生公司的整体效益大于各个独立组成部

───────────

　* 收稿日期: 2009 - 07 - 10;修订日期: 2010 - 03 - 05。

　基金项目:福建省社会科学规划项目(编号: 2009B084);福州大学人才引进基金(2009 年科研启动费立项项目)。

** 陈莉平,福州大学管理学院,教授,福州 350108, E-mail: aping503@ vip. sina. com。

分总和的效应，这种效应通俗地被表述为"1＋1＞2"或"2＋2＝5"，即协同效应。人们发现，一个良好的企业系统，其内部各个单元在企业共同愿景和战略目标的指导下，通过自我调节、自我适应和相互协作，从低级平衡走向高级平衡，这个平衡的转化过程就是一个协同过程。因此，协同通过各子系统或各个组成部分之间的相互配合、相互支持而形成一种良性循环状态。

　　然而，虽然传统协同理论的形成始于为了指导公司进行多角化投资或并购重组，以通过规模经济或范围经济的实现，从而达到降低成本等作为主要目的，很少涉及企业之间的合作，但也对网络组织中不同结点间的协同具有很强的解释力，只不过是网络合作中的协同既不同于市场机制作用下的"随机"协同，又不同于行政机制下的"捏合"协同，而是具有自组织特征的"多元互补"协同（罗珉，2007）。进入 20 世纪 90 年代，随着人们对竞争与协同的认识日益深入，协同的概念也开始从内部的协同走向企业间的全面协同，即如何通过联盟、合资、外包、企业集群、供应链合作等合作模式实现协同化经营，追求更大价值的创造以实现企业间的竞争优势，这也反映了企业外部环境动态变化的要求。

1.2　战略协同能力的提出

　　关于协同的概念，传统管理理论更加强调的是对协同结果即协同效应的分析，重点探讨整体和部分的关系，强调的是整体的组合效能大于个体的效能之和，而忽略了对整体效能大于个体效能之和的深层次原因的分析，即协同发挥效用的机理是什么？事实上，协同的本质是企业间或企业各系统间通过对资源、能力等步调一致的协调运作行动，以实现共同的目标。协同效应的产生正是由于企业之间在资源、业务的战略协同过程中实现的。

　　因此，本文对协同能力的研究重点放在对资源、业务层次的分析，因此称之为"战略协同能力"，并认为"战略协同能力"是指嵌入关系网络的企业为了实现创造更大价值的目标而进行的相互协调和配合，以达到资源共享、业务合作的能力。因此，要实现企业间的协同，就要求各结点企业要树立"共赢"的价值观，要重视彼此间的信任、承诺和关系的维护，以实现资源的共享和业务的合作，进而提高企业间竞争优势，实现企业整体绩效的最大化。这种绩效不仅源于规模经济和范围经济，达到增加销售收入、降低运营成本、压缩投资需求，更主要的还源于各企业自身创新能力的提高以及合作各方整体价值创造水平的提高（韵江、刘立、高杰，2006）。

　　那么战略协同能力究竟包括哪些内容？许多学者们提出了不同的分析框架及其观点，本文概述为表1。

表 1　　　　　　　　　　　　　　　　对战略协同能力内容的不同认知

主要代表人物	主要理论观点
伊戈尔·安索夫（Ansoff, 1965）	销售协同、运营协同、投资协同、管理协同
迈克尔·波特（Michael Porter, 1985, 1997）	业务单元之间的有形关联、无形关联和竞争关联
伊丹广之（Hiroyuki Itami, 1987）	隐形资产的共享，并强调应寻求用户、竞争、技术、资源及组织五个领域的配合
罗伯特·D·巴泽尔和布拉德利·T·盖尔（Robert & Buzzell, 1987）	资源或业务行为的共享；营销和研究开发的"溢出"利益；"相似"业务以及对企业形象的共享
迈克尔·古尔德和安德鲁·坎贝尔（Michael Goold & Andrew Campbell, 2000）	共享专有技术、协调战略、共享有形资源、纵向整合、联合谈判力量、联合创建新的业务
毛克宇、杜纲（2006）	知识协同、资源协同、制度协同、流程协同、关系协同
王慧、苏晓燕（2007）	基于有形资源的要素：人力资源协同、财务资源协同、采购渠道协同、生产设备协同；基于无形资源的要素：品牌协同、信息协同、知识协同、制度文化协同

在上述研究的基础上，本文将企业战略协同能力的内容主要概括为：资源协同和业务协同（如图 1 所示），并认为对于企业间资源的协同性而言，就是要通过对嵌入关系网络中企业的各种资源匹配达到最优，变资源的无序状态为有序状态，以综合发挥企业资源的最大效用，并在实现企业资源协同的基础上，进一步实现企业间在业务上的合理配置，达到业务协同。

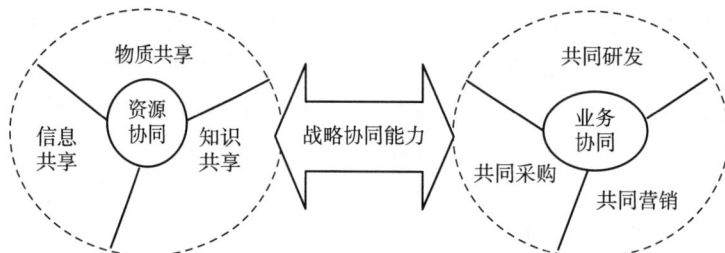

图 1   企业战略协同能力的内容

第一，资源协同。根据哈肯（Herman Haken）提出的协同学理论，协同可以使经济组织更有效地利用它所拥有的资源和技能。企业间的资源协同包括有形资源和无形资源的共享。对有形资源的共享主要是指物质资源的共享，如对生产设施、服务设施的共享以及资金上的相互支持，这为企业间降低成本、提高效能提供了必要条件。对无形资源的共享则主要是对信息、知识等的共享，包括市场信息、技术资料、专有技术、管理技能、品牌及企业形象、营销诀窍等，这些无形资源是企业保持创新能力和竞争活力的源泉。对此，本文将资源协同的内容概括为物质共享、信息共享和知识共享。

第二，业务协同。根据波特提出的价值链理论，企业最主要的职能包括价值链上的产品设计、生产作业、市场营销、送货及服务等各个环节。Buzzel & Gale 的研究表明，企业研究开发和市场营销成本是最容易在企业之间产生规模效益的，但生产和采购成本又通常在成本结构中占有更大的权重。因此，在这些领域都存在潜在的协同可能性。通过企业间的业务协同，可以实现合作企业在业务成本的分摊以及更大价值的创造，从而提高竞争优势。对此，本文认为，从战略层级来看企业间最主要的业务协同主要在于合作研发、合作营销和合作采购。

通过以上分析，本文将企业战略协同能力的具体实施要点表述为表 2。

表 2   企业战略协同能力的内容及其具体实施要点

战略协同能力	内容	具体实施要点
资源协同	物质共享	●生产设施/服务设施/资金
	信息共享	●信息技术网络/技术标准/市场信息及技术资料
	知识共享	●经营模式/管理技能/品牌及企业形象/专有技术/营销诀窍
业务协同	合作研发	●产品创意/产品设计/技术转移/商品化
	合作营销	●促销/销售渠道/服务网络
	合作采购	●仓储/运输/配送/采购系统

2   企业战略协同能力的生成机理

综上分析，本文认为嵌入关系网络中的企业不能仅从企业自身的角度来考虑内部资源、能力的协同，还必须考虑企业与网络中其他企业之间在资源、业务上的协同，并在实践中充分利用企业关系互动中产生的战略协同能力提升企业间的竞争优势。通过战略协同，使得企业间能围绕共同的利益和共同的目标，实现在资源和业务各要素之间的有机链接、协力合作、协调配合，达到彼此的一致性及和谐性，从而在网络中建立稳定、平衡、有序的状态，实现价值的最大化。当然，要促使企业关系网络中各行为主体在创造价值的关系互动中，能使企业网络状态更好地由无序走向有序，并产生更大的绩效，战略协同能力的生成及影响不可小觑。因此，本文从基于长期利益最大化的追求、基于战略上一致性的要求、基于关系性契约的治理等三个方面探讨了企业关系互动中战略协同能力的生成机理。

2.1　基于长期利益最大化的追求

威廉姆森用"组织失灵"框架对交易费用理论进行了全面而系统的解释，他指出，决定市场交易费用的因素分为交易主体因素和交易因素两种。首先，从交易主体因素看，交易费用理论对交易主体的理性假设是有限理性和机会主义。所谓有限理性是指人被认为在主观上追求成本最小化，但由于认知能力有限只能在有限的程度上实现；所谓机会主义是指人会欺诈性地追求自身利益。从这点看，嵌入关系网络中的企业可能面临两种风险：机会主义的风险和知识外溢的风险。其中机会主义风险包括如敲竹杠行为的产生。敲竹杠行为是由专用资产特征而产生的一些契约问题，起因于潜在可占用的准租金。对于网络组织内的成员而言，专用性资产投入越多，获益越多，他的机会成本也越大，这会形成更多的准租金。一旦初始契约得不到及时修订，该成员可能会以要挟作为破坏契约条款的手段。敲竹杠行为可以通过两种方式产生：出现违约行为，迫使网络成员就受损的契约重新谈判；或者由于不完全契约和关系锁定的相结合，使网络成员可能采取不能阻止的或者不可观察的有损联盟利益的行动。而知识外溢风险则是指由于企业间在长期合作中通常是在"干中学"逐渐学习对方的知识，在实际运作中可能造成一些知识的转移会超过合作交流的范围，从而使企业一些关键的知识资源被模仿，这也意味着企业可能培养了潜在的竞争对手而丧失在相关领域的优势地位。其次，从交易因素看，主要指市场的不确定性以及市场中交易对手数目的多少。正是由于经济主体的有限理性和机会主义的存在，使得不确定性因素增多，并且企业若仅依靠自身的力量采用市场交易方式来完成生产产品或提供服务的经营全过程，将增大交易费用并且导致效率低下。可见，对于嵌入关系网络的多个企业主体，从经济学的视角看实际上他们形成了共同的利益集合体，促使这些企业主体在采取决策行为时，需要将网络中的制度、规则、伦理、标准等纳入作为决策的前提条件，并在此基础上做出理性选择，而这种理性选择又会进一步影响网络中的制度、规则、伦理、标准，从而使企业之间在这种互动的平衡中产生了协同。另一方面，协同行为的产生又会进一步抑制企业的机会主义行为，有利于建立企业间的长期信任，使得合作伙伴降低缔约成本和履行成本等。此外，通过协同，企业也同样提升了在价值创造过程中的资源整合与优化配置的效率。

因此，随着企业经营环境出现动态剧变的态势，越来越多的企业认识到，采取竞合行为，更符合彼此的利益。企业之间一方面出于相互冲突的利益而进行竞争，另一方面又出于共同利益而采取友好的合作。从交易费用理论来看，如果网络中的企业在争夺利益时，是以不惜代价减少其他企业的利益来追求自身更大的利益，其机会主义行为将导致企业无法共享最大的利益或使网络内资源的配置偏离帕累托最优。尤其是网络中的企业若出现不惜损人而利己的决策行为时，将增大企业之间的交易费用，并且由于企业追求短期利益的机会主义行为可能遭到其他相关利益主体的惩罚，从而使其的"所失"超过机会主义行为带来的"所得"。因此，出于长期利益的考虑，企业通常会放弃机会主义行为而采取合作共荣的态度，以追求共同的目标及实现共同的成长。由此可见，嵌入关系网络的企业主体之间的协同机制也是经过多次重复博弈逐渐形成的，基于企业对整体价值的实现和长期利益的追求是企业战略协同产生的重要机理。可以这么说，强调以协同机制为中心来获取企业竞争优势，其假设前提是企业作为嵌入关系网络的经济主体，从追求整体价值和长期利益出发，更愿意通过合作行为获得长期的利益。因此，企业间长期的关系互动和信任，使得企业更注重采取创造"双赢"或"多赢"的协同性行为,因而其对长期利益的追求超过了它对利润最大化或机会主义行为的追求。

2.2　基于战略上－致性的要求

英国战略管理专家戴维·福克纳(David Fauckner,1997)认为,合作伙伴间高度的战略协同是维持持久合作的最重要基础,因此,企业在选择合作伙伴时,首先要评估合作对象与本企业在战略上是否具有一致性,包括企业愿景是否相吻合、战略目标是否相一致、经营业务是否相协同、资源能力是否能互补等(陈莉平、黄仙姜,2006)。也可以这样认为,企业间是否具备战略的一致性,是产生战略协同能力的前提条件。而美国学者尼尔·瑞克曼(Neil Rackham,1998)等在著作《合作竞争大未来》中指出保证合作伙伴关系成功的关键因素主要有三个,即贡献(Impact)、亲密(Intimacy)及愿景(Vision)。这其中,"愿景"是合作伙伴成员对于未来的发展所持有的共同理念,能直接激励合作各方相互寻求合作,以把握任何一方依靠自身力量无法独立达成的潜在机会。可见,一个清晰而具有吸引力的共同愿景,可以帮助合作伙伴成员之间追求协同合作以实现共同目标。

因此,合作伙伴要达到战略上的一致性以实现战略协同,应具备 3 个关键要素,即兼容(Compatibility)、能力(Capability)、承诺(Commitment),其中:兼容是指合作各方在规模、企业实力、竞争地位等方面彼此相当,在企业战略目标、经营战略、企业文化、管理风格、组织模式等方面彼此相容,以及在业务领域及其营销策略、研发方向等方面彼此协同;能力是指合作各方所拥有的能够向联盟或网络中投入互补性资源的能力。合作对象是否拥有企业所缺乏的资源,尤其是技术、知识、技能、信息等方面的隐性资源,以弥补企业自身的资源缺口,往往是企业选择合作伙伴的主要动因,也是企业间合作关系得以维持的基础。合作伙伴间也只有达到资源互补、能力相长,才能更好地建立承诺及互惠互利的关系;承诺则主要是指合作各方积极向联盟或网络中投入时间、精力和资源的意愿及行为,它体现了合作伙伴的合作态度,也是合作伙伴的信誉及责任感的表现。因此,合作伙伴间的相互承诺对合作关系的和谐发展具有重要的影响,因为企业间如果不重视彼此的合作关系,不愿意投入时间、精力去沟通合作中的问题或协调合作中的冲突,不愿意真正向合作伙伴传递信息、交换资源、共享知识,那么即使合作各方在战略上兼容性好、能力上互补性强也很难保证合作的成功。

2.3　基于关系性契约的治理

"关系性契约"的概念最早源于美国法学家伊恩·麦克内尔(Macneil),他发现在真实的契约关系中,交易和交换大多不是体现为一次性简单的利益互换,而是连续性的和关系性的协议过程。因此,在较长时期中经常重复进行和涉及交易专用性支出的交易,其长期契约关系尤为重要。为此,麦克内尔提出关系性契约理论,从研究社会生活中人与人之间交换关系的特点出发,分析了不同的缔约方式,并认为每项交易都是嵌入在复杂的关系中,理解任何交易都要理解它所包含的关系的所有必要因素。威廉姆森(Williamson)发展了关系性契约理论,他认为由于有限理性与机会主义的存在,契约的不完全是必然的,从而对契约实施的支持变得极为重要,需要根据不同的交易特征制定不同的规制结构。威廉姆森构建了三大类规制结构及其相应的契约活动:即市场规制—古典契约活动;三方规制—新古典契约活动;交易专用性规制—关系性契约活动。威廉姆森还主张,对关系性契约而言,重要的不是契约期间的长短,而是投资的特质。因此,关系性契约理论认为,当投资特质不强并且交易次数不多时,对于双方来说具体身份并不重要,维护长期的关系对交易并没有多大的促进,会倾向于采用市场治理方式。当投资专用性强烈时,由于资产适用到其他用途的收益降低,在这样的条件下,交易当事人意识到关系的持久性对双方来说是有价值的,关系性契约有相对优势，此时优选关系性契约。通过以上分析可以看出，关系性契约是企业间基于未来关系价值的一种非正式协议，是一种不完备的长期契约，契约的订立是着眼于未来情况变化时的"风险共担"，并没有充分考虑所有未来具体情况可能发生的变化以及约定冲突时的解决条款，因此在签署契约各方的有限理性和交易成本依然存在的情况下，契约是有缺口的，并且这种缺口无法通过合同法来弥补，而需要依靠"自我履行（self enforcing）"，即交易在很大程度上是由参与者自行协调来完成的，没有经过制度、仲裁者等第三方的干预（Baker，Gibbons & Murphy，2002），履约的义务取决于缔约各方对守信的承诺以及相互之间协商的诚意。

因此，从本质上讲，关系性契约的治理是一种隐含的自我实施机制，是企业间基于长期的合作关系，通过相互协调、相互协商、相互沟通而实施自我履约的过程，企业各方在相互信任的基础上实现了协同性，而嵌入企业间关系网络有利于战略协同能力的加强。因为，关系性契约下缔约方之间的联结纽带不是形式上的契约，企业间在过去、现在和预期未来的关系影响着契约的长期安排（Macneil，1974）。也就是说，企业间的契约实际上也是深深地嵌入社会关系与社会制度之中，企业间的契约关系通过非正式的社会关系建立与维持，主要是通过关系性规则来实现治理的。关系性规则是指一些社会过程和社会规则，它们因交换双方的关系而存在，影响参与者的行为，使得不需要第三方（包括制度与仲裁者）的加入而能保证交易的顺利进行，它们的作用甚至远远超过正式的制度安排。其中社会过程包括社会交往、信息交流等，社会规则包括信任、团结、相互性等。可见，关系性契约缔约的重点不是所交易的商品，而是缔约双方间建立的关系，即关系网络发挥了非正式制度机制的治理作用。因此，关系性契约作为正式契约的重要补充，促进了企业间长期的密切的合作关系的形成，基于关系性契约的治理也进一步促进企业间战略协同的生成。

参 考 文 献

1. 陈莉平、黄仙姜：《基于 4C 的合作伙伴选择模型的构建及其运用》，载《技术经济》2006 年第 1 期。

2. 罗珉：《组织间关系理论最新研究视角探析》，载《外国经济与管理》2007 年第 1 期。

3. 毛克宇、杜纲：《基于协同产品商务的企业协同能力及其评价模型》，载《内蒙古农业大学学报（社会科学版）》2006 年第 2 期。

4. 王慧、苏晓燕：《基于战略协同理论的母子公司协同效应评价体系研究》，载《商业现代化》2007 年第 10 期。

5. 韵江、刘立、高杰：《企业集团的价值创造与协同效应的实现机制》，载《财经问题研究》2006 年第 4 期。

6. ［英］安德鲁·坎贝尔，任通海译：《战略协同（第二版)》，机械工业出版社 2000 年版。

7. ［英］戴维·福克纳：《竞争战略》，中信出版社 1997 年版。

8. 迈克尔·波特：《竞争优势》，华夏出版社 1997 年版。

9. 尼尔、瑞克曼等：《合作竞争大未来》，经济管理出版社 1998 年版。

The Forming Mechanism of Strategic Synergic Capability on the Interaction of Enterprise Relations

Chen Liping

(School of Management, Fuzhou University, Fuzhou 350108, China)

Abstract: This paper argues that the relationship network among enterprises would have a positive impact on their competitive advantage unless enterprises can achieve optimal strategic synergy in inter-enterprise resources and business units. It also emphasize the enterprises, which embedded in the relationship network, should not consider the synergy in their internal resources and capacities only form their own prospective and it is necessary to take consideration of the synergy in resources and businesses with the other enterprises in the network. In addition, the enterprise should take full advantage of strategic synergic capability, originated from the interaction of enterprise relationships, to enhance competitive advantage in practice. In this article, we discuss the forming mechanism of strategic synergic capability on the interaction of enterprise relations based on the pursuit of maximizing long-term interests, the requirements of strategic consistency and the governance of relational contract.

Key Words: Relational Networks　Strategic Synergic Capability　The Mechanism　Competitive Advantage

论货币政策传导机制的演化[*]

杜亚军[**]

摘　要： 转轨经济中国的货币政策传导机制研究具有重要意义。首先，对转轨经济的货币政策传导机制特征进行理论分析；接着，基于博弈理论模型，对转轨经济货币政策传导的演变机制进行微观分析；然后，分析货币政策传导机制作用于宏观调控的实际效应；最后，得出结论：（1）信贷渠道是转轨经济的货币政策传导的主渠道，但这并不是 Mishkin 式信贷传导的贡献，而是"窗口指导"式的信贷配给在起作用；（2）利率传导机制已经在宏观调控中发挥作用，尽管作用范围限于社会资本投资部分。

关键词： 转轨经济　货币政策　传导机制　纳什均衡
中图分类号： F015　　　　　**文献标识码：** A

0　引　言

以凯恩斯创立宏观经济分析框架为起点，西方经济流派基于不同视角形成了不同的货币政策传导理论。Mishkin（1995）根据货币与其他资产之间的不同替代性，将货币政策传导机制分为两大类——货币渠道①和信贷渠道，这种做法得到了普遍认同。关于货币政策传导机制的实证研究，具有代表意义的包括 Bernanke（1986）、Bernank & Blinder（1992）、Cover（1992）、Oliner & Rude-busch（1996）、Morris & Sellon（1995）、Ariccia & Garibaldi（1998）等，这些文献都是基于市场经济前提的。市场经济中，利率传导处于货币政策传导机制的核心，信贷传导只是作为利率传导机制的补充和加强。但是，转轨经济中利率市场化的前提并不存在，货币传导机制必然呈现很大程度的不同。

中国正处于经济转轨中，货币政策传导机制有着体制变迁的特征。蒋瑛琨（2005）认为信贷和货币都对货币政策传导发挥了一定的作用，但信贷机制更为重要。盛朝晖（2006）认为信贷在货币政策传导机制中发挥了主要作用，利率、资产价格也起到一定作用。中国人民银行营业管理部课题组（2008）认为货币政策传导以信贷为主，而总部经济削弱了信贷传导的效率。苏亮瑜（2008）的研究表明信贷机制在货币政策传导中占据主要地位，利率机制则具有不确定性。盛松成（2008）则认为中国基本不存在货币传导渠道，主要的传导渠道是信贷。这些研究尽管观点不完全一致，但是总体上认为信贷机制在货币政策传导中具有主要作用。

经济转轨时期，政府主导的经济运行机制、金融对于传统财政的替代、国企的债务危机等产生了金融领域的体制性风险。2003 年 12 月修订后的《中国人民银行法》明确中国人民银行的职责为

---

　*　收稿日期：2010 – 04 – 15；修订日期：2010 – 08 – 19。
　**　杜亚军，厦门大学王亚南经济研究院，在读博士生，厦门 361005，电子信箱：yajundu@126.com。
　①　货币渠道包括利率渠道、资产价格渠道（包括托宾 q 渠道、财富渠道）以及汇率渠道。

"在国务院领导下，制定和执行货币政策，防范和化解金融风险，维护金融稳定"，货币政策目标为"保持货币币值的稳定，并以此促进经济增长"。既然防范和化解金融风险、维护金融稳定已经成为央行的职责，我们不妨假设金融转轨的深入降低了金融领域的体制性风险。本文的分析便以此为理论前提而展开。

本文是在金融转轨不断深入的背景下，通过历史的、逻辑的分析方法，基于博弈理论模型，结合宏观调控的实际情况，考察货币政策传导机制的演化规律。文章的结构安排如下：第二节分析转轨经济中国的货币政策传导机制的特征；第三节考察转轨经济的货币政策传导机制的演化过程；第四节考察货币政策传导的实际效果；最后总结全文。

1　货币政策传导的特征分析

1.1　市场经济的货币传导理论

货币影响实体经济的重要前提是，存在有效的货币政策传导机制。市场经济中通常存在四种货币传导机制：利率、信贷、汇率和资产价格。利率传导是凯恩斯主义货币政策传导机制的关键。传统的凯恩斯主义认为，宽松的货币政策传送到实体经济的过程可以表示为：

M↑⇒利率↓⇒投资支出↑⇒总需求↑

这里，表示宽松货币政策导致利率下降，从而投资支出和总需求增加。尽管起先讨论的投资支出的主体是企业，但是人们又发现耐用消费品和房地产的消费也是投资支出，从而同样适合这种传导机制。然而，利率在对于长期资产的货币政策效应的解释上不能令人满意，这又导致了基于金融市场代理问题的信贷传导理论的产生，这种代理理论以非对称信息和契约为内容的（Mishkin，1995）。这里的信贷传导分为两类：银行借贷渠道和企业资产负债表渠道。

银行借贷渠道基于这样的观点：银行特别适宜于对付某类借款者，尤其是对于存在非对称信息的小企业。大企业能不经银行而凭借股票进入信贷市场，或是直接进入债券市场。因此，宽松货币政策降低了央行存款准备金利率和再贷款利率，这会增加银行储备和存款，使得投资支出增加成为可能。该货币政策传导效应示意为：

M↑⇒银行储备和存款↑⇒银行贷款↑⇒投资支出↑⇒总需求↑

企业资产负债表渠道的观点为：净资产增加导致了贷款从而投资支出的增加。理论依据为：企业净资产高意味着银行可以获得更多的贷款抵押，这就降低了逆向选择的可能；同时，净资产增加降低了道德风险，这是因为所有者在企业里有更多的权益，从事风险项目的激励降低了。货币政策能通过改变企业净资产来影响信息不对称条件下的企业行为方式。一方面，降低利率的宽松货币政策通过增加现金流而改善企业资产负债状况，这是因为逆向选择和道德风险的可能性降低。传导效应示意为：

M↑⇒利率↓⇒现金流↑⇒逆向选择↓ & 道德风险↓

⇒贷款↑⇒投资支出↑⇒总需求↑

另一方面，宽松的货币政策的利率下降导致资产（股票）价格上升（Pe↑），从而企业净资产增加，进一步导致了投资支出及总需求增加。示意为：

M↑⇒利率↓⇒资产价格↑⇒逆向选择↓ & 道德风险↓

⇒贷款↑⇒投资支出↑⇒总需求↑

汇率传导同样涉及利率效应，因为本国利率下降，外币相对于本币更具有吸引力了，外汇升值，本国商品相对廉价，净出口上升，最终总需求增加。该传导效应示意为：

M↑⇒利率↓⇒外汇↑⇒净出口↑⇒总需求↑

资产价格传导则更具有凯恩斯主义色彩，它认为源于宽松货币政策的利率下降使得资产（股票）相对于债券更具有吸引力，从而资产价格上升（Pe↑）。这种权益的增加将导致托宾 q 值增加，从而增加了投资支出和总需求。货币政策传导效应示意为：

$$M↑⇒利率↓⇒Pe↑⇒q↑⇒投资支出↑⇒总需求↑$$

综上所述，我们可以看到，在市场经济中，利率传导是货币政策传导机制的主要和核心部分，其他诸如信贷、汇率和资产价格之类传导机制都和利率机制密切关联，都是对于利率的补充和加强。信贷、汇率和资产价格之类的传导机制实际上都离不开利率机制的支持，利率传导机制是这些机制的基础和前提。

1.2　转轨经济的货币传导特征

转轨经济中国实施的是经常项目下的人民币自由兑换，资本项目下的则实行严格管制，汇率传导相对微弱。另外，由于证券市场和房地产市场规模狭小，资产价格的传导机制同样不强。那么，货币政策传导渠道所剩下的只有利率和信贷了。

对市场经济来说，信贷传导通常是一个辅助的货币政策传导形式，起主要作用的还是利率传导。在转轨经济时期的中国，出于稳定和发展的整体考虑，利率市场化进程缓慢，没有得到足够重视。银行同业拆借利率、银行间国债利率、外币存款利率已经市场化，农村信用社对中小企业的贷款利率浮动较大，商业银行也有一定的浮动利率权力，然而具有绝对规模优势的存贷款利率却受央行控制。我们知道，实际利率取决于央行控制的存贷款利率和再贴现利率，市场利率则在于同业拆借利率和国债回购利率。实际利率和市场利率之间的联动性弱、差距较大，这就导致了利率工具对于投资和消费需求的影响微弱，仅限制于配合信贷传导来调整产业结构以及调节存贷款利益分配。2007 年 1 月，上海银行间同业拆放利率正式运行，标志着利率进一步市场化。然而，银行间市场交易量对金融市场整体的影响仍然微弱——比如，2008 年同业拆借和债券回购的日均交易量分别为 0.06 万亿元和 0.23 万亿元，然而该年度金融机构存、贷款余额分别为 46.6 万亿元和 30.4 万亿元[①]。图 1 反映了存贷款利率、同业拆借利率及国债回购利率等基准利率的运动趋势。由图可见，在同业拆借利率和国债回购利率发生波动时，存贷款利率保持刚性，除了 2007 年前后央行调高存贷款利率之外。这表明，基准利率间联动性不强，市场利率变动对整个利率体系的影响较弱，更不用提对实体经济的影响了。因此，利率传导距离发达或者比较成熟的距离还较远。

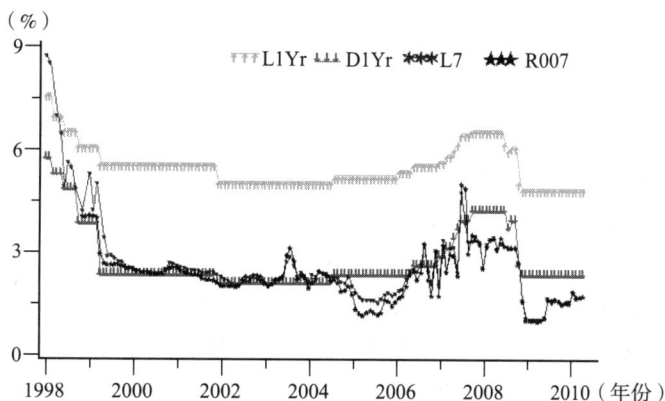

图 1　存贷款利率、同业拆借利率及国债回购利率：1998～2010 年

注意：L1Yr 表示一年存款利率，D1Yr 为一年贷款利率，L7 表示拆借期在 1～7 日内的同业拆借利率，R007 则为回购期在 7 日内国债回购利率。数据来源：WIND。

---

① 数据来源：《中国货币政策执行报告·2008 年第四季度》。

中国已经实现金融资产的多元化，但是在现金、存款、贷款、债券、股票、保险金等组成的金融资产中，存贷款占全部金融资产比例的绝对优势，金融结构仍以间接金融为主要特征。2005 年非金融企业部门的资金来源中，贷款融资占比 64%，证券融资占 15%。如果使用证券融资相对贷款融资之比率来表示直接融资与间接融资的比率，则为 22%。由此可见，经过二十余年的发展，中国非金融企业的直接融资已经初具规模了，但是对比发达国家还是较低，美国的非金融企业的直接融资与间接融资比率同年为 434%①。另一方面，受转轨经济的制度约束，中国的居民消费信贷不发达，从而信贷资源主要用于企业的投资需求。那么，这是否表明当前中国的货币政策传导的主要渠道就是信贷？

由上一节的分析，我们知道信贷机制也是以利率机制为基础的，前者对于后者只是补充和增强。在利率机制尚未完善的情况下，信贷机制也不可能有效发挥作用。1978 ~ 1997 年金融宏观调控是直接调控，主要政策工具都是信贷计划和央行贷款；1998 年后，宏观调控转为间接调控，政策工具也变为央行贷款、利率政策和公开市场操作。然而，对于信贷计划的路径依赖使得央行在宣布取消对国有银行和其他金融机构的贷款额度限制之后，紧接着又宣布加强对商业银行的"窗口指导"，并且在实际做法上还是继续设定了贷款额度的预定目标。在市场体制还没有充分完善的情况下，中央银行无法舍弃信贷计划工具，只不过此时的信贷配给不再是以指令性计划的形式，而是以"窗口指导"——指导性计划的形式表现出来了。这样，在转轨经济中，货币政策的信贷传导渠道实际上可以分为两类：市场经济意义上的信贷渠道和转轨经济意义上的"窗口指导"式信贷渠道。为了分析便利，在本文以下部分，前者仍称信贷传导，后者简称信贷指导。信贷指导区别于信贷传导，带有较强的行政干预色彩，不是金融系统所固有的货币政策传导机制。它的传导效应示意为：

$$M\uparrow \Rightarrow \text{"窗口指导"式信贷}\uparrow \Rightarrow \text{投资支出}\uparrow \Rightarrow \text{总需求}\uparrow$$

信贷指导机制在转轨经济中国具有特殊的重要位置。当前中国的资本市场，处于主体地位的国企的融资行为是以间接方式为主，国企资金的绝大部分来源于银行贷款，实施货币政策只能以信贷渠道为主体。在利率传导机制和信贷传导机制不能够有效发挥作用的情况下，货币政策最终目标的实现只能是依靠信贷指导的方式来补充和完成了。

2　货币政策传导的演化分析

中国人民银行 1998 年后对金融宏观调控采用了间接方式，2003 年后推进了利率市场化进程，但市场化究竟到了什么程度，这是很难把握的。但是，不妨假设随着市场转轨的深入，利率市场化也不断深入，而转轨经济的货币政策传导机制则会得到不断发展。据此，我们建立简化模型，试图发现转轨经济的货币政策传导机制的演化规律。图 2 所示的扩展博弈形式是动态化的，考虑最简单的情况，三个参与者：自然、商业银行与厂商，依次采取行动。自然代表金融系统，它首先行动，决定采用"利率传导"还是"信贷传导"；商业银行接着行动，决定"调整贷款策略"或者"贷款策略不变"，这里把商行的业务简化为贷款；最后，厂商行动，决定"调整生产策略"或者"生产策略不变"。假设商行和厂商不可能观察到自然的行动，但是厂商能够观察商行的行动。设厂商和商行的对应不同策略组合的收益为递减的等差序列，分别为 $\{H, M, L, B\}$ 和 $\{h, m, l, b\}$。令 $H - B = \alpha(h - b) > 0$，这里 α 为市场化因子，α 值越大表示厂商资金的银行借贷比例越低——市场化程度加深。不失一般性，令 $\alpha > 1$。设厂商和商行都是风险中性的。考虑到经济转轨的体制性风险，为了在模型中控制这种风险，我们在这里特别引入风险对冲的机制——如果厂商单方面调整

---

① 数据转载：易纲、宋旺：《中国金融资产结构演进：1991 ~ 2007》，载《经济研究》2008 年第 8 期。

经营策略时，则向商行支付风险溢价 d；如果商行单方面调整经营策略时，则向厂商支付风险溢价 d。这里，$d>0$ 仅代表体制性风险，通常意义的市场风险已包含在厂商和商行的收益序列里了。另外，考虑到转轨经济的信贷工具的行政干预性强，具有放大市场风险的负效用，风险溢价被乘以因子 β（>1）而放大为 βd（为了分析方便，溢价因子 β 取值为 α）。

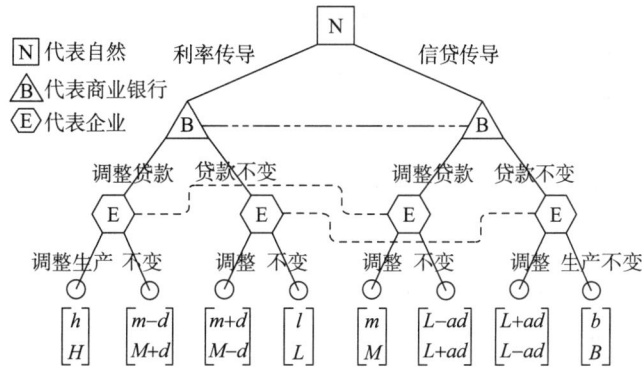

图 2　央行、商行与厂商顺序行动的扩展博弈

假设自然以概率 θ 采取"利率传导"的策略，商行以概率 p 采取"调整贷款策略"，厂商分别以概率 q_1、q_2、q_3 和 q_4 采取"商行调整贷款策略则调整生产策略，否则也调整生产策略"、"商行调整贷款策略则调整生产策略，否则生产策略不变"、"商行调整贷款策略则生产策略不变，否则调整生产策略"和"商行调整贷款策略则生产策略不变，否则生产策略不变"这样的策略。当然，这里有 $0\leqslant q_i\leqslant 1$，并且 $q_1+q_2+q_3+q_4=1$。根据体制性风险由高至低的顺序，我们可以把货币政策传导机制的演化过程分为四个阶段：

（一）演化阶段 1

当 $d\geqslant M-L$ 时，模型有四个纯策略纳什均衡：

｛利率传导，贷款不变，（调整生产，生产不变）｝、

｛利率传导，贷款不变，（生产不变，生产不变）｝、

｛信贷传导，贷款不变，（调整生产，生产不变）｝、

｛信贷传导，贷款不变，（生产不变，生产不变）｝[①]。

同时，存在着无穷多的混合策略纳什均衡 ｛$\theta\in[0,1]$，$p=0$，$q_2+q_4=1$｝。

因此，当体制性风险极高——$d\geqslant M-L$ 时，也就是当自然利率政策调控所致的体制性风险溢价不低于厂商因通常意义的经营策略调整所致收益损失时，根据混合策略的纳什均衡解，可以判断博弈达到稳定的纳什均衡：无论自然采用利率政策还是信贷传导，商行和厂商都不作任何响应。

（二）演化阶段 2

当 $m-l<d<M-L$ 时，模型有四个纯策略纳什均衡：

｛利率传导，贷款不变，（调整生产，调整生产）｝、

｛利率传导，贷款不变，（生产不变，调整生产）｝、

｛信贷传导，贷款不变，（调整生产，生产不变）｝、

｛信贷传导，贷款不变，（生产不变，生产不变）｝。

同时，存在着无穷多的混合策略纳什均衡 ｛$\theta=(\alpha d-m+l)/(\alpha d-d)$，$p=0$，$q_1+q_3=1$｝。

因此，当体制性风险较高——$m-l<d<M-L$ 时，也就是当自然利率政策调控所致的体制性

---

① 以策略组合 ｛信贷传导，贷款不变，（生产不变，生产不变）｝为例，这表示：自然选择"信贷传导"；商行选择"贷款不变"；企业在商行选择"调整贷款"时"生产不变"，在商行选择"贷款不变"时"生产不变"。

风险溢价超过商行因通常的经营策略调整所致损失，但是低于厂商因通常的策略调整所致损失时，根据混合策略的纳什均衡解，可以判断博弈达到非稳定的纳什均衡：无论自然采用利率传导政策还是信贷调控政策，商行都不做出调整贷款策略的响应。然而，对于厂商，当预期自然以利率传导政策为主时，则会调整生产策略；反之，则不调整生产策略。

（三）演化阶段 3

当 $(m-l)/\alpha < d \leqslant m-l$ 时，模型有四个纯策略纳什均衡：

｛利率传导，调整贷款，（调整生产，调整生产）｝、

｛利率传导，调整贷款，（调整生产，生产不变）｝、

｛信贷传导，贷款不变，（调整生产，调整生产）｝、

｛信贷传导，贷款不变，（生产不变，调整生产）｝。

另一方面，当 $(m-l)(\alpha+1)/(2\alpha) < d < m-l$ 时，存在无穷多的混合策略纳什均衡 ｛$\theta = (\alpha d - m + l)/(\alpha d - d)$，$p \in [0, 1]$，$q_3 = q_2 + \alpha(m-l-d)/(\alpha d - m + l)$ $\mid \sum_{i=1}^{4} q_i = 1$｝；而 $(m-l)/\alpha < d \leqslant (m-l)(\alpha+1)/(2\alpha)$ 时，不存在任何混合策略纳什均衡。

因此，当体制性风险较低——$(m-l)/\alpha < d \leqslant m-l$ 时，也就是当信贷调控政策的体制性风险溢价超过商行因单方面经营策略调整而损失的收益，但是利率传导政策的体制性风险溢价不超过商行单方面策略调整的损失时，根据混合策略的纳什均衡解，可以判断博弈达到非稳定的纳什均衡：无论自然采用利率传导政策还是信贷调控政策，厂商总是调整生产策略。当预期自然以利率传导政策为主时，商行调整贷款策略；反之则不调整贷款策略。

（四）演化阶段 4

当 $d \leqslant (m-l)/\alpha$ 时，模型有四个纯策略纳什均衡：

｛利率传导，调整贷款，（调整生产，调整生产）｝、

｛利率传导，调整贷款，（调整生产，生产不变）｝、

｛信贷传导，调整贷款，（调整生产，调整生产）｝、

｛信贷传导，调整贷款，（调整生产，生产不变）｝。

同时，存在着无穷多的混合策略纳什均衡 ｛$\theta \in [0, 1]$，$p = 1$，$q_1 + q_2 = 1$｝。

因此，当体制性风险极低——$d \leqslant (m-l)/\alpha$ 时，也就是当信贷调控政策的体制性风险溢价不超过商行因单方面经营策略调整而损失的收益时，根据混合策略的纳什均衡解，可以判断博弈达到稳定的纳什均衡：无论自然采用利率传导政策还是信贷调控政策，商行总是调整贷款策略，而厂商总是调整生产策略。

综上所述，我们可以得到结论：（1）随着经济转轨的不断深入，伴随金融改革的体制性风险会逐渐降低，货币政策传导机制也会趋于成熟；（2）成熟的市场机制将极大地降低货币市场波动，促使市场最终达到稳定的纳什均衡。

3　货币政策传导的效应分析

1993～1997 年，为应对当时的经济过热和通货膨胀，宏观调控执行了适度从紧的财政和货币政策。1993 年，同业拆借市场的混乱已经严重干扰了宏观调控，央行于 2 月下发《关于进一步加强对同业拆借管理的通知》，6 月下发《关于进一步整顿和规范同业拆借市场秩序的通知》，7 月央行行长提出"禁止乱拆借，不能乱集资"。对付经济过热和通胀的主要政策工具是信贷计划，利率连续下调仅为了配合信贷传导的执行。当时，金融尚处于计划体制下，利率的流动性效应根本就不存在。为了应对总需求的严重不足，从 1996 年 5 月到 1997 年 10 月期间，央行三次大幅下调存款利率，但是投资需求和消费需求对于利率下跌的反应都呈现出刚性。在 1993～1997 年期间，金融

改革滞后，金融系统仍处于计划体制下。转轨经济货币政策的体制性风险无穷大，信贷传导和利率政策的传导作用根本不存在。至多认为，这段时期的货币政策传导机制对应于博弈模型在阶段 1 的极端情况。

　　1998 年央行虽然宣布了取消对国有银行和其他金融机构的贷款额度限制，但是面对着东南亚金融危机，又不得不紧接着宣布加强对商行的"窗口指导"，并且实际做法上还是继续设定了贷款额度的目标，本质上还是离不开信贷计划工具的支持。央行在 1998 年恢复了公开市场操作业务，当年向商行融资 1 761 亿元，净投放基础货币 701.5 亿元；1999 年融资 7 076 亿元，净投放基础货币 1 919.7 亿元[①]。另一方面，为了提升国内总需求，政府"适时"启用了财政政策，增发了 1 000 亿元长期国债，通过基础设施建设投入来增加投资需求。1998 ~ 2000 年，国债投资、社会保障和出口退税充当着积极财政政策的核心内容，三项政策累计对经济增长的拉动效应分别为 2.36%、3.05%

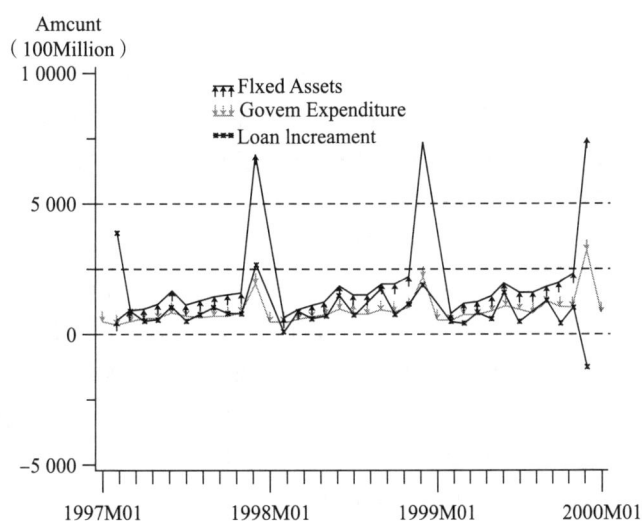

（a）固定资产投资、政府支持和信贷投入：1997 ~ 2000 年

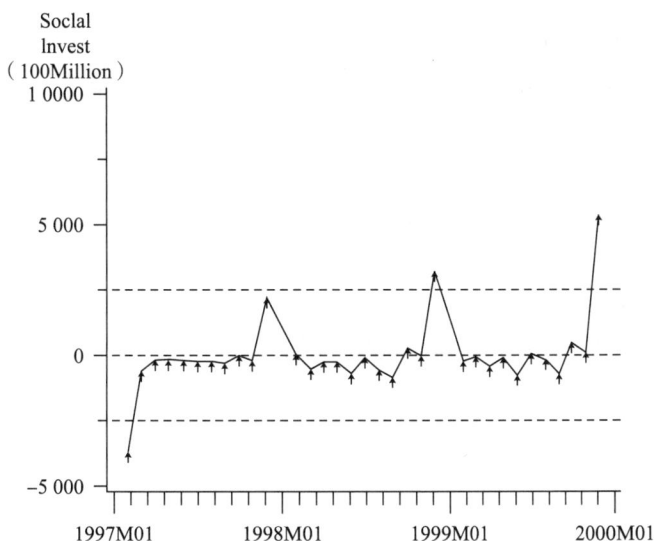

（b）社会资本投入：1997 ~ 2000 年

图 3

　　①　数据来源：谢平：《中国货币政策分析：1998 ~ 2002》，载《金融研究》2004 年第 8 期。

和 2.39%，对经济增长的贡献率分别为 30.3%、43.07% 和 36.55%①，积极财政政策的贡献占了该时期经济增长的 1/3 强。

图 3 (a) 可见，1997~2000 年，固定资产、政府支出及信贷投向具有高度的共同趋势，这段时期的信贷投向和政府支出是形成固定资产的主要决定因素。然而，转轨经济的信贷投向和政府支出是以面向大、中型国有企业和公共投资项目为主体的，具有极强的政府干预色彩。这里的固定资产投资并不能够反映货币政策的传导机制效应，真正能够反映该效应的则是其中的社会资本投资部分。那么，社会资本投资的部分到底有多少？在这里我们可以对社会资本的投资做了一个粗略估计——将固定资产投资减掉政府支出，再扣除银行信贷的部分，则得到社会资本，如图 3 (b) 所示。由该图可见，在 1997~2000 年社会资本投资基本接近于零，这实际上反映了当时中国的需求不旺现象。2001~2006 年，经济形势基本好转，央行以稳健货币政策来配合政府的财政政策。

在 1998~2006 年期间，金融转轨处于起步阶段，货币政策的体制性风险极高，利率传导、信贷传导的作用微弱——无论是利率还是信贷，商行和厂商都不会做积极的响应。货币政策目标的实现最终还得依靠行政式的信贷指导才得以完成。这种情况下，货币政策传导效应之弱也就可想而知了。因此，这段时期的宏观调控，财政政策担任主角，货币政策的作用只是辅助配合，货币政策传导机制则对应于博弈模型所示阶段 1 的情况。

2007 年，国内经济过热，银行体系流动性偏多、货币利率扩张压力较大，货币政策逐步从"稳健"转为"从紧"。央行 10 次上调存款准备金率累计 5.5 个百分点，6 次上调存贷款基准利率，紧缩货币供应量增长速度。紧缩性的货币政策导致制造业借贷困难，社会资本在缺乏好的投资对象的情况下纷纷撤离，造成了制造业生存压力的加大。然而，到了 2008 年下半年，美国次贷危机升级从而引发了全球金融危机，中国也未能幸免。由于外部需求下滑，拖累了国内经济增速，资本市场深幅调整，证券市场剧烈下滑，大量资产严重缩水。中国人民银行的宏观调控迅速从"两防"向"一保一控"转变②。2008 年 9~12 月，央行连续五次降低存贷款基准利率、四次降低存款准备金率，同时下调央行再贷款、再贴现利率。为加强宏观调控，政府和央行继续采用了积极财政政策和适度宽松货币政策相结合③。2009 年，政府各级财政支出总共 75 873.97 亿元，该年 GDP 为 335 352.9 亿元，前者占后者的比率为 23%。央行按照"有保有控"的信贷传导要求，加强对金融机构的"窗口指导"，引导金融机构将信贷资源主要投向在建续建项目，加大对中小企业和"三农"的支持力度。

图 4 (a) 可见，2008 年 9 月~2010 年 3 月，固定资产、政府支出及信贷投向具有高度的共同增长趋势，这段时期的信贷投向和政府支出仍然是形成固定资产的主要决定因素。由图 4 (b) 可见，2007~2008 年的社会投资占有固定资产的相当份额，这实际上也反映了当时中国的投资过热现象；2008 年 12 月~2009 年 3 月，虽然货币政策已经放开，但是社会投资迅猛下跌；2009 年 4~11 月社会投资恢复到金融危机前的水平，这说明宽松的货币政策已经发挥了作用；2009 年 12 月~2010 年 3 月，社会投资呈现下降趋势，货币政策效果仍然有限。

① 数据来源：财政部"积极财政政策"课题组研究报告（转载自周军民、王天浩、杨义群：《中国国债投资绩效的实证评估》，载《当代财经》2002 年第 2 期，第 29~33 页，其中 2000 年数据由周军民等计算得到）。
② "两防"指的是防经济增长由偏快转过热和防价格由结构性上涨转通胀；"一保一控"保持经济快速平稳发展和控制物价过快上涨。
③ 资料来源：1993~2010 年《政府工作报告》。

Amcunt
（100Million）

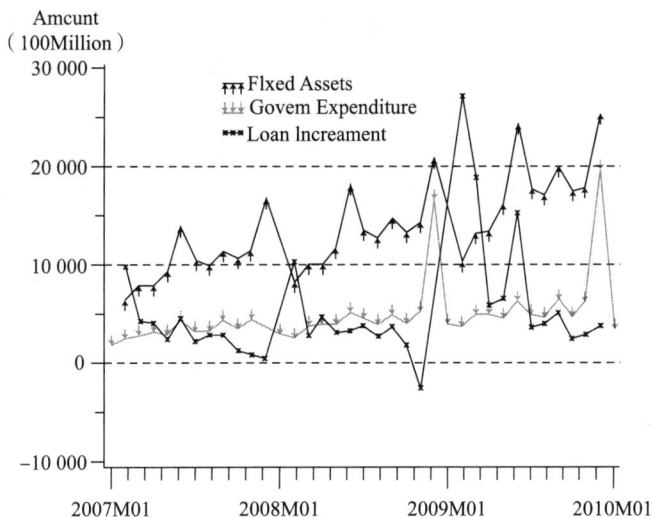

（a）固定资产投资、政府支持和信贷投入：2007～2010 年

Soclal
lnvest
（100Million）

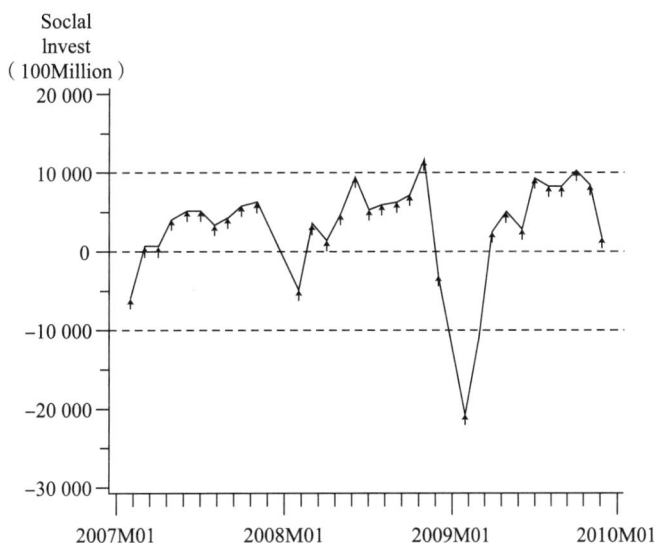

（b）社会资本投入：2007～2010 年

图 4

　　由前一段论述，可以得到 2007～2009 年期间：（1）"窗口指导"式信贷渠道在货币政策传导中发挥了主要作用；（2）时滞的紧缩货币政策在 2008 年 12 月～2009 年 3 月对于宏观调控产生了负面作用；（3）宽松货币政策在 2009 年 4～11 月对于宏观调控发挥了积极作用。此外，根据前一节的论述，体制风险较大情况下，企业不会对信贷传导调控做出积极响应，更倾向于对利率传导做出响应。根据这样的观点，结合宏观调控的实际效果，可以推断在这段时期：（1）信贷指导在货币政策传导机制中发挥主导作用；（2）利率传导对于实体经济产生了实际响应；（3）货币政策传导效应仍然有限。从而，可以认为，这段时期的货币政策传导机制对应于博弈模型所示阶段 2 情况。

4　结　　论

　　本文首次将转轨经济的货币政策传导机制的信贷渠道进一步分解成：信贷传导和信贷指导，也就是市场经济意义的信贷渠道和转轨经济意义的"窗口指导"式信贷渠道，这是本文的创新之处。基于这样做法的研究结果表明：在转轨经济中，信贷指导在货币政策传导机制中处于主导位置。然而，我们知道，在成熟的市场经济中，货币政策传导机制信贷渠道只是作为利率渠道的某种补充和增强的途径。信贷指导的主导位置实际上反映了转轨经济中国的货币政策传导机制不成熟。随着经济转轨的不断深入，伴随金融改革的体制性风险会逐渐降低，货币政策传导机制也会趋于成熟，信贷指导作为一种过渡性的传导机制终究会被淘汰，利率传导、信贷传导发挥越来越重要的作用。

对于货币传导的实际效用分析表明：1998～2006 年，金融转轨起步，货币政策的体制性风险极高，信贷、利率政策的传导作用微弱——无论是利率还是信贷传导，商行和厂商都不会作积极的响应。这段时期的宏观调控，财政政策担任主角，货币政策的作用只是辅助配合。2007～2010 年，金融转轨深入，期间的经济增长主要是靠财政拉动的，然而利率传导对于货币政策传导也发挥了实际作用，尽管其效果有限。本文对于转轨经济中国的货币传导机制的理论和经验方面的研究结论为：（1）信贷渠道是转轨经济的货币传导机制主渠道，但这不是 Mishkin 式信贷传导的贡献，而是"窗口指导"式的信贷配给在起作用；（2）利率传导机制已经在宏观调控中发挥作用，尽管作用范围限于社会资本投资部分。

本文对于转轨经济的货币政策传导机制的研究限制于对于利率、信贷传导机制的分析。然而，在经济转轨、金融改革和金融创新的背景下，中国的资本市场、外汇市场都得到了持续的发展。目前，股票市场的市价总值/GDP、市价总值/储蓄余额以及印花税/财政收入等指标的不断增长，表明资本市场在宏观经济领域的地位正在上升。另一方面，中国已经越来越开放，外汇、外贸管制的不断放松使得人民币资本项目的放开已是必然。在不远的将来，资产价格、汇率传导机制都将会在转轨经济的货币政策传导机制中发挥重要作用。资产价格、外汇方面的传导机制研究将是具有重要意义的未来阶段研究工作。

参 考 文 献

1. 蒋瑛琨：《货币渠道与信贷渠道传导机制有效性的实证分析——兼论货币政策中介目标的选择》，载《金融研究》2005 年第 5 期。

2. 盛朝晖：《中国货币政策传导渠道效应分析：1994～2004》，载《金融研究》2006 年第 7 期。

3. 盛松成：《中国货币政策的二元传导机制——"两中介目标，两调控对象"模式研究》，载《经济研究》2008 年第 10 期。

4. 苏亮瑜：《我国货币政策传导机制及盯住目标选择》，载《金融研究》2008 年第 5 期。

5. 易纲、宋旺：《中国金融资产结构演进：1991～2007》，载《经济研究》2008 年第 8 期。

6. 中国人民银行营业管理部课题组：《总部经济对中国货币政策传导渠道影响机制研究》，载《金融研究》2008 年第 7 期。

7. Bernanke, Ben S. , Alternative Explanations of the Money-Income Correlation. Carnegie-Rochester Conference Series on Public Policy, 1986 (25): 49 – 99.

8. Bernanke, Ben S & Blinder, Alan S. , The Federal Funds Rate and the Channels of Monetary Transmission, American Economic Review, 1992 (9): 901 – 921.

9. Charles S. Morris and Gordon H. Sellon, Jr. , Bank Landing and Monetary Policy: Evidence on a Credit Channel. FRBKC Economic Review, 1995 (2): 43 – 52.

10. Cover, J. P. , Asymmetric Effects of Positive and Negative Money-supply Shocks, Quarterly Journal of Economics, 1992 (17): 1261 – 1282.

11. Giovanni Dell' Ariccia, Pietro Garibaldi. , Bank Lending and Interest Rate Changes in a Dynamic Matching Model, IMF Working Paper, 1998 (6).

12. Mishkin, F. S. , Symposium on the Monetary Transmission Mechanism, Journal of Economic Perspective, Vol. 9, No. 4 (Autumn, 1995), pp. 3 – 10.

13. Oliner, Stephen and Glenn Rudebusch, Is There a Broad Credit Channel of Monetary Policy? FRBSF Economic Review, 1996 (1): 21 – 26.

Transmission Mechanism of Monetary Policy of Transition Economy

Du Yajun

(The Wang Yanan Institute for Studies in Economics,
Xiamen University, Xiamen 361005)

Abstract: The study on the monetary theory of transition economy of China is of great importance. The paper firstly analysis the characteristics of the transmission mechanism of China monetary policy; then, through a game theory model, analysis the evolutionary mechanism of the transmission mechanism of monetary policy; subsequently, study the actual effect on macro economy of the transmission mechanism of monetary policy; lastly, conclude the paper: ①credit is the main channel of the transmission mechanism of China monetary policy, however, we can not attribute it to the general credit transmission mechanism, but to the tutorial credit matching mechanism; ②interest rate channel of the transmission mechanism has played a role in Marco-control, though limited to social investment field.

Key Words: Transition Economy Monetary Policy Transmission Mechanism Nash Equilibrium

第 2 卷第 1 辑
2010 年 10 月

经 济 管 理 评 论
Economics and Management Review

Vol. 2　No. 1
Oct. 2010

费雪效应：研究综述[*]

陈文静　何　刚[**]

摘　要：费雪效应描述的是名义利率和通货膨胀率之间的关系，虽然在经济理论上被广泛接受，但大量的实证研究文献表明存在"费雪效应之谜"。本文简要介绍了研究费雪效应的理论模型以及实证研究过程，并概括了基于发达国家以及发展中国家的样本数据，采用各种计量经济方法进行研究得出的结论以及其存在的问题。最后介绍我国的研究结论和研究现状，并对"费雪悖论"做出一些总结和评述。

关键词：名义利率　通货膨胀率　费雪效应
中图分类号：E20　　　　**文献标识码：**A

0　引　言

名义利率和通货膨胀率是宏观经济以及金融市场中的两大重要的经济变量，考察和分析这两个变量的经济行为以及这两者之间的相互影响关系尤为重要。费雪（1930）首先从理论上阐述了名义利率与通货膨胀率之间的关系，费雪提出，在一个信息充分且能够充分预见的市场中，债券的名义利率与公众的预期通货膨胀率之间的变动是一一对应的关系，即预期的通胀变动一个单位，名义利率也随之变动一个单位，且实际利率保持不变。基于此，名义利率可以分解为实际利率与预期通货膨胀率之和，这就是所谓的费雪效应。费雪认为实际利率与通货膨胀的预期之间毫无联系，实际利率完全是由经济中的实际生产部门决定的，如生产率和投资者的偏好。费雪假设的一个重要的含义就是：若实际利率与通货膨胀的预期有关，则实际利率的变化不会导致名义利率对应于预期通货膨胀率有一个充分的完全调整。

费雪假设作为经济学中的基本假设之一，它已经被广泛用于宏观经济学和金融经济学中的许多重要模型中，而且费雪假设对于利率的行为、人们的理性预期以及金融市场的效率和成熟都有着重要的意义。若经济中存在长期的完全的费雪效应，则意味着货币超中性，并不存在货币幻觉，费雪效应的存在还意味着市场上的名义利率是通货膨胀预期的一个很好的预测指标。因此自费雪效应提出以来，众多学者试图从理论和实证两个方面来解释和检验费雪效应，促进了费雪效应和相关经济学理论以及计量经济学的发展，因而一直成为经济学和计量经济学研究的一个热点。长期以来，随着计量研究方法的不断进步，研究者们采用了各种新的检验和估计方法来针对不同国家的数据样本检验费雪效应的存在性，但产生的结论不尽相同：名义利率和通胀之间要么不存在一一对应的调整关系，或者估计的费雪系数也不相同，甚至根本就不存在显著的统计关系，由此导致理论与检验结

＊　收稿日期：2010 - 04 - 15；修订日期：2010 - 08 - 19。
＊＊　陈文静，暨南大学经济学院，讲师，博士，广州 510632。何刚，广东商学院经济贸易与统计学院，讲师，博士，广州 510320。

论的不一致性，这就是所谓"费雪效应之谜"（Fisher Effect Puzzle）。围绕着如何检验和解释"费雪效应之谜"产生了大量的研究文献，几乎遍及所有的国际经济学和金融学的学术期刊并且持续至今，但是现存文献对"费雪效应之谜"仍没有一个具有广泛共识的解释。

1　研究费雪效应的理论模型

Ahmed & Rogers（1999）总结了在不同的宏观经济模型中费雪方程的作用。他们考虑的是一个一般化的经济背景，在该经济体中，代表性消费者是无限存活的，且在预算约束和现金贷款（CIA）约束条件下，消费者尽量使他的效用达到最大化。在生产函数方面，把劳动力和物质资本作为投入要素，消费者的所有时间用于闲暇和工作，货币供给是由政府控制且是外生的变量。主要有下述几种理论模型：

模型 1：Sideauski 模型（1967）。在该模型中，效用函数中引入货币，但是没有考虑现金贷款的约束，经济的实际部门不受通货膨胀变化的影响，这就是众所周知的货币的超中性。在这个模型中，费雪方程是成立的。

模型 2：Cooley & Hansen（1989）提出 CIA 消费模型。在这个模型中，货币不能提供直接效用，而是通过现金贷款来为消费支出提供资金。研究表明该模型中存在费雪效应。

模型 3：CIA 消费和投资模型。在该模型中，效用函数中不含货币要素，而且 CIA 约束用于消费和投资。Stochman（1981）和 Abel（1985）研究了这类模型，并发现这个模型不存在费雪效应。

模型 4：Tobin 模型。Tobin（1965）认为当预期通货膨胀上升时，经济人会对此做出反应，即把名义资产转化为实际资产。这就会引起名义资产的价格下降，因此增加了他们的预期收益，并且这会导致实际资产的价格上升，因此降低了他们的预期收益，这就是著名的"托宾效应"，该效应导致通货膨胀和实际利率之间存在一个负的关系，这削弱了费雪效应。

还有一些其他类型的模型，如：Darby（1975）和 Feldstein（1976）指出税率意味着名义利率对预期通货膨胀率的完全调整。Fama & Gibbons（1982）认为实际利率越高，将会导致经济中有更多的产出，产出的增加会引起货币需求的增加，若货币需求的增加并不能通过货币供给的增加来使其得到满足，那么产出就会发生波动，这将会降低通货膨胀。因此，通货膨胀与实际利率之间存在一个负的关系，这削弱了费雪效应。

2　费雪效应的实证研究过程

检验费雪效应首先要面临的一个问题是：无法直接测算预期通货膨胀率。正因如此，必须要采用一个替代变量来替代预期通货膨胀率。过去的几十年中，研究者们探索了很多方法来获取预期通货膨胀的替代变量。首先是费雪本人的研究，费雪（1930）假设通货膨胀预期是基于分布滞后结构形成的，他用美国和英国的年度数据检验了名义利率与通货膨胀率之间的关系，他发现通货膨胀的预期变化并不会立刻在名义利率上得到反应，后来的大部分研究文献都试图从理论上来论证费雪的研究结论。其次是适应性预期假说，Sargent（1969）和 Gibson（1970）等人都主要集中于验证费雪基于预期形成中存在一个分布滞后结构的研究结论，当采用基本的分布滞后机制时，正如费雪在预期形成中所采用的那样，设定形式涉及的滞后变量不同于费雪开始提出的算术衰减权数，他们采用了几何衰减权数。基于"二战"之前美国的数据，Sargent & Gibson 的研究证实了费雪的研究结论，即在预期形成机制中，存在一个显著的分布滞后效应。而且，Gibson 发现在价格预期的形成过程中出现了一个循环的要素，这预示着对于过去的价格变化，存在着一个高阶的加权模式。Gibson 的研究结论的一个重要含义是：用来影响名义利率的政策措施将会完全反应在价格预期的变化上。最后是理性预期和有效市场假设。随着 Muth（1961）和 Fama（1970）分别把理性预期和有效市场引入到费雪假设的研究中，争论的症结点发生了改变。Fisher 认为价格水平在过去的变化应该具体包含在现在的利率中，Fama（1975）则认为将来的价格变化应该被反应到当前的利率中去，这被他解释为有效市场的一个证据。因此，Fama 的研究不同于上述讨论过的关于通货膨胀预期的模型，这个方法否定了费雪认为的在预期形成过程中存在分布滞后结构。然而，有效市场理论隐含着一个假定：在形成价格预期时，理性的预测者可以利用所有有用的信息。随着把理性预期和有效市场理论引入到费雪假设的研究中，人们就认为方程中的时间序列应该近似为一个有效市场中的随机游走。随机游走模型要求通货膨胀和利率在过去发生的变化与以前的信息是完全不相关的。这与 Fama 的理论是完全相反的，预期形成的分布滞后效应意味着通货膨胀率本身存在正的高度自相关。由于现实的经济系统对经济人来说并不能达到完全的信息充分，经济人很难做出理性决策，因此关于通货膨胀预期的测算方法仍然还处于争论和探索中。

尽管预期通货膨胀率的测算还没有一个统一的标准，但是研究者们仍然在利用各个国家的样本数据来检验费雪效应的存在性。从现有的文献来看，大多数研究文献都是基于下述的检验过程来进行：费雪方程表示为 $R_t = r_t + E(\pi_t)$，其中 R_t 为名义利率，r_t 为实际利率，$E(\pi_t)$ 为预期的通货膨胀率。由于预期通货膨胀率的不可观测性，在现行的国际文献中，通常施加了理性预期的假定（Mishkin et al.，1992），即 $\pi_t = E(\pi_t) + u_t$，u_t 为独立同分布期望为零的随机误差，π_t 为观察的通胀变化率。于是在理性预期假设下的费雪效应的线性检验方程为：$R_t = r_t + \beta\pi_t + \varepsilon_t$。费雪效应的实证研究文献即是基于这一模型，首先检验变量是否为单位根过程，若变量的单整阶数相同，进而检验 $(R_t, \pi_t)'$ 协整。进一步，若协整成立，隐含费雪效应成立，在此基础上估计 β 值，若 $\hat{\beta} = 1$，即意味着名义利率与通货膨胀之间存在完全的费雪效应，若 $0 < \hat{\beta} < 1$，则表明存在弱的或部分的费雪效应。

3   费雪效应的实证检验

3.1   费雪效应：基于发达国家样本的检验

Mishkin（1992）指出费雪效应仅仅出现在通货膨胀率和利率都表现出随机趋势的样本数据中，他基于美国的月度数据，采用 ADF 检验来进行了单位根检验，他发现通货膨胀率和利率都含有一个单位根。他对通货膨胀率和利率之间的共同趋势进行协整检验，其结果表明存在长期费雪效应，然而短期费雪效应并不存在。Wallace & Warner（1993）采用项结构的预期模型，检验了通货膨胀对长期以及短期利率的影响。他们进行的单位根检验表明利率和通货膨胀率是单位根过程。协整检验支持了短期和长期费雪效应以及项结构的预期理论模型。Bonham（1991）的检验也得出了相同的结论，结果支持其序列的一阶差分是平稳的，且通货膨胀率与利率之间没有协整关系的虚拟假设在 5% 的显著性水平上并不能被拒绝。Pelaez（1995）用 E - G 两步法检验程序和向量自回归误差纠正机制检验了费雪关系，尽管其结果似乎巩固了以前的经验研究结论，即利率和通货膨胀率都含有单位根，但是却不存在费雪关系。

Dimitrios & Malliaropulos（1999）基于向量自回归模型（VAR）的脉冲响应函数，用美国的季度数据来考察名义利率与通货膨胀率之间的动态关系。在分析变量的平稳性质时，他们考虑了退化趋势和数据中的结构性变化，他们的经验结论表明美国存在中期和长期的费雪效应。Malliaropulos（2000）基于美国的样本数据，检验了名义利率和通货膨胀率的时间序列性质，得出这些变量都是含有结构性变化的趋势平稳序列。他基于向量自回归（VAR）模型和脉冲响应函数来分析了通货膨胀和名义利率之间的动态变化，其结论认为美国的费雪效应在长期和中期都是存在的，且名义利率对通货膨胀冲击的调整速度大于其他研究者得出的速度。

　　基于美国数据进行的大多数研究都似乎表明了利率与通货膨胀率之间存在一个正的关系，但是并不能证实费雪假定的这两者之间存在一一对应关系。因此，检验其他国家是否存在费雪关系是十分重要且很有意义的。Mishkin（1984），Peng（1995）& MacDonald & Murphy（1989）基于 OECD 国家的样本数据对费雪效应进行了研究。Mishkin（1984）基于欧洲存款银行的数据来研究了七个 OECD 国家的实际利率的变动，发现英国、美国和加拿大的名义利率与预期通货膨胀率之间都有很紧密的联系，即存在费雪效应。然而，他发现德国、荷兰和瑞士都表现出比较弱的费雪效应。与 Mishkin 的研究结论相同，Peng（1995）基于法国、英国和美国 1957～1994 年期间的数据进行协整检验发现这些国家的名义利率与预期通货膨胀率之间存在长期的费雪效应。他发现在德国和日本，预期通货膨胀对名义利率有较弱的影响。Peng 指出通货膨胀的持续性对货币贷款的程度是很敏感的，这导致我们观测到通货膨胀与名义利率之间存在长期的协整关系。他认为德国和日本的货币管理机构所采取的很强的反通货膨胀政策导致通货膨胀持续的时间比较短，因而有较弱的费雪效应。相似地，MacDonald & Murphy（1989）的研究发现美国、比利时、加拿大和英国在 1955～1986 年期间没有协整关系的虚拟假设不能被拒绝，这就表明不存在费雪关系。与 Peng 和 MacDonald 和 Murphy 的结论相反，Yuhn（1996）发现美国、德国和日本都存在费雪效应，而英国和加拿大则只存在较弱的费雪关系，该结论表明了费雪效应对政策的变化并不是很稳健的事实。Yuhn 发现美国在 1979 年 4 月～1993 年 2 月期间存在很强的费雪效应，而在 1982 年 4 月～1993 年 2 月期间则不存在费雪效应。Dutt & Ghosh（1995）用加拿大的数据检验了费雪理论在固定汇率和浮动汇率下的有效性，发现加拿大并不存在费雪效应，这与 Yuhn 的发现是一致的。

　　Mishkin & Simon（1995），Atkins（1989），Olekalns（1996），Hawtrey（1997），Inder & Silvapulle（1993）分别对澳大利亚进行了费雪效应研究。他们的研究结论基本上是一致的，都认为澳大利亚对费雪效应存在较弱的经验支持。Mishkin & Simon（1995）基于 1962 年 3 月～1993 年 4 月期间的数据进行研究，发现存在长期的费雪效应，但是并不存在短期的费雪效应。Atkins（1989）用税后名义利率作为被解释变量对澳大利亚进行了研究，得出的结论表明存在费雪效应，而 Olekalns（1996）用解除管制前和解除后的面板数据进行的研究发现名义利率对通货膨胀预期的变化仅存在部分的调整，而若只采用解除管制后的数据发现存在完整的调整。影响实际利率的货币供给冲击阻碍了解除管制前的完全调整。在相同的研究思路下，Hawtrey（1997）用协整检验发现在金融解除管制之前并不存在费雪效应，而在解除管制之后则出现了费雪效应。Inder & Silvapulle（1993）用预期的实际利率作为被解释变量，发现的结论与费雪假设并不一致。因此，当对美国的经验研究表明存在费雪效应时，而其他发达国家的经验研究并不一定都会存在费雪效应。

　　Weidmann（1997）基于德国 1967 年 1 月～1996 年 6 月期间的月度数据，运用双变量门限协整（TC）模型来重新检验了名义利率与通货膨胀率之间的长期关系，其结论认为费雪效应是存在的。他指出该方法解释了参数估计时的严重向下偏移和以往研究中发现的样本敏感性，该方法比传统的线性模型要更好地模拟了潜在生成数据的真实性质。Koustas & Serletis（1999）基于"二战"后的季度数据，运用 King & Watson（1997）提出的非结构性双变量自回归方法检验了比利时、加拿大、丹麦、法国、德国、希腊、爱尔兰、日本、荷兰、英国和美国的名义利率和通货膨胀率之间的费雪关系，他们得出的结论与 King & Watson（1997）的结论相似，基本上都拒绝了费雪效应。但与 Mishkin（1984）的结论有些矛盾，Mishkin 认为加拿大、英国和美国存在很强的费雪效应，而法国和德国则存在较弱的费雪效应。Atkins & Coe（2002）基于美国和加拿大的样本数据，用自回归分布滞后模型（ARDL）（Pesaran et al.，2001）来检验名义利率和通货膨胀率之间是否存在长期的均衡关系。这个方法的优点在于它并不要求研究者检验潜在的通货膨胀和名义利率序列是 I（1）或 I（0）过程，其结论支持存在长期的费雪效应，即名义利率与通货膨胀率之间存在一一对应的调整关系。

Hatemi-J & Irandoust（2003）基于下列几组数据：澳大利亚、日本、马来西亚和新加坡，采用 KPSS（Kwiatkowski et al.，1992）来检验了变量的平稳性质，结果发现所检验的变量都是一阶单位根过程，可以进行协整检验。他们基于时变系数（TVC）模型，应用卡尔曼滤波方法来估计时变参数，其估计的系数可以随时间、随政策的改变而改变，有很多的优点。他们的结论拒绝了费雪效应的存在。

Crowder（2003）基于九个工业化国家：美国、英国、德国、日本、意大利、比利时、法国、荷兰和加拿大的月度数据，运用两种综列协整估计方法来检验了这些国家的费雪效应。第一种方法是动态 OLS 方法，第二种方法是 Larsson 等（2001）把 Johansen（1991）的方法拓展应用于综列协整检验。他们的研究得出的结论认为这些国家存在费雪效应。Atkins & Sun（2003）基于美国和加拿大的数据，用小波 OLS（Jensen，1999）来估计了时间序列变量的分整价数，考察了这些变量的本质特征。通过离散小波转换来对过滤数据，运用了多解分析考察了名义利率与通货膨胀率之间的长期关系。其结论是美国和加拿大的名义利率与通货膨胀率之间存在长期费雪效应，但是短期费雪效应并不明显。Maki（2003）用非参数协整分析方法（Breitung，2002）考察了日本的名义利率与通货膨胀率之间的关系，该方法检验的结果表明日本存在费雪效应，而 Johansen 协整检验则表明并不存在费雪效应。Maki 指出日本的实际利率调整是非线性的，名义利率与通货膨胀之间存在的均衡关系对于货币政策的制定和对预期通货膨胀的预测是很有意义的。

Jensen & Murdock（2005）基于 11 个发达国家，即比利时、加拿大、丹麦、法国、德国、希腊、爱尔兰、日本、荷兰、英国和美国的季度数据，用 ARFIMA 过程来检验了这些国家的名义利率和通货膨胀率的单整性质，单位根检验的结果排除了 8 个国家的名义利率与通货膨胀率之间存在费雪效应，无需再对这 8 个国家进行协整检验。他们基于 King & Watson（1997）的方法对剩下的三个国家即比利时、希腊和美国进行了协整检验。他们的研究为费雪效应的存在性提供了很少的经验支持。Panopoulou（2005）基于 14 个 OECD 国家的长期和短期利率数据估计了费雪效应，其结论认为这些国家存在长期的费雪效应。他是在自回归分布滞后模型的框架下进行估计的，主要集中于两种协整估计方法并进行了比较。第一种是 DOLS（Stock & Watson，1993），其协整方程含有回归元的一阶差分的当前值和过去值。第二种是 ADL（Pesaran & Shin，1999），该方法基于协整误差在整个信息集上的投影，也就是回归元的一阶差分的当前值和过去值再加上协整误差的过去值。

Sun & Phillips（2005）基于美国 1934 年 1 月～1999 年 4 月期间的数据，用 BEW 方法来估计分整的差分参数。为了解决估计偏差问题，他们用 BEW 估计方法来消除了数据中存在的短期记忆噪声，该方法提高了把低频波动与高频波动分离的识别能力，而且，当数据出现噪声污染时，该估计方法在大样本的情况下会减少估计偏差。BEW 方法的经验估计表明三个费雪变量的单整阶数都是相同的，且估计的记忆参数范围在（0.75，1）之间。他们研究的经验结论认为长期费雪假设很少能够成立。Westerlund（2006）基于 20 个 OECD 国家的 1980～2004 年期间的季度数据，并利用他们提出的两种可以应用于更一般条件下的综列协整来检验费雪效应的存在性，他们得出的结论是费雪效应存在的虚拟假设并不能被拒绝，即费雪效应在这些国家中是普遍存在的。他们基于仿真模拟认为他们的方法优于已有的其他方法，因为具有更高的检验势。

Christopoulos & Leon-Ledesma（2006）认为许多经验研究的结论之所以并不支持费雪效应，可能是由于名义利率与通货膨胀率之间的长期关系中存在非线性，因此基于线性模型得出的结论往往会背离现实。他们基于美国 1960～2004 年期间的数据，并用 Choi & Saikkonen（2004b）和 Saikkonen & Choi（2004）提出的方法考察了费雪效应，他们的研究支持费雪关系是非线性的，他们的结论明显地拒绝了美国在 1960～2004 年期间名义利率与预期通货膨胀率之间是线性的长期关系。

3.2　费雪效应：基于发展中国家样本的检验

对发展中国家进行费雪效应的经验研究则比较少。Phylaktis & Blake（1993）、Garcia（1993）、Thornton（1996）和 Mendoze（1992）对拉丁美洲国家进行了对费雪效应的经验研究，这些研究中出现了一个有趣的结论：存在显著的费雪效应，但是对其他发展中国家的经验研究并没有得出相似的结论。Phylaktis & Blake（1993）对三个存在高通货膨胀的国家，即阿根廷、巴西和墨西哥在20世纪70～80年代期间的数据进行费雪效应研究。他们的研究是检验这些国家是否存在长期的费雪效应，采用单位根检验和协整检验进行了分析，他们发现这三个国家的名义利率和通货膨胀率之间存在一个长期的比率关系。他们指出这样的结论与低通货膨胀的国家的结论是相反的，这表明高通货膨胀国家的机构倾向于对通货膨胀预期投资更多，因此有更大的激励去把预期引入到收益的获取中。把这三个国家对意料之外的通货膨胀的利率调整速度与澳大利亚和美国进行比较，他们发现高通货膨胀国家要花更长的时间去调整。然而，对所有的国家而言，其调整速度并不是通货膨胀的绝对水平和通货膨胀速度的函数。相似地，Garcia（1993）基于巴西的1973～1990年期间的数据进行费雪效应研究，发现存在费雪效应，通货膨胀预期可以解释名义利率99%的变动。Thornton（1996）基于墨西哥1978～1994年期间的数据考察了短期债券利率与通货膨胀率之间的费雪效应，他进行了单位根检验和协整检验，所得出的结论是存在费雪效应。Mendoze（1992）考察了智利在执行部分金融指数化机制的背景下是否会出现费雪效应，他发现存在费雪效应。其结果表明指数化机制可以促进在通货膨胀环境下的金融调解且并不会导致名义利率高于没有指数化时的利率水平。尽管这些研究用了不同国家的样本数据和方法，但其经验研究支持了费雪假设的成立。

对其他发展中国家进行的经验研究并没有得出相同程度的支持，Kim（1989）、Ham & Choi（1991）和 Nam（1993）估计了韩国的费雪效应。Nam（1993）采用向量自回归模型进行分析，他发现就长期而言，流动性效应比费雪效应更加显著，这个结论恰好与以前的结论相反。而 Kim，Ham 和 Choi 的研究则认为费雪效应比流动性效应更加明显。Zilberfarb（1989）考察了以色列的流动性效应、无法预期的通货膨胀和决定利率的供给冲击之间的关系，他得出流动性效应和无法预期的通货膨胀对利率有一个负的影响，而供给冲击对利率有正的影响。

Payne & Ewing（1997）用协整检验方法估计了九个发展中国家的费雪效应。单位根检验表明所有国家的利率和通货膨胀率都是一阶单整的，即 I(1) 过程。Johansen 协整检验表明斯里兰卡、马来西亚、新加坡和巴基斯坦的名义利率与通货膨胀率之间存在长期的关系，即费雪效应成立。斯里兰卡、马来西亚和巴基斯坦都出现了一一对应的关系，而阿根廷、斐济、印度、尼日尔和泰国都没有发现存在费雪效应的经验证据。

3.3　费雪效应：基于中国样本的检验

比较而言，我国对费雪效应的研究还相对较弱。刘金全、郭整风和谢卫东（2003）利用我国的月度名义利率和通货膨胀率数据检验费雪效应，其结论是上述两个变量的数据均由 I(1) 过程所生成。他们继而对这两个变量进行协整检验，结果表明并不存在协整关系，由此判断我国不存在费雪效应。但是刘康兵、申朴和李达（2003）基于我国1979～2000年期间的年度数据，利用 E－G 两步法协整检验，其结果表明我国名义利率与通货膨胀之间存在协整关系，由此判断我国存在长期费雪效应，进而基于 Mishkin（1992）提出的方法进行了实证分析，其结果表明我国亦存在短期费雪效应。以上两种对立的结论意味着我国似乎也存在所谓"费雪效应之谜"。

4　结　语

经验研究中之所以会出现"费雪悖论"，其原因是多方面的，对此有着各种不同的解释。Tobin

（1965，1969）认为当经济人预期到通货膨胀将上升时，他们往往会更加偏好于实际资产而重新调整当前的资产组合。Tanzi（1980）和 Summers（1983）认为金融市场中的投资者存在货币幻觉。Evans & Lewis（1995）则指出名义债券市场上存在虚假信息，导致经济人不能理性地判断市场。Fried & Howitt（1983）认为金融资产具有的流动性风险会随着预期通货膨胀而增加，换句话说，名义利率对于通货膨胀的变化的反应程度取决于金融资产的风险程度。Duck（1993）却认为名义利率的调整仅仅在长期中才能实现预期的目标。Crowder & Hoffman（1996）指出名义利率与通货膨胀率通常都是非平稳过程，因此要求采用合适的估计方法。他们认为估计和检验方法的选择导致了"费雪效应之谜"，他们将不同的检验结论归咎于普通最小二乘法（OLS）、动态 OLS 和 Johansen 的协整估计和检验的有限样本差异。

随着计量研究方法的不断更新，相当多的学者试图采用各种新的计量研究方法来检验和解释费雪效应。在研究方法上，从简单的统计回归分析开始到 E - G 两步法协整检验和 Johansen 协整检验，再到综列协整检验和非线性协整检验以及非线性转换等其他的检验方法和估计方法。在研究的样本对象上，开始研究得最多的是检验美国是否存在费雪效应，然后拓展到分析其他发达国家以及发展中国家的名义利率与通货膨胀之间是否存在费雪效应。尽管费雪效应在理论上有很重要的含义，并得到了经济学家们的普遍接受，但是其围绕着如何检验费雪效应以及解释"费雪效应之谜"产生的大量研究文献得出的结论却一直存在着矛盾和争议，目前还没有能达成一个具有广泛共识的解释。就我国而言，采用最新的计量研究方法，选取合适的变量和样本，分析我国名义利率与通货膨胀率之间的关系，对我国货币政策的制定和操作以及金融市场的改革具有主要的指导意义。

参 考 文 献

1. 刘金全、郭整风、谢卫东：《时间序列的分整检验与"费雪效应"机制分析》，载《数量经济技术经济研究》2003 年第 4 期。

2. 刘康兵、申朴、李达：《利率与通货膨胀：一个费雪效应的经验分析》，载《财经研究》2003 年第 2 期。

3. Berument, H., and M. M. Jelassi, The Fisher Hypothesis: A Multi-Country Analysis. Applied Economics 34, 2002, pp. 1645 - 1655.

4. Choi, In, and Pentti Saikonen, Testing Linearity in Cointegration Smooth Transition Regressions, The Econometrics Journal 7, 2004 (a), pp. 341 - 365.

5. Choudhry, A., Cointegration Analysis of the Inverted Fisher Effect: Evidence from Belgium, France and Germany. Applied Economic Letters 4, 1997, pp. 257 - 260.

6. Christopoulos, D. K., and Miguel A. Leon-ledesma, A Long-run Nonlinear Approach to the Fisher Effect, Working paper, 2006, pp. 1 - 35.

7. Cooray, Arusha., The Fisher Effect: A Survey, Singapore Economic Review 2, 2003, pp. 135 - 150.

8. Coppock, Lee; Poitras, Marc., Evaluating the Fisher Effect in Long-term Cross-country Averages, International Review of Economics & Finance 2, 2000, pp. 181 - 202.

9. Crowder, W. J., and D. L. Hoffman, The Long-run Relationship Between Nominal Interest Rates and Inflation: The Fisher Equation Revisited, Journal of Money, credit and Banking 28, 1996, pp. 102 - 118.

10. Dutt, S. D. and Ghosh, D., The Fisher Hypothesis: Examining the Candian Experience, Applied Economics 27, 1995, pp. 1025 - 1030.

11. Ekaterini Panopoulou, A Resolution of the Fisher Effect Puzzle: A Comparison of Estimators, Working paper, 2005, pp. 1 - 28.

12. Fahmy Y. A. F. and M. Kandil, The Fisher Effect: New Evidence and Implications, International Review of Economics & Finance 12, 2003, pp. 451 - 465.

13. Hawtrey, K. M., The Fisher Effect and Australian Interest Rates, Applied Financial Economics 7, 1997, pp. 337 - 346.

14. Inder, B. and Silvapulle, P., Does the Fisher Effect Apply in Australia? Applied Economics 27, 1993, pp. 605 - 608.

15. Jeung-lak Lee; Clarke, Carolyn; Ahn, Sung K., Long-and Short-run Fisher Effects: New Test and New Results. Applied Economics 1, 1998, pp. 113 – 124.

16. Johnson, Paul A. 2006. Is It Really the Fisher Effect? Applied Economics Letters 4, 2006, pp. 201 – 203.

17. Koustas, Zisimos; Serletis, Apostolos., On the Fisher Effect, Journal of Monetary Economics 1, 1999, pp. 105 – 130.

18. Mishkin, Frederic S., Is the Fisher Effect for Real? A Reexamination of the Relationship between Inflation and Interest Rates, Journal of Monetary Economics 2, 1992, pp. 195 – 215.

19. Mishkin, Frederic S., An Empirical Examination of the Fisher Effect in Australia, Economic Record 214, 1995, pp. 217 – 232.

20. Peng, W., The Fisher Hypothesis and Inflation Persistence Evidence from Five Major Industrial Countries. IMF Working Paper/95/118, IMF, Washington D. C., 1995.

21. Perez, Stephen J.; Siegler, Mark V., Inflationary Expectations and the Fisher Effect Prior to World War I, Journal of Money, Credit & Banking 6, 2003, pp. 947 – 965.

Literature Review on Fisher Effect

Chen Wenjing[1] **He Gang**[2]

(1. College of Economics, Jinan University, Guangzhou 510632, China;

2. The Faculty of Economics, Guangdong University of Business Studies,

Guangzhou 510320, China)

Abstract: Fisher Effect describes the relationship between nominal interest rate and inflation rate, which is widely accepted in the field of economics. However, many literatures have proved that the Fisher Effect Puzzle exists. The paper introduces the theory model and practice research on Fisher Effect, summarizes the sample data based on developed and developing countries, and discusses the conclusions by different econometric methods. In the end, the paper illustrates the research on Fisher Effect in China, summarize and comment on the Fisher Effect Puzzle.

Key Words: Nominal Interest Rate Inflation Rate Fisher Effect

第 2 卷第 1 辑　　　　　　　　　经 济 管 理 评 论　　　　　　　　Vol. 2　No. 1
2010 年 10 月　　　　　　Economics and Management Review　　　　　Oct. 2010

"货 币 无 源" 思 想 在 宏 观 调 控 和 解 决
诸 多 货 币 问 题 中 的 应 用[*]

王孝文[**]

摘　要： 对于国民经济运行中存在的有效需求不足、经济结构（含需求结构）不合理、财政赤字以及社保资金的筹集等矛盾和问题，运用现有的经济学理论和方法往往收效不显著或难以从根本上予以化解。本文在量化分析的基础上，以新的理论思维阐述了解决这些矛盾和问题的一般原理和方法。文中提出的"货币无源"思想的应用将显著改善宏观调控并使经济结构的调整和诸多货币问题的解决较之现行方法容易得多，如此将大大加快经济发展进程。

关键词： 宏观调控　货币创造　调控性货币发行

中图分类号： F015　　　　　　**文献标识码：** A

0　引　言

如何化解生产过剩、有效需求不足的矛盾是宏观经济学中的一个基本问题。经济结构调整、财政经费不足以及社保资金筹集等问题的解决是管理层经常面对的课题。对此，运用现有的经济学理论和方法往往收效不显著或难以从根本上予以化解。目前中国经济的发展受制于内部需求不足。经济的结构性矛盾突出：经济增长过多依赖投资和出口，消费需求占 GDP 比重较低；产业结构不合理，供需结构失衡，地域经济发展不平衡，城市和农村经济发展不平衡，城乡居民收入差距过大，还有社保资金的筹集等问题都亟待解决。

我们的研究说明，上述矛盾和问题的解决之所以面临诸多困难，除了经济和经济学本身的复杂性，一个主要原因在于未能弄清解决这些问题的一些基本规律。上述矛盾和问题虽然错综复杂、涉及面广，但都与货币问题相关，弄清货币的调控与运用的基本规律对于解决上述矛盾和问题具有重要意义。

在治理有效需求不足时，扩张性货币政策增加货币供应量。而扩张性财政政策主要是通过发行国债将储蓄存款或闲置货币转化成流通货币。扩张性的财政货币政策对需求的扩大作用是通过增加流通货币量实现的。总需求随着流通货币量的增加而扩大，当流通货币量增加到某一水平时，由流通货币量所代表的总需求必定能与潜在产出水平相等，这一货币量即是货币平衡量。只要把流通货币调整到平衡量水平，有效需求不足便被消除。若经济中流通货币量超过平衡量便会导致通胀，此时便要压缩货币供给。因此总量调控的实质就是要把流通货币量调整到平衡量水平。

调整需求结构和经济结构的基本方式是改变货币的分布结构，比如减少投资领域的贷款可降低

　＊　收稿日期：2010 - 04 - 06；修订日期：2010 - 08 - 05。
　＊＊　王孝文，深圳市国通期货公司，研究员，深圳 518003。

投资需求；增加对消费领域的货币投放可增加消费需求；加大对农业、农村、农民的投入可加强农业，促进农村经济发展，提高农民收入；增加对原材料、能源领域的货币投入扩张其生产能力可以缓解其供应紧张状况等。

解决社保资金不足、银行资本金不足及财政赤字等问题就是要分别将社保资金、银行资本金，中央政府的可支配财力调整和补充到所需要的水平。

由上述可以看出，当流通货币量为平衡量时宏观经济便达到供求平衡状态；当货币量及其分布结构符合经济的结构性要求时经济结构便趋于合理；当社保资金、国有商业银行资本金及国家财政所持货币量与所要求的数量相符时相应的这些问题便得到解决。这就是，我们实施宏观调控、结构调整以及解决社保资金的筹集，银行资本金不足一类的问题，实际就是要将相应的各货币量调整和补充到所需要的数量水平或分布状态，不管这些货币来自哪里，只要达到这样的目标，经济社会就能正常协调运转。显然货币在经济体中的效应只与其数量和分布有关，总需求的大小由流通货币的数量所决定，需求结构由货币的分布结构所决定，与货币来源无关。而目前的情况是，世界各国在处理所有经济和货币问题时几乎无一例外地采用"货币有源"操作，按有源方式处理货币问题由于受制于货币的来源，因之许多货币问题及与之相关的经济问题解决起来往往困难重重。

自货币诞生以来直到今天，"货币有源"思想一直是人们处理货币问题的基本指导思想。所谓"货币有源"思想及其运作方式是指人们基于"货币即财富"的理念，在经济活动中的货币运用讲求货币的来源，需要的货币必须来自既有的货币，必须来自相应的货币承担者和出资人，货币不可凭空产生。这是目前人们运用货币时遵循的基本理念。例如，财政支出必须来自财政收入，而财政收入必须来自纳税人，中央政府如有支出缺口必须通过发行国债借钱予以填补。居民消费必须由自身所具有的货币支付，消费能力不足应通过自身创造财富增收解决，政府的财政转移支付是有限的。参加社保必须由个人和其单位缴纳社会保障资金，不足部分需要通过征收社会保障税和部分财政收入予以补充。国有商业银行资本金缺口必须由中央财政和国家外汇予以补充……总之需要使用的货币必须来自其他的业已存在的货币。这种不问具体情况，一概按有源方式运作和调整货币的方式源于人们头脑里货币即财富的理念："由于货币相当于财富，所以需要的货币必须来自相应的承受者。"

对货币的运用讲求货币的来源，使货币调整和运用常常面临不可克服的障碍，为扩大需求和调整经济结构，加强薄弱部门应增加政府支出，但政府财力有限，大量发行国债又可能导致债务危机。欲扩大消费需求就要增加居民的货币收入，我国现在苦于消费需求不足制约了经济增长，但居民手头没有足够的货币怎么增加购买？增加居民收入不是一件容易的事情，完善收入分配方式所能起的作用也很有限①。良好的社保体系有助于解决各种民生问题，然而受制于百姓的支付能力和政府财力，短期内难以建立覆盖全民的社保体系。

前述分析说明，货币在经济体中的效应是由其数量和分布状态所决定的而与货币来源无关，这意味着在实施将各货币量调整和补充到所需要的数量水平和分布状态的操作时可以"不择手段"，这一点决定了一概按有源方式处理货币问题没有必要，一概按有源方式处理货币问题是错误的。虽然过量的无源操作将会破坏利益激励机制，但从目前的实际情况看，在调控经济和处理各种货币问题时采用无源操作的空间是相当大的。在保存利益激励机制的前提下，以现行"有源"操作为基础，恰当地使用"无源操作"将使目前解决诸多货币问题及相应经济问题的艰难状况得到根本的改观。

货币本身并无价值而仅仅是一些客观存在的物品，或仅仅是一些字符（银行里的账户）。我们所需要的货币又都是人为创造的（见本文第三部分），凡是需要的货币都可以被创造出来，因而潜

---

① 按照"货币无源"思想，对于扩大消费需求，只要将居民所持货币增加到与经济的供给水平相适应即可，不必完全经由这些通常的方式解决。

在的可供使用的货币足够得多，而且货币是客观物品，其数量的多少及其分布状态完全在人的掌握和控制之下，如此，补充经济社会中各种货币量之不足（如流通货币不足，社保资金存在的巨大缺口）就成为容易的事情。本文所述货币调控及货币分布结构的调整就是以现行"有源操作"为基础，在直接发行货币（无源性货币创造）的参与下，将作为客观物品的货币直接投放和分布到所需要的地方和缺少货币的地方。而不必受制于有源操作（这是中央政府在调控货币时应持有的立场和观念），就像运动会组织者将比赛用球按数量要求分发到各比赛场地一样。如此将经济体中的货币调整到所需要的数量水平和分布状态。在这里货币全然不是什么有价值的东西，仅是交换媒介而已。在经济运行和社会发展中，人们常常感到无钱可用，投资缺钱、消费缺钱、建立社保缺钱……从上述思想和理念出发，站在中央政府的立场，这些是本来就应该容易解决的问题，因为我们可以创造出足够多的货币，在宏观供求所允许的范围内，需要货币的地方都可以有货币。货币总量不够是由于没有创造出足够的货币，潜在产出水平决定了经济体中应有多少流通货币，货币分布结构不合理是由于货币调整和分布未能到位，也就是目前的货币创造和调控的机制和方式存在问题。若经济体货币量过多时，紧缩货币供给即可。货币问题无非是某些领域、部门货币过多，或者缺少，因而按这种不过于讲求来源，"少则补充，多则缩减"的操作方式能容易地解决各种货币问题，也就没有什么奇怪的了。

经济学研究在不断取得进展，但人们尚未能弄清处理相关经济和货币问题的一些基本规律。人们从货币即财富的直觉出发，差不多全部按有源方式处理各种经济和货币问题，对这种方式的"正确性"并无任何怀疑，就像当年（哥白尼以前）人们出于直觉笃信太阳在围绕地球旋转一样，这是当今经济和货币领域的一大误区，对此必须加以纠正。本文的下述讨论以新的理论思维阐明了解决诸多经济和货币问题的一般原理和方法，这些原理和方法的应用，将使许多关系全局的重大经济和货币问题的解决较之现行方法容易得多，如此将大大加快经济的发展进程。

据作者所知，迄今为止，经济理论界尚无其他人进入本文所述的思考方式，也未见有作者提出文中所阐述的处理诸多经济和货币问题的一般规律，因之与本文相关的文献甚少且仅限于相关的其他理论思考和提供各种经济事实。

文章以下的内容安排是：第二部分扩大需求与非流通货币问题，阐述了扩张需求和解决各种非流通货币问题的基本规律和方法以及调控性货币发行的必要性。第三部分讨论货币的创造、构成与宏观调控的关系，说明所有货币都是人为创造的，调控性货币发行不会导致通胀。第四部分阐述以上宏观调控思想和货币运用理念的实用价值。第五部分对本文提出的宏观调控思想和货币运用理论在规律层面做进一步的讨论。第六部分小结与政策意义。

1　扩大需求与非流通货币问题的解决

1.1　扩大需求与流通货币的补充方式，通过国债发行扩张需求没有必要

对于有效需求不足导致的经济增长下降或衰退，单独运用扩张性的货币政策一般难以取得显著效果，对此凯恩斯提出通过赤字预算、发行国债以增加公共投入为主的扩张性财政政策化解生产过剩、需求不足的矛盾。但国债发行过多有可能形成债务危机，因而凯恩斯理论的运用就受到了很大的限制。

我们的研究说明，需求不足的根源在于用于购买商品劳务的流通货币（狭义货币 M_1）不足，不管用什么方式，只要将流通货币补充到平衡量就可予以化解。发行国债是不必要的。下面简要阐述这个问题。

流通货币作为交换媒介，行使着与商品劳务交换的职能。根据货币必要量公式，流通中的货币

必要量 $M = \dfrac{PQ}{V}$ （$MV = PQ$[①]）。由上式可以看出，当商品价格 P 和货币流通速度 V 处于某一水平时，代表商品数量的 Q 值由流通货币量 M 所决定。在生产过剩需求不足时，国民产出 PQ 小于潜在产出。此时如果给流通货币一个增量 ΔM，则商品便会有一个增量 ΔQ，即 $M + \Delta M = \dfrac{P(Q + \Delta Q)}{V}$。在有效需求不足和通货紧缩时期，商品降价空间有限，我们也难以左右货币周转次数，所以欲增加产出并扩大需求，除了增加流通货币外，别无其他选择。若令上式中 $P(Q + \Delta Q)$ 为潜在产出（其中 PQ 为实际产出，ΔPQ 为产出缺口），则 ΔM 为实现潜在产出所应补充的货币量（货币缺口），补充 ΔM 以后的总的流通货币量 $M + \Delta M$ 为平衡量。如某经济潜在产出为 10 万亿元，实际产出为 8 万亿元，流通货币量 M_1 为 4 万亿元，货币流通速度为 2，那么货币平衡量为 5 万亿元，产出缺口为 2 万亿元，货币缺口 ΔM 为 1 万亿元。很明显，在货币补充量小于 ΔM 时，将主要引起产出的增加，价格一般保持不变或仅轻度上升，只有超过 ΔM 时，由货币所代表的需求量才会超过潜在产出量，由此才可能引起通胀。

以上分析表明，流通货币增加，需求 MV 便随之增加。只要流通货币增加到平衡量水平，有效需求不足便被消除。因此所谓需求不足，实际就是流通领域中用于与商品劳务交换的货币不足，存在货币缺口 ΔM。由于有效需求不足发生时，银行体系对经济体的货币供给常常受到强烈的内生性制约（包括银行自身问题），以发行国债为主的财政政策又受制于债务问题，因而用现行方法难以把流通货币调整到平衡量水平，有效需求不足无法消除。此时在充分运用货币政策的前提下，只要通过货币的调控性发行（因调控需要而直接发行货币）补充流通货币 ΔM 就可以将流通货币补充到平衡量，总需求便可达到潜在产出水平。后面的分析将进一步说明，不管用什么方式扩张需求并使经济达到潜在产出水平，都只能是通过补充货币缺口 ΔM 实现，或者换句话说，在有效需求不足时，不管用什么方式扩张需求，只要补充货币缺口 ΔM，经济就能够达到潜在产出水平。总需求与流通货币量呈正相关，与货币来源无关[②]。用于扩张需求的调控性货币发行与通常的扩张性财政货币政策的实际作用都是补充、补平货币缺口 ΔM；如果分别经由国债投入和调控性发行货币扩大需求并实现潜在产出，虽然两者投入的初始数量可能不同，但最终导致的流通货币增量都是 ΔM。如在上述例子中，当采用通常的财政货币政策手段扩张需求并达到潜在产出水平时，流通货币增加 1 万亿元（即货币缺口 ΔM）达到平衡量 5 万亿元，流通货币量 M 与货币周转次数 V 的乘积即总需求 MV 与潜在产出相等。若改由调控性货币发行扩张需求并实现潜在产出，流通货币同样是增加 1 万亿元。这就是说，不管用何种方式，此时只要流通货币增加 1 万亿元使其达到 5 万亿元，其需求量便达到 10 万亿元，需求不足即可被消除。还可以这样思考，有效需求不足就是与产出缺口 ΔPQ（潜在产出大于总需求的部分）相应的商品劳务没有公众购买，因而这部分商品劳务不能成为现实的国民产出。如果有货币（不管这些货币来自于哪里，天上掉下来的也行，地下挖出来的也行）购买这些商品劳务，社会就会生产出这些商品劳务并把它们销售出去。以上过程实现了生产和消费的统一，GDP 增加，人民生活水平提高，由此就达到了经济活动的目的。能够买下这些商品劳务的货币量为 $\Delta PQ/V$ 即货币缺口 ΔM，因而分别用国债资金和调控性发行的货币购买这些商品劳务所需要的流通货币增量只能是 ΔM，购买这些商品劳务后引起的产出增量只能是产出缺口 ΔPQ。不过政府取得国债资金的过程通常要挤出一部分民间购买，这是由于认购国债的资金在不认购时总有一部分会用于支出，这样挤出的货币量等于国债数乘以公众拟用于购买国债的资金支出率，为了使

---

　　① 在费雪的交易方程式 $MV = PT$（$MV = PQ$）中，假设货币流通速度 V 与商品数量 T 长期不受流通货币数量 M 变动的影响，而实际情况并非如此。

　　② 本文的这部分所述似乎与传统理论无异，而实际上是通过过渡性叙述引出一个结论：在有效需求不足时，不管用什么方式，只要补充货币缺口 ΔM 经济即可达到潜在产出水平，与货币来源无关。这里强调的是货币缺口的补充方式，说明通过直接发行货币补充货币缺口的合理性，发行国债没有必要。

总需求达到潜在产出水平，国债资金除了要买下 ΔPQ 这部分商品劳务，还要买下被挤出的部分，这样，如果用国债资金扩张需求并实现潜在产出，所需要的国债数要大于调控性发行的货币量，虽然它们引起的流通货币增量都是 ΔM（见本文第二部分第二节）。由于货币缺口是一个明确的量（虽不精确），直接发行货币在来源上不受限制，因而可补平任意大小的货币缺口，由此化解需求不足问题并不困难。而现在通常使用的经由财政货币政策渠道扩张需求的方式均属于有源操作，投放到经济体中的货币必须来自既有的货币，需要的货币受到货币来源的限制，如国债资金存在认购和偿还问题，银行信贷投放受制于银行资本金，银行风险控制和企业个人需求意愿等问题，如此难以补充货币缺口 ΔM。运用国债资金扩张需求与运用调控性发行货币扩张需求，都是通过增加流通货币量实现的。这里我们可以进一步看出通过调控性发行货币扩张需求的合理性。

人们担心直接发行货币会引起通胀，甚至把直接发行货币与通胀画等号，这里一些关系必须搞清楚。（1）较之发行国债而言，除了两者所引起的流通货币增量存在差别之外，直接发行货币会导致基础货币增加，基础货币的增加可能会引起货币投放的进一步增加。（2）较之贷款余额而言，直接发行货币本身所引起的货币增量，与贷款余额（或新增贷款）所引起的货币增量并无差别，所不同的是，直接发行货币使基础货币增加，新增贷款的形成过程不改变基础货币，对此理论界人士必须有清楚的认识。我们在后面的相关讨论中将说明，基础货币的调减并不困难，所谓基础货币的回收成本问题亦容易得到解决。基础货币对货币量的倍增效应只有通过商业银行的货币投放才能实现，商业银行的货币投放是可控的，而且有时增加基础货币也是必要的。我们能够把包含调控性货币发行在内的货币投放所引起的增量控制在货币缺口 ΔM 这一水平。相应地亦能把流通货币量控制在平衡量水平[1]。所以在权衡货币调控运用方式时，一般不必受制于基础货币问题。（3）与外汇占款相较，直接发行货币与外汇占款在货币的直接增加量和基础货币的增加上是完全相同的，只不过外汇占款会增加一笔外汇。因此，经济增长没有必要过多依赖外需，完全可以通过直接发行货币取代净出口的货币增加效应和需求增加效应。令人不解的是，在需求不足时人们寄望于增加出口以扩大需求，此时并不害怕基础货币的增加，但若说通过直接发行货币扩张需求，人们便害怕起通胀来了。

通过发行国债扩张需求没有必要。只有流通货币 M_1 才参与商品劳务的交换，储蓄存款与商品劳务交换无关，因此要弄清一种货币投入形式对需求的影响就必须分析这种货币投入形式导致流通货币量发生了怎样的变化。发行国债筹集资金这一过程虽然"货币总量不变"，但这一过程却改变了流通货币和非流通货币的数量。以下具体分析国债发行和调控性货币发行两者对流通货币量的影响和对需求的扩大作用究竟有何不同。社会公众认购一笔 1 000 亿元的国债，政府将这 1 000 亿元投入后引起流通货币增加一定数量。如果认购国债的资金在不认购时将完全闲置不用，那么这笔国债资金投入后流通货币量将等额增加，即增加 1 000 亿元，与调控性发行等量的货币相同，需求扩张量也完全相同。如果上述认购国债的资金在不认购时有部分如 200 亿元用于支出（支出率 20%），800 亿元闲置不用（闲置率 80%），那么流通货币较不发行国债时的净增加额为 1 000 - 200 = 800（亿元），此时如不发行国债，而改为调控性发行货币 800 亿元，它所引起的流通货币净增量亦为 800 亿元，与发行 1 000 亿元国债相同，需求扩张量也完全相同。它们的换算关系是：调控性货币发行量 = 国债发行量 × 闲置率，或国债发行量 = 调控性货币发行量 ÷ 闲置率。用完全不闲置的资金（闲置率为 0 亦即认购国债的这笔资金在不认购时也会全部用于支出）认购国债，在这种情况下，流通货币量不发生改变，因而对需求没有扩大作用，相应的货币发行量为零。通常情况下，认购国债的资金来自于多种渠道，其闲置率各不相同，就综合闲置率而言，中国目前当在 80% 左右。至于国债资金运用引起的储蓄存款数量变化本身对商品劳务的交换不构成任何影响

---

① 货币是客观物品（或字符），客观物品的数量是受人控制的。货币缺口是一个具体的量，调控货币数量的手段很多，调控性货币发行增加货币量，控制贷款余额等可减少货币量，所以通过调控性货币发行补充货币时能够把货币增量控制在 ΔM 这一水平。

（见本文第五部分第一节）。

　　由以上换算关系可以看出，就流通货币增量而言，发行一定数量的国债等值于直接发行相应数量的货币。在一般情况下，当国债资金投入和调控性发行货币的数量相等时，国债资金引起的流通货币增量较小，调控性发行的货币引起的流通货币增量较大，这就是人们认为直接发行货币易导致通胀的基本原因之一。但是我们是按国民产出缺口和货币缺口决定货币发行量的，上述只不过表明，当补平同一货币缺口时，需要较多的国债资金，而所需调控性发行的货币量较小。例如，若某经济体的货币缺口为 4 000 亿元，直接调控性发行货币 4 000 亿元补充即可。如果通过国债资金予以补充，设拟认购国债的资金闲置率为 80%，则国债发行量 = 4 000 ÷ 80% = 5 000（亿元）。所以调控性发行货币即引起通胀的观点是错误的。上述分析说明，由于有效需求不足时国债资金的投入对流通货币量和需求的增加作用可以被调控性货币发行所取代，且基础货币问题也能得到调整，因此通过发行国债扩张需求没有必要。

　　什么情况应该发行国债？当一国经济处于供求平衡状态或者总需求已经超过了潜在产出水平（此时流通货币量等于或大于平衡量，而需求不足时流通货币量小于平衡量，存在货币缺口，两种情况决然不同，相应的解决方式也不相同），而此时国家财政收不抵支，出现财政赤字，在这种情况下可通过发行国债弥补支出缺口。这是由于一定量的国债资金投入较之等量的调控性发行的货币引起的流通货币增量较小，相应通胀效果较小。例如某经济呈求大于供的状态，而此时财政有 5 000 亿元的支出缺口，如直接发行 5 000 亿元货币，流通货币量便增加 5 000 亿元（这里尚未考虑因基础货币增加可能引起的货币的进一步投放），通胀效果较大。若通过发行国债 5 000 亿元弥补支出缺口，当认购国债的资金闲置率为 40% 时，国债资金投放后，流通货币增量仅为 2 000 亿元，通胀效果较小，这是因为国债发行排挤了国债认购者的部分支出。

1.2　解决非流通货币问题的基本规律

　　在经济运行和社会发展中除了需要解决流通货币问题外，还需要解决非流通货币问题。所谓非流通货币是指不与商品劳务进行交换的货币，储蓄存款是非流通货币。银行资本金在投向流通领域之前属于非流通货币。筹集起来的社保资金在拨付给参保人之前一般都是存放在银行里，这部分货币亦属于非流通货币。社保资金筹集难并存在巨大的缺口这一问题困扰着许多国家。像银行资本金、社保资金这类非流通货币虽然在当期不直接参与商品劳务的交换，但是它们却具有不可或缺的巨大的经济社会功能。如何补充商业银行资本金和社保资金这类非流通货币存在的缺口呢？按照现行思想和理念，对这些非流通货币缺口用"有源"操作方式对其予以补充是顺理成章的事情。实际上，现在包括中国和美国在内的许多国家都是这么做的。然而我们的研究说明，在不少情况下，采取直接的货币创造补充这些非流通货币缺口才是符合规律的操作方式。

　　流通货币量的大小关系供求平衡问题，必须时刻予以关注。而非流通货币量的改变不涉及总需求的变化，因而根据需要可以随意改变。若经济体每一年的流通货币量都处于平衡量水平，那么该经济每一年就处于总量供求平衡状态，虽然该经济各年的储蓄存款数量（含社保资金）或银行资本金可能在不断增减变化，但对各年的供求平衡状态并不构成影响。所以政府在调控和处理各种货币问题时"只需"关注流通货币是否超过平衡量的问题。银行资本金和社保资金属于非流通货币。非流通货币因其不参与商品劳务的交换，它的增减变动对总需求不构成任何影响因而不必纳入宏观分析的框架之中，而且非流通货币转化成流通货币的过程都是可控的，因此解决国有商业银行资本金不足，社保资金的筹集等非流通货币问题，在使用通常方式存在障碍时只要通过调控性货币创造直接将其补充到所需要的数量水平即可①。（对非流通货币后期转化成流通货币是否导致通胀的问

---

① 对于通过这种方式注入商业银行的货币，国家仍可对其享有主导权，比如国家可增持该商业银行的股份。

题请参见本文第五部分第二节第二点）我们还可以想到，既然流通货币的效应仅由其数量和分布所决定，与其补充方式和来源无关，而非流通货币没有现实效应，那么把非流通货币调整成所需要的数量和分布状态自然也与其补充方式和来源无关。

必须提请注意的是，我们必须改变思维方式。不要总是用"货币即财富"和"货币有源"的观念思考问题。实施总量调控，结构调整和解决各种非流通货币问题，就是要将各货币量调整成所需要的数量水平或分布状态，只要达到这样的目标，经济社会就能正常运转，与这些货币的来源无关，这就如同只要篮球数与比赛场数相同，比赛就能正常进行，与篮球来源无关一样。改变货币的数量和分布既可通过有源方式实现，也可通过无源方式实现。在现行货币创造和调控方式不能达到上述目标的情况下，可以实施调控性货币创造并将其投放和分布到所需要的地方。由于所有货币都是创造的，可用的（或潜在的）货币足够得多，只要按需要对相应的各种不同功能状态的货币进行补充、调节与分布（有源操作只是其中的一种方式），各货币量就容易达到所需要的数量水平和分布状态。对于流通货币超量引起的通胀，紧缩货币供给即可。如果始终把货币当做财富看待，需要的货币必须来自相应的承受者和相关渠道（如居民消费必须源于收入所得的货币，社保金必须由个人和其所在单位承担大部分）我们就会觉得上述货币调控方式与常识是多么的不同，因而也就难以认同上述调控思想和方法的正确性。确立货币的效应只与其数量和分布结构有关，与其来源无关这一认识具有极其重要的意义，这一认识的建立将导致货币调控运用的思想和理念发生革命性的改变，由此，使得许多经济及货币问题的解决变得相当容易。

1.3　调控性货币发行的必要性

综上所述，不管是流通货币还是非流通货币，只要将其调整到所需要的数量水平或分布状态，经济社会就能实现正常运转，而不管这些货币的来源如何。但为什么供求失衡和结构性问题总是时有发生和存在呢？这是因为，现在的货币都是由银行体系供给的，银行的经营活动是服从于追求盈利、规避风险这个指挥棒的。银行贷款数量及贷款对象受借款者信誉状况、偿还能力、项目预期效益等多种因素的制约和限制，银行更不可能把大量的货币无偿地投放给那些特别需要货币的地方。由外汇占款形成的货币投放银行亦是处于被动地位。这样银行体系投放的货币不可能恰好既在总量上又在分布结构上满足经济运行的要求。虽然一国财政可通过财政收支活动调整经济体中流通货币的数量与分布，但这一调控作用比较有限，这样在目前这种仅仅被动地依赖银行投放货币的情况下，总量失衡和经济结构不合理等问题就不可避免。中国1998～2002年呈全局性需求不足，但现行货币供给和调控方式难以使投资和消费领域的流通货币满足要求。而2003～2007年商业银行把大量货币投向投资领域促使投资过热，但对消费需求乏力的局面，却未能有大作为。2008年年中以来的经济增长下降，国际金融危机是一个诱发因素，主要还是受制于中国经济增长过多依赖投资和出口、消费需求占比太低这一结构性问题。2009年的货币供给虽大幅增长但对消费的扩张作用仍然有限。日本20世纪90年代经济趋冷甚至衰退，日本政府使用了包括零利率和投放相当于正常需要数倍的基础货币在内的超常的扩张性货币政策，也未能使经济走出衰退的阴影，直到2003年以后的几年主要由外需的增长经济才有了些许起色，2008年美国次贷危机全面爆发，商业银行大量亏损，货币供给受制，但在美国财政部向美国金融机构注资超过3 500亿美元及美联储推出了相应的信贷启动措施的情况下，2008年第四季度，美国金融机构投放的贷款却较第三季度陡降66%。美国经济衰退愈益严重。这样的例子不胜枚举。在经济衰退或下行时单靠银行体系的货币供给难以使流通货币达到平衡量水平。银行体系投放到经济体中的货币在分布上也不可能与经济社会发展的结构性要求相符合，例如，中国经济多年来的消费需求不足及其他许多结构性问题，单独通过改善银行体系的货币供给是不能解决问题的。银行的货币供给机制和现行调节方式的局限性决定了上述状况的存在，对此尽管全世界数以百万计的学者及各国政府进行了长达二三百年的艰苦探索，其状况依然没有基本的改观。循着目前的思路继续探索，也不可能有突破性的进展和发现。由上述不难看出，我们没有理由认为，只有银行商业性的货币投放才是唯一正确的货币供给方式，这种思维定式应该予以改变，我们必须有新的思想、新的方法。因此，为了适应经济社会发展的需要，政府必须具备某种程度的货币投放的主动性。这里我们应该认识到实施调控性货币发行的必要性和必然性。调控性货币发行的最大好处是能极大地增强货币投放和运用的主动性，能够把货币投放到经济社会发展所需要的地方去，一改当前货币投放和运用完全被动的状况。直接发行货币并非一个新的话题，但在掌握经济、货币基本规律的前提下实施的调控性货币发行，能在经济的总量调控、结构调整和解决诸多货币问题中发挥极其重要的作用。就像国债发行一样，在凯恩斯发表《通论》之前，世界各国也在发行国债，而凯恩斯提出的为扩张需求而实施的国债发行，却为其赋予了新的重要含义。调控性货币发行的一个重要价值在于：在经济存在需求缺口和货币缺口时，不管货币缺口多大，在货币政策不能解决问题的情况下，我们总能够通过调控性货币发行补充货币缺口使货币达到平衡量水平进而使总需求达到潜在产出水平。在经济存在结构性问题并呈需求不足状态时，可实施调控性货币发行并将其投向薄弱领域，如此调整经济结构。在经济处于供求平衡甚至求大于供的状态时，可以在压缩金融性货币投放的基础上实施调控性货币发行并用于调整结构。当然，为了不破坏利益激励机制，整个经济体的货币供给还是应以金融性货币发行为基础，以"无源性货币供给"（调控性货币发行）作为重要的补充和调控手段。一般情况下，调控性发行的货币占整个货币流入量的比例以不超过 30% 为好。

2　货币的构成与宏观调控

通常各经济体的货币量都在不断增加，中国亦不例外，多年来每年的广义货币量都在以 15% 左右的速度增长。如广义货币量由 2005 年年底的 29.88 万亿元增加到 2009 年年底的 60.6 万亿元，4 年增加了 30.72 万亿元[①]。广义货币量由各年的货币增量累积而成。货币的增加经过了若干环节但在实际上并不存在来源而是从无到有，因此所有货币都是创造出来的。同样的，直接发行货币亦是使货币从无到有，只是没有货币形成的中间环节，因此在本质上，直接发行货币对货币的创造与其他货币创造形式并无差别。现阶段中国的货币创造主要有如下两种形式：（1）贷款余额：银行在不断创造货币是人们所熟知的，贷款余额就是净创造的货币。（2）外汇占款：银行收到外汇后按汇率兑出本币，如此使货币量增加。上述创造出来的货币进入经济体后，一部分处于流通领域即为流通货币 M_1，另一部分则表现为储蓄存款。总需求的大小取决于流通货币量，而与储蓄存款无关。

既然银行体系能够创造货币，那么为什么不能进行调控性货币创造呢？在国民经济的管理中引入调控性货币发行就是让调控性发行的货币成为全年货币增量的组成部分。这样经济体中的货币增量由金融性创造和调控性创造两部分组成，比如若为满足某年经济增长的要求，该年的广义货币增量应为 6 万亿元，对此可以调控性发行 1 万亿 ~2 万亿元货币，其余 4 万亿 ~5 万亿元由贷款余额构成。如果为保持某一经济体正常运转当年需新增货币量为某个 M 值，则金融性货币创造和调控性货币创造在数量上可有许多个组合，其中某一值增大，另一值就要变小。在金融性货币供给较多时仍然大量直接发行货币，通货膨胀当然不可避免，但若金融性货币供给减少过多而调控性货币发行又不够大时同样可能导致通缩状态。所以不是一实施调控性货币发行流通货币量就会超过平衡量

[①]　文中实际货币量如流通货币量 M_1，广义货币量 M_2 等数据均来自中国人民银行公布的资料。

并引起通胀的，货币量的大小由多种因素所决定，这个道理非常清楚。目前在人们的潜意识里，每年的贷款余额按一定的比例增长似乎是固定不变的法则，实际上，根据经济运行情况，每年或每一时期的贷款余额可以多增、少增或呈负增长，以适应经济运行和调控性货币发行的需要。人们常常以现行金融性货币供应量和增长趋势不变为假定条件去思考问题，从而得出直接发行货币导致通胀的结论。毫无疑问，中央银行可以通过包括贷款额度管理在内的各种货币调控手段把每一时期金融体系投放的贷款余额限定在预定的水平（实际结果存在偏差则是另一回事，无论实施调控性货币发行与否，这种偏差都是可能存在的），在这种情况下，所谓调控性货币发行导致基础货币增加并由此引起进一步的货币投放增加这一效应就不再存在，这样，调控性发行 1 000 亿元货币和金融性投放 1 000 亿元的贷款余额，除了货币供给方式不同之外，在使流通货币量增加这一点上，就不存在什么差别了。所以实施调控性货币发行是否导致流通货币量大于平衡量并导致通胀，其关键点还是在于控制新增贷款（或其他货币投放）的数量。假设为使流通货币量达到某一年所需要的 M_1 值，当年应该往经济体中净投放货币 3 万亿元，若调控性发行 1 万亿元，那么金融性货币供给就应控制在 2 万亿元，这是完全可以做到的事情。

需要说明的是，调控性货币发行不等于发票子，现实中的货币只有小部分是钞票，大部分表现为银行中的账符。除了发行钞票外，还可采用直接立账（如直接在居民社保资金账户上建立社保资金数额）和转账划拨等方式。直接向经济体注入货币（当然也需要通过银行体系运作）是调控性货币发行的基本方式。在一些情况下也可采用通过向市场购回债券向经济体直接注入货币的方式[1]。美国 2009 年 3 月 18 日宣布向市场买入 1.15 万亿美元债券被认为是银行在零利率时放贷仍处于半瘫痪状态下的无奈之举，而实际上直接向经济体注入货币的适用领域是相当广泛的，调控性货币发行并非权宜之计，因为除非货币政策失当，在需求不足导致经济下行或衰退时，通常的货币政策往往不能收到应有的效果，没有必要到了"零利率不能奏效"时才采取如此对策。而且各国经济通常都存在结构性问题，为了改变货币分布结构，一般可在控制信贷投放量的前提下实施调控性货币发行以调整结构。用调控性货币发行解决社保资金等非流通货币问题，也极具应用价值。

3   上述宏观调控思想和货币运用理念的实际应用与价值

3.1   扩张需求与促进经济发展

当经济存在有效需求不足时，在充分运用货币政策的基础上，通过调控性发行货币 ΔM 将流通货币补充到平衡量，并把相应的货币投入到低收入群体和薄弱领域，如此便可使总需求达到潜在产出水平。消除因有效需求不足导致的经济增长减缓、停滞甚至衰退的病症就成为比较容易的事情。相应地，也无需为扩张需求使国家背负债务。现阶段总需求的大小及构成存在很大的不确定性，上述原理的应用使得总需求成为可以把握的量，如此易于理顺各种经济关系并能显著地加快发展进程。目前中国经济增长过多依赖投资和外需，消费需求所占比重较低（仅占总需求的 50% 左右）。对此可通过调控性货币发行扩张消费并为适当压缩投资和出口创造条件。总需求过度依赖投资和出口的情况将得到根本改善。

3.2   调整经济结构

在全局性需求低迷伴结构性问题时，可通过调控性货币发行补充货币缺口并将这些货币投放到薄弱环节以调整结构。在供求大体平衡但存在结构性问题时可适当压缩金融性货币发行（贷款投

---

① 这一方式仍属于货币政策范畴，但在现实效果上与调控性发行货币相同。

放）以及通过降低外贸顺差等方式减少外汇占款，同时调控性发行一定数量的货币并使总的流通
货币量趋于或达到平衡量，将调控性发行的货币投放到薄弱领域，如三农、中西部、居民消费、教
育卫生等以调整结构。

3.3 用于解决财政赤字、国有商业银行资本金补充及社保资金筹集等具体货币问题

财政赤字是政府超财政收入的货币支出，这些货币进入流通领域的结果是，引起流通货币和总
需求相应的增加。因此人们通常认为赤字预算会引起通胀，其实这一认识是过于简单的，赤字预算
是否引起经济体的流通货币和总需求超量，这要依经济体的总量供求状态和赤字货币的来源而定。
相应的取得这部分货币的方式亦因经济运行状态的不同而存在差别。当经济体存在有效需求不足
时，应使用调控性货币发行冲抵赤字，此时调控性发行的货币正好可用于补充经济体的货币缺口；
若经济处于供求平衡状态，则可以在适当压缩金融性货币供给的基础上实施调控性货币发行；在需
求明显大于供给而金融性货币供给一时难以压缩又必须实行赤字预算时，可先行通过发行国债的方
式处理，待以后总需求低于潜在产出水平时由中央银行将国债购回。从上述可以看出，财政赤字不
能与通胀画等号，赤字性支出在很多情况下不必由纳税人承担，财政赤字并不可怕。一律用发行国
债冲抵财政赤字是错误的，人们不必为国债问题忧心忡忡。

用调控性货币发行补充国有商业银行资本金。国有商业银行资本金属于非流通货币，它的增减
变动本身并不对流通货币量构成影响，由于商业银行的贷款量是可控的，并不会由于资本金多了就
会增加贷款投放，而且在这个问题上，不管通过何种方式补充商业银行的资本金，其结果都一样。

用调控性货币发行补充社保资金。由于筹集的社保资金在拨付给个人之前是处于闲置状态的
（如果需要，国家可以限制社保资金的投资运用）通过调控性货币发行使这部分资金增加对当期的
流通货币量和总需求不构成任何影响。假设我们已经筹集到了足够的社保资金，难道我们还会担心
有什么问题吗？应用调控性货币发行可以使这一假设变成现实（关于货币量改变的具体分析见本
文第五部分第二节第二点）。货币的效应仅仅取决于其数量及分布，与其来源无关，这一结论和规
律在这里可以得到最好的体现。

4 关于调控货币的有关规律和认识问题

对于上述宏观调控思想及货币运用理念和方式可能有不少人士将其视为不现实，而实际上它是
符合客观规律的，重大的理论发现往往是反常识的。由于货币有源的理念在一般人的头脑里根深蒂
固，因此有必要对本文提出的调控理念和基本方法予以归纳总结并在规律和认识上做进一步分析和
讨论。

4.1 只有流通货币才参与商品劳务的交换，非流通货币无现实经济效应

只有流通货币才参与商品劳务的交换，而非流通货币就像没有启用的能源物质，并不具任何现
实效应，不管它怎样增减变动也不会对经济运行构成影响，而它进入流通领域又是可控的。因此我
们在处理经济和货币问题时一定要用这种"两分法"（把所有货币分成流通货币与非流通货币）思
考问题。运用这一思想可以澄清和解决经济中的许多基本问题。可以将国债资金运用的全过程
（发行国债和运用国债资金）所引起的货币量的变化分解为两个部分，流通货币量的改变和非流通
货币量的改变。当拟认购国债的资金其闲置率为 80% 时，运用 1 000 亿元国债资金的全过程引起的
流通货币增量为 800 亿元，其需求作用与直接发行 800 亿元货币是等效的。若公众全部用储蓄存款
认购这笔国债，此时储蓄存款亦减少了 800 亿元（不认购国债时公众也有 200 亿元的支出）。储蓄
存款属非流通货币，不具现实经济效应，其数量怎样增减变化不用管它。而直接发行货币不存在非
流通货币量的改变，与之相关的基础货币改变也能得到调整。现将上述两种方式的比较列表如表 1

所示：

表 1　　　　　　　　　　　　　调控性货币发行与国债发行对各货币量的影响

类别	初始货币应用	流通货币增量	非流通货币改变量
国债资金运用	发行国债 1 000 亿元	800 亿元	储蓄存款减少 800 亿元
调控性发行货币	发行货币 800 亿元	800 亿元	0

　　这里我们要注意货币的客观性。货币是客观物品，是银行里的账符（银行里的各类存款），它并不依人的客观意志而存在。不管哪一种货币应用形式，人们对货币的投放、运用和调节只会引起货币的客观改变——流通货币或非流通货币在数量上的改变和位置分布上的改变，与主观意识无关。

　　对此，不管是国债发行①还是直接的货币发行也都一样，赤字预算的结果亦是如此。以现行操作来看，政府发行的国债必须由企业和居民购买，亦即由企业和居民用他们与财富相当的货币进行交换，国债到期后国家必须用财政收入（这相当于企业和居民的财富）偿还，所以人们说国债资金是老百姓的血汗钱，对于国家举债，人们总是忧心忡忡。然而撇开主观意识，就客观而言，国债从发行、运用到偿还的全过程仅仅是货币从一点运行到另一点，再从另一点回到原点，这个运动过程最终无非是引起了流通货币量和非流通货币量的改变，这个改变形成的结果完全可以通过其他货币发行和调控方式复制出来：对于流通货币量的某一增量，既可以通过发行国债将闲置货币转化成流通货币使其增加，也可通过直接发行货币（直接货币发行量＝国债发行量×拟认购国债资金的闲置率）使其增加，在流通货币的增加上，两者是等效的。已如前述，如果分别经由发行国债和直接发行货币扩张需求并实现潜在产出，两者引起的流通货币增量必定相等（见本文第二部分第一节）。对于引起的储蓄存款的改变不必管它，如果需要（若担心银行用其增加放贷导致货币过多）可以通过提高准备率等方式将其冻结，或者通过提高利率等方式抑制银行贷款。至于储蓄存款后期转化成流通货币致需求过旺的问题则是不用担心的，因为后期可以通过调减货币供给对这一效应予以抵消（见本文第五部分第二节第二点）。我们思考问题不应该是"主观是什么"，而应该是"客观是什么"。由以上分析可以看出，虽然以现有的思维看，国债资金是纳税人的血汗钱，但国债资金的投放效应仅仅是增加了流通货币量，与直接发行货币引起的流通货币增加并无差别，所以在很多情况下不必发行国债，相应的在一般情况下也不必用国债资金冲抵财政赤字（见本文第二部分第一节），直接发行货币冲抵即可，这种理念和方式下的预算赤字不存在什么不良后果，人们不必总是为赤字和国债问题犯愁。这里我们可以按上述思维方式考虑一下，中美等国 2009 年的巨额赤字其结果不就是引起了货币量及其分布结构的改变吗？事后实际的各层次的货币量及货币分布状况的变化就体现或包含了这种改变。如若不发行国债，这种改变可通过其他货币调控方式予以复制，债务危机（主要是指内债）在很多情况下是本不应该存在的问题。

4.2　"货币无源"操作及其合理性

　　所谓"货币无源"思想及其运作方式是指对货币的调控和应用不受货币来源的限制，为保持经济社会正常运转可以将作为媒介的货币——流通货币和非流通货币的数量及其在社会中的分布结构（经由调控性货币发行）直接调整成所需要的水平和状态。"货币无源"理念并不排斥"货币有源"操作，"货币有源"操作在全部货币的调控和运用中仍然占有重要的地位。

　　如果保持某经济体健全运转的流通货币总量、城市居民、农村居民、企业、政府部门各持有的

---

　　①　发行国债和运用国债资金同样是一种货币运用形式。

流通货币量、社保资金、国有商业银行资本金的数量应该分别为 M_1、m_1、m_2、m_3、m_4、m_5、m_6，而现实经济体中相应的各货币量与这些常常存在距离，因而不能正常运转，对此我们就可以动用一切可以运用的手段将这些货币量调整和补充到这样的数量水平。M_1 关系到总需求及供求平衡问题，m_1、m_2、m_3、m_4 涉及货币持有结构和需求结构，m_5、m_6 也关系到相应的社会经济功能的实现。如果 M_1 低于平衡量且经由通常的方式难以补充时可以通过调控性货币发行补充货币缺口 ΔM，并将这些货币通过选择性的投放使 m_1、m_2、m_3、m_4 中的缺口部分得到补充并使其构成趋于合理。若 M_1 高于平衡量可能导致通胀时，紧缩货币供给即可。如此既可使经济实现供求平衡，需求结构也能与供给结构保持对应状态。社保资金 m_5、国有商业银行资本金 m_6，则可用直接的货币发行（直接立账）将其补充到所需要的水平（在实际操作中，社保资金 m_5 可以是部分补充）。上述各货币量是经济和社会发展所需要的水平，自然也不存在某个货币量过多、过少并产生什么问题，所谓"需要的就是最好的"。所有货币都是创造出来的，一些部门和领域缺少货币是因为经济体前期货币创造太少，或货币的运动存在某种机制障碍，这样我们通过直接的货币创造对其予以补充。把各货币量调整成这样的水平就是达到了我们管理经济和社会的重要目的，如此操作简单易行，这有什么不好呢？但现行的操作理念是排斥这种操作方法的，当某个方面存在货币需求时，人们总是寄望于通过有源方式予以解决。为什么一定要按有源方式操作呢？没有多少人考虑这个问题。个人和企业缺钱可用时必须用自己的财富去换取货币和通过借债的方式解决，一个人有钱就意味着拥有财富。人们把这些经验性的感知无限引申到国家对经济和社会的管理中来，这是人们对用"货币有源"操作方式解决货币问题的正确性坚信不疑的基本原因。

采用上述操作方式的合理性主要有如下几点：

4.2.1 这种操作方式符合客观规律并易于达到货币调控目标

（1）把各货币量调整成所需要的水平 M_1，m_1，m_2，m_3，m_4，m_5，m_6，…是我们要达到的目标，达到了这样的目标，经济社会就能实现正常协调运转。我们现在对货币的投放、运用和调控，其过程尽管错综复杂、千丝万缕，但都是力图达到这样的目标。前面的讨论指出，总需求由流通货币数量所决定，需求结构由货币的分布结构所决定。银行资本金和社保资金同样是由其货币的数量和分布结构所决定的，而与其来源无关。所以把包含流通货币和非流通货币在内的各货币量调整成所需要的水平或状态，并不存在对货币来源的任何要求，只要能达到上述目标就行。仅仅这样看问题，我们就可以初步理解无源性供给货币的合理性，并认识到仅仅依赖"有源操作"解决各种货币与经济问题的错误之所在。

（2）不管用哪种方式操作，用于补充货币缺口的货币同样是来源于货币创造。现在假设，按照目前的货币运作方式，中国经济通过多年的理想运行，于最近的某年各货币量都达到了目标值。即货币缺口被消除，有效需求不足不复存在，社保资金和商业银行资本金都达到了应有的水平。由于货币总量在不断扩大、这些增加的货币或已存在的货币又都是人为创造的，上述用以补充各货币缺口的货币只能是来源于现行运作方式创造出来的货币。但实际上理想运行状态并不存在，现在我们用调控性货币发行这种货币创造形式补充各货币缺口，其效果与在理想运行状态下所实现的结果完全一样。在实质上，以上两种方式用于补充各货币缺口的货币增量都是来自于货币创造，只不过常规操作法或有源操作法必须经过非常复杂的过程，即货币投入→生产、经营→货币收入的分配、再分配→货币筹集等程序才能最后形成相应的流通货币和非流通货币（后者如银行资本金、社保资金等）。也正是这些复杂的过程及供给机制导致有源操作法最终难以使各货币量达到经济和社会发展所需要的水平。而调控性货币创造则是避开了这些曲折的过程直接补充各货币缺口。

（3）用有源方式解决货币问题时所伴生的效应和影响与我们所要实现的各种社会经济目标往

往不相一致甚至相背离。①社保资金的筹集：个人和其所在单位交费是现行社会保障资金筹集的基本方式。如果按规定缴纳以前累积起来的社会保障费，便使参保人员的活钱变成了死钱，从而降低了他们的消费能力。中国多年来存在消费需求不足，目前社保资金缺口达 2 万多亿元，按现行方法筹集社保资金，也就是要在流通货币量中（无力交社保资金的人一般少有存款）抽取 2 万多亿元转换成社保资金，中国目前流通货币量 23 万亿元，如果这个量减去 2 万多亿元，将对消费需求和整个国民经济导致灾难性的影响。这样操作虽然筹集到了足够的社保资金，却大幅降低了消费需求并导致一些社会问题。虽然按货币有源思想操作似乎无可非议，但欲达到消费和社保这个双重目标，有源操作只是一种"拆东墙补西墙"的行为，无论是从宏观上还是微观上，只有把满足消费和社保金筹集所需要的货币同时补充到所需要的水平才能解决问题，因此必须通过创造新的货币补充货币的不足部分。②财政资金的获取，在有效需求不足时通过发行国债取得财政资金，若此时经济体的货币缺口和财政资金缺口均为 4 000 亿元，国债认购者的资金闲置率为 50%，发行 4 000 亿元国债仅引起流通货币增加 2 000 亿元，这样虽补足了财政资金缺口但未能补平货币缺口，还增加了一笔不必要的债务，显然不如通过财政性发行 4 000 亿元补充为好。③用财政收入补充国有商业银行资本金和社保资金将削弱政府财政支付能力。所以按"有源"方式处理货币问题看似十分合理，但其操作结果常常与全局要求不符。

"有源"操作路径反映的是各层次社会主体之间的内部货币联系，这些属于局部关系（"货币总量"不变），因此按"有源"操作的净结果，亦即货币在数量和分布上所发生的变化不可能正好符合上述在全局上将货币调整成目标状态的要求，而我们现在总是基于货币即财富的理念，试图通过"有源"路径解决差不多所有货币问题，作者以为，这是经济学史上的一大误会，对这种错误的理念和操作方式应该予以纠正。

4.2.2　对非流通货币的调整不会导致后期流通货币过多

在处理相关经济和货币问题时，只有流通货币量为平衡量是重要的，非流通货币量可以根据需要随意改变。对操作过程可能引起的储蓄存款增加不必多加考虑，如此可轻易地将各种非流通货币调整到所需要的水平，比之我们通常的操作方法不知省事多少，剩下的问题仅仅是，这些非流通货币如果转化成流通货币是否会导致通胀？如充足的银行资本金可以增加银行的放贷能力，社保资金会逐渐拨付给受保人而在后期形成需求，储蓄存款可被取出用于投资和消费，（公众购买国债会减少储蓄存款，而直接发行货币时不改变储藏存款数量）这就有必要关注这种转化是否会引起流通货币过多。不过这种担心并无必要，因为这些转化都是可控的，其转化后形成的需求效应也是可消化的，后期对需求变动的调控余地极大。只要把握非流通货币进入流通领域的闸门（如社保资金可限制其投资应用，商业银行的货币投放亦是可控的），就不可能出现"水库里的水多了一些就淹死了下游的秧苗"这种现象，所以非流通货币的增加不会带来什么负效应，下面通过对具体事例的分析说明这个问题。

社保资金问题。假设中国目前需要补充的社保资金为 2 万亿元，现在凭空在社保资金账户上设立 2 万亿元社保资金，有人担心如此操作可能具有通胀效应，其实这种担心全无必要，这里做如下的具体分析。假设上述 2 万亿元社保资金从 2007 年起历时 40 年全部拨付给受保人，平均每年拨付 500 亿元。现在考察中国从 2007～2016 年共十年的流通货币变动情况。假定这十年里在没有社保资金流入时每年的贷款余额较上年增长 15%（目前的实际增长比这要快得多）时刚好使每年的流通货币保持在平衡量水平（这里没有考虑其他的货币投放形式），当每年有 500 亿元的社保资金流入时，欲使每年流通货币保持在平衡量水平，只要贷款余额相应减少 500 亿元即可，具体情况见表 2：

表 2		社保资金创造与贷款余额的调节							单位：万亿元		
年份		2007	2008	2009	2010	2011	2012	2013	2014	2015	2016
保持平衡量的贷款余额		3.63	4.17	4.80	5.52	6.35	7.30	8.40	9.66	11.11	12.78
保持平衡量的货币流入	贷款余额	3.58	4.12	4.75	5.47	6.30	7.25	8.35	9.61	11.06	12.73
	社保资金	0.05	0.05	0.05	0.05	0.05	0.05	0.05	0.05	0.05	0.05

由于经济总量在不断扩大等原因，经济体需要的流通货币量总是一年比一年多。为了使流通货币量满足经济运行的需要，必须逐年增加对流通领域的货币注入量，这个注入量是非常大的，表 2 中 2007 年贷款余额 3.63 万亿元是实际数据，2008 年人民币贷款余额为 4.91 万亿元，2009 年的新增贷款达 9.6 万亿元。每年投放的贷款余额增长率 15% 是参照中国近些年实际的贷款余额增长率而来，具体数量则将从 2007 年的 3.63 万亿元增长到 2016 年的 12.78 万亿元。一次性凭空设立 2 万亿元的社保资金，要算是大动作了，令许多人不敢想象，可这个数分摊到 40 年，每年才 500 亿元，只要减少以后各年相当这个数的贷款余额就可予以调整。500 亿元相对于每年几万亿元的贷款余额只是区区小数，可见通过压低新增贷款抑制或调整总需求的潜力之大。

同样的道理，如果储蓄存款大量释放导致需求过旺也可通过减少金融性货币供给予以校正，调控空间之大足以应对任何局面。一个基本事实是，现在世界各国如果停止贷款增长（或其他货币供给）国家经济必将停止增长或下降，更不用说大幅降低贷款余额了。

上述分析表明，在某一时间里，对于与经济运行和社会运转相关的各种货币量，不管是流通货币还是非流通货币，也不管用什么方式，在正确运用货币政策的情况下，只要直接（非有源操作）将其调整和补充到当期所需要的水平和状态就可以了。至于这种货币应用形式或补充方式是否对以后的货币量和需求量造成影响，则是不用担心的，也就是"（货币量）当期正好，后期多不了"。这是我们调控货币时应该具备的一个基本的指导思想。如在上述例子中，为解决社会保障资金问题，我们在"今年设立了 2 万亿元的社保资金"这样也就解决了当前的这个货币问题，至于这些货币对以后会有什么影响，是否会引起以后的通胀，则是根本不存在的问题，即便 2006 年以后十年左右的时间里每年都设立 2 万亿元的社保资金（或其他项目），按上述比例，到 2016 年当年释放出的货币也才 0.5 万亿元左右，也只相当于当年应投放货币量的 1/25。只要当年的新增贷款减少相应的数量，总需求仍然可以保持在潜在产出水平。又如，前面已指出过，如果某年的流通货币存在的缺口通过调控性货币发行补充后，不会对下年造成不良影响，这是由于流通货币的需要量总是在不断地增加，或因储蓄存款导致流通货币不断减少，如果上年流通货币为平衡量而下年又没有给予应有的补充，流通货币相对于需要量而言只会越来越少，若下年发生了通胀，则是下年货币投放过多，而与上年对货币缺口的补充无关。之所以如此，一个重要原因是因为即使当期补充的货币所具有的能量在后期逐渐释放出来，由于后期总是要通过补充大量的货币（如近几年中国每年仅由贷款余额引起的货币增量即达 3 万亿～5 万亿元）才能维持经济正常运转，这样后期货币的调减空间极大而不至于导致货币过多的问题。

4.2.3　货币创造与基础货币的调控

每年广义货币供应量和狭义货币供应量较上年的增量都是创造出来的，我们是应经济运行和社会发展对货币的需要才创造货币的。对于需要的新增货币，既可以通过"有源"方式（贷款余额、外汇占款）予以创造，也可以通过无源方式（直接发行货币）予以创造。假设将现行以金融性货币发行为主的全部货币创造行为停下来，改由调控性货币发行也能满足经济对货币在数量和分布结构上的需要，但如果这样，全社会都能够无偿得到货币，这将严重破坏利益激励机制，人们将不愿付出劳动，不思进取，坐等要钱。经济社会便无法正常运转。所以实施有源创造的必要性在于保存利益激励机制（人们将有源创造误认为是供给货币所必需），实施无源创造则使宏观调控、结构调整以及货币的调控与运用变得相当容易。如此金融性货币发行仍应占全部货币供应的主要部分。然而像目前这样太过依赖金融性货币发行又是不可取的，因为受金融性货币供给赖以成立的有偿发行方式的制约，银行对货币的供给加上目前财政有限的调节难以实现供求平衡和结构合理的目标，对诸如社保资金一类的货币问题它更是无法解决，而我们现在总是在这些方面做文章，力气没有少花，但问题总是不少，这有其必然性。

调控性货币发行使基础货币增加并由此增加银行的放贷能力和其他形式的货币投放，但基础货币的数量是可调整的，提高存款准备率是一个很好的选择，只要准备率足够得高，商业银行里再多的流动性也可降下来（目前提高准备率1%可冻结货币6 000亿元左右），近几年中国的调控实践可资说明。提高利率可有效地减少贷款投放。如果上述措施还不足以解决问题，只要对商业银行实施贷款额度管理和贷存比（贷款占存款的比例）管理，也能从根本上控制贷款数量。总之贷款数量没有控制不住的道理。在控制贷款数量的前提下，就引起的货币增量而言，直接发行一定量的货币与等量的贷款余额就没有什么差别了①。何况，在需求不足发生时，货币供给的内生性制约强烈，商业银行虽有大量流动性，但受制于经济环境，银行惜贷、公众缺少贷款意愿，因而基础货币对货币数量的扩张作用非常有限。例如1998～2002年的中国，20世纪90年代和近年的日本以及次贷危机爆发以来的美国，情况就是如此。而且有时增加基础货币也是必要的。至于央行在回收基础货币时对准备金存款的利息负担和商业银行的利润减少（准备金存款利率低于贷款利率）也不是什么问题，因为中央银行和商业银行所持货币都是非流通货币，非流通货币可根据需要直接予以补充和调整。

其实商业银行流动性难以降下来只是人们的一种错觉，运用现有的货币政策工具足以解决任何程度的流动性过剩问题。许多人把中国2007年以前的流动性过剩看得过于严重，担心流动性降不下来。2006年上半年，存款多于贷款10.3万亿元，很多人把它说成过剩流动性，其实不然，因为除了贷款，银行系统还持有大约5万亿元国债，以及大约2.2万亿元的高流动性资产，包括金融债、企业短期债、央行票据等，还有上缴央行的法定准备金，剩下的流动性只有1万亿元（钟伟、巴曙松，2006）。央行行长周小川多次说目前（2007）的流动性只是偏多。央行行长助理易纲在2007年2月份指出多余的流动性只有4 000亿元。本来要继续缩减这些流动性并不困难，当时只要将准备率提高1%便可回收货币近4 000亿元，只是央行有所顾忌，该收到何种程度也难以把握，这样有意识地将流动性保持在较宽松的水平。事实上，后来通过央行的大量票据发行，以及连续多次提高准备率后，到2007年第三季度，不少商业银行已经感到流动性紧张，至2008年年中这种紧张状况则更显突出了。

现在人们一提及直接发行货币，就说它会导致通胀，这种说法的盲目性很大。对此，首先要弄明白这些发行货币的流向，因为只有流通货币才具需求效应，如果这些货币仅仅停留在银行体系（包括社保资金这样的闲置货币）就不存在需求扩张作用，对这些货币逐渐释放形成的需求效应，后期货币供应存在足够的调整空间。其次要弄清楚经济体的流通货币量是大于、等于还是小于平衡量。如果流通货币量大于平衡量，任何形式的货币量增加都会加重通胀；若小于平衡量，当直接发行的货币量（或者还加上因基础货币增加引起的货币投放的增加）小于或等于货币缺口，仍然不可能导致通胀，试想当某经济的货币缺口为1万亿元时，仅仅直接发行货币1亿元也会导致通胀吗？所以欲弄清直接发行货币是否导致通胀，既要弄清货币的流向，也要对经济体的货币状态，发行货币后流通货币量的变化和可调性及基础货币的可控性等进行具体的数量分析，不可仅凭印象和"经验"就得出引起通胀的结论。

---

　　①　这个关系特别要搞清楚。作者认为，许多理论界人士对此并无明晰的认识，不然为什么人们总是把直接发行货币与通货膨胀等同起来呢？把美联储2009年3月宣布的买入1.15万亿美元的各种债券（这在现实效果上相当于直接发行货币）贬义地认为是引起通胀的狂印钞票的行为呢？

5　小结与政策意义

本文以新的理论思维提出和讨论了宏观调控中的流通货币量调整及解决诸多货币问题的一般原理和方法。

（1）由关系式 $M = \dfrac{PQ}{V}(MV = PQ)$ 可以看出，当货币流通速度 V 和价格 P 处于某一水平时，总需求的大小仅由流通货币数量所决定，与货币来源无关。货币分布结构决定需求结构。总需求的大小和需求结构均与货币来源无关。只要建立起合理的货币总量和货币分布结构，经济就能实现供求平衡，经济结构也能趋于合理。但为什么供需失衡和经济结构不合理总是时有发生和存在呢？这是因为现行银行的货币供给机制和商业性质决定了它所供给的货币在数量上和分布结构上不可能正好满足经济运行的要求，而财政调控的作用又相当有限，这样供需失衡和结构不合理就不可避免。因此必须改变单一的由商业银行供给货币的方式而应引入调控性货币发行，让调控性发行的货币成为全部货币增量的重要组成部分。调控性货币发行的参与使总需求的调控和结构调整变得相当容易。国债资金对需求的扩张是通过增加流通货币量实现的，通过发行国债扩张需求没有必要，相应的财政赤字不必用国债资金冲抵，应该弄清楚发行国债的适用领域。

调控性货币发行不会导致通胀。调控性货币发行引起基础货币增加并由此增加银行的放贷能力，对此可通过提高准备率等方式缩减基础货币。只要准备率足够得高，再多的基础货币也可降下来。通过提高利率可有效减少贷款投放。对商业银行实施贷款额度管理或贷存比管理等措施可从根本上限制贷款数量。只要控制住贷款数量（或其他货币投放），调控性货币发行的额外扩张效应便不再存在。此时在使货币量增加的直接效果上，调控性发行 1 万亿元与 1 万亿元的贷款余额并无差别。按本文提出的理念和方法，所谓基础货币的调控成本问题（回收准备金时中央银行的利息负担和商业银行的利润减少）不难解决。

（2）只有流通货币才参与商品劳务的交换。非流通货币没有现实效应，其数量的增减变动不对经济运行构成任何影响。流通货币关系供求平衡问题，必须时刻关注其数量变动。而对于国有商业银行资本金、社保资金等非流通货币，只要把握其进入流通领域的闸门就可以根据需要直接改变其数量，而不管货币的来源如何，如此使国有商业银行资本金的补充、社保资金的筹集等非流通货币问题的解决成为容易的事情。

直接将各种非流通货币补充到所需要的水平不会导致通胀，因为为满足经济运行的需要，正常情况下每年都要创造出大量的货币（新增货币），这样对于非流通货币转化成流通货币所形成的流通货币增量，可通过减少新增货币的方式予以抵消，社保资金的例子可资说明。

（3）我们实施宏观调控、结构调整以及解决社保资金筹集一类的货币问题实际就是将流通货币、非流通货币调整成我们所需要的水平或状态，亦即将流通货币调整成平衡量水平以使经济实现供求平衡并达到潜在产出水平；使各社会成员、各部门、各地区所持货币数量符合结构性要求；将商业银行资本金、社保资金等非流通货币调整和补充到所需要的水平。把上述包括流通货币和非流通货币在内的各货币量调整和补充到这样的数量水平和分布状态就达到了我们管理经济和社会的目标（单从货币角度而言），达到了这样的目标，经济社会就能正常运转，既不会形成通缩，也不会导致通胀。所以对于与经济运行和社会运转相关的各种货币量，不管是流通货币还是非流通货币，也不管用什么方式，在正确运用货币政策的情况下，只要通过以调控性货币发行为主的手段直接将其调整和补充到当期所需要的数量水平和分布状态就可以了。如此使货币的调控和补充方式得以极大的简化，因之处理相关问题时不必过多强调货币来源。从政府管理经济和社会的角度看，货币是媒介而不是财富。本文的基本思想是根据需要将货币作为没有价值的客观物品和字符进行摆布和调控，而不必仅限于有源操作。在这样的思想和理念指导之下，能轻易地把各货币量调整和补充到所需要的数量水平和分布状态就是很自然的了。但现在人们处理全局性的相关问题时把货币当做财富，讲求货币的来源，这种思维方式构成了正确实施宏观调控和处理诸多货币问题的严重障碍。

本文提出的宏观调控思想和货币运用理念的普及和应用，将使宏观调控方法和货币运用理念发生极为深刻的变革，中国经济乃至世界经济也将进入一个新的发展境界。

参 考 文 献

1. 陈中：《一万亿命题：外汇储备财富悲喜》，载《21 世纪经济报道》2006 年 12 月 18 日。

2. 胡庆康：《现代货币银行学教程》，复旦大学出版社 2001 年版。

3. 向松祚、邵智宾：《伯南克的货币理论和政策哲学》，北京大学出版社 2008 年版。

4. 余永定：《央行三个目标的矛盾与回旋》，载《21 世纪经济报道》2007 年 7 月 11 日。

5. 钟伟、巴曙松：《对当前宏观经济的一些看法》，载《经济学动态》2006 年第 9 期。

6. Ethan S. Harris, Ben Bernanke's Fed: the Federal Reserve after Greenspan, Harvard Business Press, 2008.

7. John Maynard Keynes, The General Theory of Employment, Interest and Money, Macmillian and Co., Ltd., 1936.

8. Paul Krugman, The Return of Depression Economics and the Crisis of 2008, 2009.

The Application of the Thought of "Passive Money" on Macro-economic Control and a Lot of Monetary Problem

Wang Xiaowen

(Shenzhen Guotong Futures Corporation, Shenzhen 518003)

Abstract: For those contradictions and problems in the running of the national economy, which are insufficient effective demand, irrational economic structure (including the structure of demand), fiscal deficits, raising social security funds and so on, it is difficult to resolve them fundamentally by the use of existing economic theory and methods or the effects are often insignificant. In this paper, we elaborate the general principles and methods to resolve these contradictions and problems by a new theory on the basis of quantitative analysis. The application of the thought of "passive money" in this paper will significantly improve macro-economic control. Besides, it will make the adjustment of economic structure and a lot of monetary problems much easier than the current method. In this way, the economic development process will greatly speed up.

Key Words: Macro-economic Control   Money Creation   Controllable Monetary Issue

第 2 卷第 1 辑
2010 年 10 月

经 济 管 理 评 论
Economics and Management Review

Vol. 2　No. 1
Oct. 2010

创意产品的营销模式研究[*]

肖　阳　郑文兴[**]

摘　要：本文在综合前人有关创意产业、创意产品等理论成果的基础上，对创意产品的特性进行了相关的分析与界定，并试图通过对几种经典营销模式的深入剖析，最终搭建出适宜创意产品营销的操作性模型。在文章的最后，对这种基于创意产品特性而构建的战略模式选择框架进行了一些相关分析，并提出了实践中创意产品营销的相关建议。

关键词：创意　创意产品　营销模式　操作性模型

中图分类号：F272.3　　　　　**文献标识码**：A

0　引　　言

进入新世纪以来，创意经济（creative industry，又译为创意产业）已经作为一个新的经济增长点受到越来越多国家政府的关注。据估计，到 2010 年创意经济将达到 41 万亿美元（朱祖平，2006）。因而，许多国家和地区已经将创意经济纳入经济发展和竞争战略提升的框架中，并制定出了相应的产业发展政策与规划。随着创意经济实践活动的大规模开展，竞争也愈发激烈，实践活动亟须理论的指导，因此与之相关的研究近年来也得以蓬勃发展。尽管现有的研究对创意产业界定、创意产业指标体系构建及创意产业集群化发展等一系列问题都有了较为深刻的认识，但是对于创意产品营销模式的探究却鲜有触及。然而，营销作为推动创意产品多样化的源动力，对创意产业的发展显然有着举足轻重的意义。正是基于这样的背景之下，本文提出了创意产品营销模式的操作性框架，并给出了一些实践性的建议。

1　创意产业与创意产品

创意产品营销模式的探索离不开对创意产品特性的分解，更撇不开创意产业发展对创意产品营销的影响。因而，必须围绕创意产业对创意产品及其特性进行深入的剖析。

1.1　创意产业

创意产业是一种在全球化的消费背景中发展起来的，它以推崇创新、尊重个人创造力为前提，强调文化艺术对经济的支持与推动。

关于"创意经济"的概念可追溯至熊彼特，在其经典著作——《经济发展理论》中，他

　*　收稿日期：2010 - 04 - 13；修订日期：2010 - 08 - 05。
　**　肖阳，福州大学管理学院副教授，福州 350002。郑文兴，福州大学管理学院，在读硕士生福州 350002。

（1912）提出，现代经济的根本动力不是资本和劳动力，而是创新；而创新的关键则是知识和信息的生产、传播与使用（熊彼特，1990）。但值得注意的是，创新与创意是两个不同的概念，两者是不能等同的。正如朱祖平（2006）所指出的，创新是一种破坏性的创造，是客观的、可以量化的，且在更多层面上是与技术的变革和创造相联系的；而创意则是主观的、模糊的，是一种个人意思的表达。

罗默（P. Romer，1986）认为，新创意会衍生出无穷的新产品、新市场和财富创造的新机会，所以新创意才是推动一国经济成长的原动力（胡小武，2006）。英国政府借助创意经济的力量，解决了伦敦老工业发展模式带来的问题，并在这个过程中系统地探索了推进城市化进程及产业结构提升的路径（朱祖平，2006）。因此，理论界普遍认同创意产业作为一种国家战略性产业政策，是由英国创意产业特别工作小组（1998）首先提出的。他们将创意产业界定为，源自个人创意、技巧及才华，通过知识产权的开发和运用，发挥创造财富和带动就业的作用。而霍金斯（2006）则把创意产业界定为，其产品是在知识产权法保护范围内的经济部门（约翰·霍金斯，2006）。值得注意的是，霍金斯将知识产权划分为四大类，即，专利、版权、商标和设计。与前两者强调知识产权在创意产业的核心地位不同的是，凯夫斯（2004）对创意产业给出了如下定义，创意产业提供给我们更广泛地与文化的、艺术的或仅仅是娱乐的价值相联系的产品和服务（理查德·E·凯夫斯，2004）。可以看出凯夫斯的观点，更着重于从产品的角度来界定创意产业。

综合上述观点，本文认为创意产业是通过个人智慧的发挥，将创意、文化、艺术融入到产品实体及服务中，实现创意产品的增值，并且这些创意过程及其成果会受到知识产权的保护。遵循上述逻辑，学者普遍将创意产业分为以下三种类型。一是以英国政府定义为基础的"创意型"；二是以美国为代表的"版权型"；三是中、韩等国的"文化型"①。

1.2 创意产品及其特性

我国香港、上海等创意产业发展的前沿城市普遍沿用了英国的经典创意产业划分，将创意产业界定为，涉及广告、建筑、艺术和古玩、工艺、设计、时尚设计、软件设计、电影与录像、互动休闲软件、音乐、表演艺术、出版、电视与广播。因此，这些产业及衍生辅助行业的产品，都可以被界定为创意产品。从国内学者现有的研究看，学界普遍认同创意产品作为精神产品的特质（陈征，2004；李向民，2005），并认可创意产品的文化符号的象征意义（赵丽颖，2005；白寅，2006）。因而，本文对创意产品相关特性的研究，从产品创意内涵程度与创意产品状态这两个角度，进行相关分析。

1.2.1 产品创意的内涵程度

张毅（2007）在总结各种创意产业研究理论的基础之上，指出现有创意产业发展理论可以分为三类，即，截层理论、引信理论与长尾理论。长尾理论，主要服务于知识经济、网络时代如何利用创意和新媒体进行发展，并在市场竞争中获得丰厚利润等问题。可以看出，长尾理论更偏重于利用创意手段实现差异化竞争。而截层理论则认为在传统产业内融入创意元素，提高创意在传统产业的贡献率，把创意升级为产业。引信理论则是通过创意萌发，实现产业化运作，并衍生出相关产业链，从而生成完整的产业。

从创意产业发展形势来看，创意在改造传统产业的过程中可划分为不同的阶段，因而会存在产品创意内涵程度的高低之分。仅仅借助创意手段增添产品特色的，处于创意产业的低端，产品创意内涵较低，更偏重于传统产品特性，满足消费者的常规需求。然而，作为创意产业的高端产品，则

---

① 资料来源：2007 年中国创意产业发展报告。

会包含较高的创意含量，甚至将创意作为产品进行交换。因此本研究，选取产品创意的内涵程度作为评价创意产品特性的一个重要维度。

1.2.2　创意产品的状态

创意产品的存在状态作为创意产品特性的另一个重要维度，对于营销模式的构建同样具有重要的作用。Barlow（2005）指出，以往从精神到实物的转变是知识产权的核心，这种特殊权被利用的时候就是"语言变成肌体运动"的过程，思想从发明者大脑中提取，通过加入实物对象，语言变成了有血有肉的物体，或者是书，或者是机器零件。按照 Barlow 的逻辑，可以看出创意产品很多时候是需要实物作为载体，但是也存在着纯创意的无形产品。正如，陈征（2004）指出，依据马克思的观点精神产品可分为以下两类。其一是有形产品。这类产品主要是指精神劳动创造的精神内容被嵌入到物质载体中的产品，如书画、光盘；其二是无形产品。此类产品是指精神劳动不与物质形式相联系的精神产品，例如现场音乐会、戏剧、电影等。遵循这样的逻辑，他将创意产品分为准精神产品与泛精神产品。

因此综合上述观点，我们可以将创意产品视为个人创造性的产物，类属于精神的范畴，所以创意产品按其状态不同可以分为如下两大类，即，物质形态的创意产品与精神状态的创意产品。

1.2.3　创意产品的特性

创意产品具有明显的文化产品特性（李向民，2005；白寅，2006），同时创意产品消费具有鲜明的符号象征意义（赵丽颖，2005）。这两种特性决定了创意产品营销需要构建多种复合模式。产品特性分析如下。

第一，创意产品的文化特征。李向民（2005）在其文章中指出，创意产品具有精神产品的特点，并分析了产品价值的形成过程更多的是依赖文化、艺术的手段。白寅（2006）更是将创意产品定义为文化创意产品，并分析了创意产品的象征性、价值递延性、资源反哺性等特点。具体说来，依据象征互动理论，消费者对文化产品的个性化意义理解必然会对文化产品的象征价值进行重构。而价值延递性，是指随着文化产品的消费和传播，其产品的象征价值会出现增值。资源反哺，是指文化产品的价值延递能够形成文化资源的再生或增值。

第二，创意产品的符号象征性。从创意产品的消费心理角度来看，创意产品具有明显的符号象征性。如同赵丽颖（2005），提出创意产品具有符号消费与意义消费、悬念与不可预知性等独特的消费特性。从消费特点来看，消费的符号化和象征化成为我们这个时代的特色，创意产品则成为体现这个时代消费特色的最好载体（郭庆光，1999）。

2　营销模式概述

在营销理论当中，创意（ideas）连同产品、服务统称为企业供应物（offering）（卢长宝，2006）。企业供应物的营销实践活动，随着经济社会的发展发生了巨大的变化，作为指导实践的营销理论也发生了一系列的演化。

2.1　从 4P 到 4C 营销模式的演化

全球由工业经济向服务经济转变的过程，促使了营销模式由传统的 4P 向 4C 的演化。以关注实物为特征的 4P 理论，即，产品（Production）、价格（Price）、渠道（Place）、推广（Promotion）（菲利普·科特勒，2006），迎合了工业革命和人类物质性需求的潮流。然而当服务经济来临时，4P 却走上了迷失的方向，面对偏重于规模效用递增的知识经济时代，如银行、保险、旅店等服务业，Lauter Bourn（1990）结合整合营销传播的手段，从顾客角度出发提出了企业营销活动的 4C 营销理论，即，顾客价值（Customer Value）、顾客成本（Cost to the Customer）、便利性（Convenience）、顾客沟通（Communication）。

2.2　从 4C 到创新营销模式的跃进

4C 营销模式，已经开始关注顾客内在的精神性需求，但是仍需依托于一定的实物形式提供相关的服务，进行相应的营销活动。随着世界经济的进一步发展，人类借助网络技术等新兴手段，完成了向知识经济时代的喜悦一跳，新的营销模式也受到了商界学界的日益关注。如果说，4C 营销模式只是偏重于规模效用递增的营销手段，则知识营销、品牌营销、体验营销、绿色营销、善因营销等隐性营销模式则高度地符合了知识经济时代的营销规律。

2.3　体验营销与文化营销

在各种新的营销模式当中，本文选取了比较有影响力的两种实践模型，即，体验营销和文化营销。

2.3.1　体验营销

陈英毅（2003）将体验营销界定为以体验作为营销客体的市场营销，并将顾客体验分为娱乐体验、审美体验、情感体验、生活方式体验和氛围体验等五大类。由此，提出了体验营销的几种策略，即，娱乐营销、美学营销、情感营销、生活方式营销及氛围营销。同时他还指出，体验营销模式的关键是，在产品中附加体验，用服务传递体验，通过广告传播体验，让品牌凝聚体验，创造出全新的顾客体验价值。因而体验营销是现代营销理念的集中反映，它进一步强化了消费者的核心地位，使顾客的切身利益得到了保障，并增加了购买的体验价值（田莉，2007）。综合他们的观点可以得出，体验营销更关注于体验这种无形的精神享受，可以与产品内涵的创意进行无缝隙的对接。

2.3.2　文化营销

追溯文化营销的起源，不难发现科特勒（Kotler），尽管没有明确提出文化营销的理念，但是他指出文化的因素（包括文化、亚文化和社会阶层）是影响购买决策的最基本的因素。但是他仅将文化因素看做是一种外部环境因素。王方华等（1998）开创性地打破了人们仅仅把文化作为营销的一种外部环境的理念，将文化融入到营销理念中，包容于营销战略之中，成为一种具有全新意识的营销方式。同时，对文化营销的产生、内涵、功能等内容进行了分析，并提出了一些推进文化营销的方法、原则。文化营销被界定为，有意识地通过发现、甄别、培养或创造某种核心价值观念来达成企业经营目标（经济的、社会的、环境的）的一种营销方式（王方华、伏宝会、肖志兵，1998）。

薛嵩（2006）提出了较为完整的文化营销模式，通过目标顾客需求分析，提取了创意产品的核心价值，通过企业产品文化、品牌文化、企业文化"三维一体"传播，培养企业顾客的忠诚度，提升企业价值。

3　创意产品营销模式构建

创意不仅造就了市场供应物的差异化，还创造了文化附加值。可以毫不夸张地说，创意最终提升了产品的价值和竞争力，并且创意产业最大的本质就是在使用价值之外提供了文化附加价值（卢长宝，2006）。创意产品营销模式的构建，正是基于创意产业的本质开展起来的，结合创意产品的特性，增强企业的市场竞争力，最终使企业获得更好更快的发展。

3.1　模型构建

透过创意产业的定义，可以清晰地界定出创意产品的特性，结合营销模式的发展演化，本研究提出了如图 1 所示的创意产品营销的操作性模型。通过对创意产品的特性分析，可以得出营销模式的构建包含两个重要的维度：一个是产品创意内涵程度的高低；另一个是创意产品的物质形态和精神形态两种形式。对创意产品特性的两个重要维度进行剖析，不难发现，在各个维度交叉对应的特性空间领域都有与之匹配的营销模式，具体示意如下。

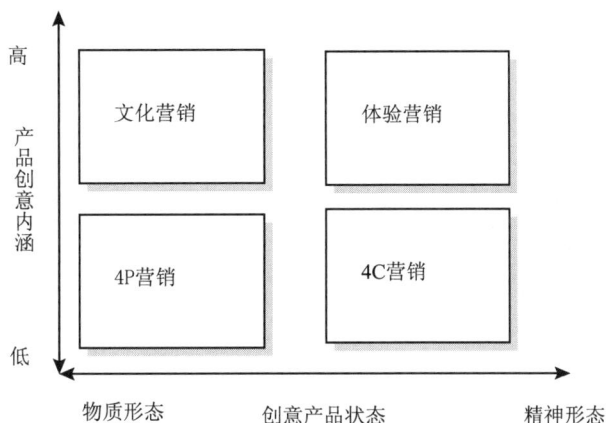

图 1　创意产品营销模式示意

其一，当创意产品为物质形态且创意内涵较低时，如传统工业品渗入创意的成分改变其外观，局部性能等满足大众消费的工艺设计产品，这类产品生产总体上符合规模收益递减的特征，强调创意产品对消费者的物质性满足，因而与之匹配的营销模式是传统的 4P 营销模式。

其二，创意产品以精神形态存在，而创意内涵比较低时，如传统服务、出版、电视广播，这些强调受众信息接受价值但创意内涵比较低的服务，可以采取 4C 营销模式。

其三，创意产品以物质状态存在，但创意内涵比较高时，如艺术产品、时尚产品等这些具有浓重的文化与艺术意味的创意产品，则适宜采用文化营销模式。

其四，以精神形态存在的创意产品，且创意内涵较高时，这类产品在创意产业中所占的比重最大，如音乐会、戏剧、艺术展、互动休闲软件等，这些创意内涵程度高且以无形状态存在的产品，则可以通过体验的形式提升顾客的消费附加值，使创意产品在营销上实现差异化，因而体验营销模式不失为此类产品最为恰当的营销手段。

3.2　操作建议

针对上述创意产品营销模式，结合创意产品特性，从服务实际的角度，本研究提出如下的操作性建议。

第一，营销模式规划。创意企业应该重视产品营销在企业战略规划的地位，而不仅仅局限在创意产品的开发、设计及生产上，因为创造性的营销模式不但会创造差异化的价值传递形式，甚至还能在这个过程中增加创意产品的附加价值。因此创意企业应该站在战略的高度，对创意产品的营销模式进行科学合理的规划，使创意产品营销思路合乎市场逻辑，使消费者的接受程度最大化，实现营销过程的创意产品增值。

第二，组合式运用。根据创意产品特性，本文构建的操作性框架对创意产品营销实践模式选择具有指导一定的指导意义，但是如果仅仅局限于对应特性的一种营销模式，则会使营销手段显得比较单一，且易被竞争对手所模仿，因而建议综合运用各种相关的营销模式，如时装产品即可以采取4C 营销，提高定制化个性化服务，同时采取文化营销，提取时尚元素，丰富设计风格，并运用体验营销，提高顾客的体验价值。

第三，整合创意传播。创意产品的营销过程还应该注意整合运用创意传播的各种手段，如新兴的网络传播。同时也要发挥好广告、口碑营销、销售促进、公共关系等各种传统的营销手段，对创意产品进行全方位的立体式传播，发挥企业丰富的创意智慧，实现新兴的网络传播方式与传统媒介传播手段的无缝隙对接。突出创意产品的文化内涵与符号消费意义，积极锻造创意产品的品牌价值，借助品牌的力量触动消费者的内涵感知，最终实现创意产品的差异化、个性化营销。

4 研究不足与展望

由于创意产业是一个全新的产业领域，创意产品的内涵界定也存在着广泛的争论。因而本文在构建营销模式的过程中，可能存在分类不合理的问题。同时由于篇幅有限，本文未对一些相关理论进行深入的剖析，仅仅是对营销模式的构建做出一些有益的构想，至于创意产品营销框架还需要实践活动的检验。同时营销模式中各个变量之间的匹配性关系，也亟须定量化的手段进行探索证实，因而可以进行一些深入性的挖掘研究。

参 考 文 献

1. 白寅、何泽仪：《论文化产品的基本特征》，载《湖南商学院学报》2006 年第 2 期。
2. 陈征：《论现代精神劳动》，载《当代经济研究》2004 年第 7 期。
3. 陈英毅、范秀成：《论体验营销》，载《华东经济管理》2003 年第 2 期。
4. 菲利普·科特勒：《营销管理》，梅清豪译，上海人民出版社 2006 年版。
5. 郭庆光：《传播学教程》，中国人民大学出版社 1999 年版。
6. 胡小武：《创意经济时代与城市新机遇》，载《城市问题》2006 年第 5 期。
7. 理查德·E·凯夫斯：《创意产业经济学——艺术的商业之道》，孙维等译，新华出版社 2004 年版。
8. 李向民、王萌、王晨：《创意型企业产品特征及其生产决策研究》，载《中国工业经济》2005 年第 7 期。
9. 田莉：《创意产品的需求开发和营销模式研究——以动漫产品为例》，天津财经大学，2007 年。
10. 王方华、伏宝会、肖志兵：《文化营销》，山西经济出版社 1998 年版。
11. 熊彼特：《经济发展理论》，何畏译，商务印书馆 1990 年版。
12. 薛嵩：《论自主品牌轿车的文化营销》，四川大学，2006 年。
13. 约翰·霍金斯：《创意产业的核心因素》，石同云译，载《电影艺术》2006 年第 5 期。
14. 赵丽颖：《创意的个性化与产品的标准化——论创意产品的营销策略》，载《现代传播》2005 年第 1 期。
15. 张毅：《创意产业评价指标体系建立与应用》，同济大学，2007 年。
16. 朱祖平、卢长宝：《崛起的创意经济与海西经济转型的契机》，载《福建日报》2006 年 12 月 26 日第 10 版。
17. John Perry Barlow：《观念经济——数字时代的专利与版权框架》，载 Jagdish N Sheth, Abdolreza Eshghi, Balaji C Krishnan：《网络营销》，喻建良等译，中国人民大学出版社 2005 年版。

The Study on Marketing Model of Creative Products

Xiao yang　　Zheng Wenxing

(Management School of Fuzhou University, 350002)

Abstract: Basing on the theories of the creative industries and creative products, this paper analyses and defines the characteristics of creative products, then it tries to analyse the classic marketing models, finally build an operational model that suits to the creative product. In the end, combining with selective framework of the strategic model, this article puts forward the relative suggestions to creative products marketing in practice.

Key Words: Creativity　Creative Products　Marketing Model　Operational Model

第 2 卷第 1 辑
2010 年 10 月

经 济 管 理 评 论
Economics and Management Review

Vol. 2　No. 1
Oct. 2010

世界水产品国际贸易比较优势
区域特征及空间自相关关系[*]

陶红军[**]

摘　要：介绍了世界水产品生产、消费和国际贸易最新进展，计算了 2003～2008 年世界 153 个国家（地区）水产品出口国际市场占有率和 RCA 指数，并分析了各年度世界水产品国际贸易比较优势区域特征。采用空间计量经济学方法，分析了世界水产品国际贸易比较优势全局及局部空间自相关关系。研究发现，世界水产品国际贸易比较优势空间依赖作用的确存在，但是这种空间自相关关系较为脆弱。最后，提出提升我国水产品国际贸易比较优势的建议。

关键词：世界　水产品　RCA 指数　全局 Moran's I　LISA

中图分类号：F062.9　　　　**文献标识码**：A

1　世界水产品生产、消费及国际贸易量

1.1　世界水产品产量和消费量

2006 年世界水产品产量约 1.437 亿吨，其中捕捞产量 9 200 万吨，养殖产量 5 170 万吨。同年，亚洲国家水产品捕捞产量占世界捕捞总产量的 52%，中国、秘鲁和美国水产品捕捞量分列世界前 3 位。西、中太平洋和西印度洋地区水产品捕捞量持续上升，而大西洋水产品捕捞量持续下降。东印度洋地区从 2004 年海啸灾害中恢复，水产品捕捞量开始上升。

2006 年世界水产品养殖产量市场价值为 7 880 亿美元。如果包括水生植物，2006 年世界水产品产量为 6 670 万吨，市场价值为 8 590 亿美元。1970 年世界水产品养殖产量占总产量的比重为 3.9%，2006 年这一比重上升为 36.0%。1970 年世界人均水产品养殖产量为 0.7 千克，2006 年人均养殖产量上升为 7.8 千克，年均增长率为 7%。1970～2006 年，中国水产品养殖产量年均递增 11.2%，其中 20 世纪 80 年代年均递增 17.3%，90 年代年均递增 14.3%，21 世纪初年均递增 5.8%。2006 年中国水产品养殖产量占世界的比重为 67%，占世界工厂化养殖产量的比重为 72%。1970～2006 年世界水产品养殖产量发展不均衡。拉丁美洲和加勒比地区、近东太平洋地区、非洲年均增长率分别为 22.0%、20.0% 和 12.7%。

2006 年世界水产品食品消费超过 1.10 亿吨。非食品消费约 3 300 万吨，主要应用于鱼粉和鱼油生产。食品消费的水产品中，48.5% 是鲜活产品，51.5% 左右是加工产品。世界 29 亿人口每日 15% 以上的蛋白摄入量来自于水产品。低收入食品匮乏国家日均蛋白摄入至少 18.5% 是由水产品

---

　*　收稿日期：2010 - 04 - 15；修订日期：2010 - 08 - 19。

　**　陶红军，福州大学管理学院，讲师，博士，福州 350108，电子邮箱：ty33zl@ yahoo. com. cn。

提供。2006 年, 世界人均食用水产品 16.7 千克和 13.6 千克 (不包括中国)。在世界食用水产品产量中, 养殖产量比重为 47%。中国食用水产品 90% 来自于养殖。

2002 ~ 2006 年世界水产品生产和消费情况见表 1。

表 1　　　　　　　　　　　2002 ~ 2006 年世界水产品产量和消费量　　　　　　　　　　单位: 百万吨

年　　份		2002	2003	2004	2005	2006
内陆水产品产量	捕捞	8.7	9.0	8.9	9.7	10.1
	养殖	24.0	25.5	27.8	29.6	31.6
	总产量	32.7	25.5	27.8	29.6	31.6
海洋水产品产量	捕捞	84.5	81.5	85.7	84.5	81.9
	养殖	16.4	17.2	18.1	18.9	20.1
	总产量	100.9	98.7	103.8	103.4	102.0
捕捞总产量		93.2	90.5	94.6	94.2	92.0
养殖总产量		40.4	42.7	45.9	48.5	51.7
水产品总产量		133.6	133.2	140.5	142.7	143.6
水产品消费	食品消费	100.7	103.4	104.5	107.1	110.4
	人均消费 (公斤)	16.0	16.3	16.2	16.4	16.7
	非食品利用	32.9	29.8	36.0	35.6	33.3

备注: 统计数据不包括水生植物。
资料来源: the state of world fishery and aquaculture 2008, 整理而得。

1.2　世界水产品国际贸易量

2006 年世界水产品产量 (活体重等值) 的 37% 进入国际市场。2005 年世界水产品国际贸易量 (活体重等值) 达到最高值 5 600 万吨, 比 1995 年和 1985 年国际贸易量分别增长了 28% 和 104%。2006 年世界水产品国际贸易量比上年下降了 4%, 鱼粉产量和贸易量减少是当年水产品贸易量下降的主要原因。事实上, 2006 年供人类食用的水产品贸易量同比增长了 5%, 比 1996 年增长了 57%。从长期来看, 发展中国家和发达国家的水产品进入国际市场的比重将持续增长。

2007 年世界水产品国际贸易额为 920 亿美元。1996 ~ 2006 年期间, 世界水产品国际贸易额年均增长 5%。剔除通货膨胀因素影响, 世界水产品贸易额在 1986 ~ 2006 年期间增长了 103.9%, 1996 ~ 2006 年增长了 26.6%, 2000 ~ 2006 年增长了 32.1%。

2　研究背景、实证研究方法及数据来源

相关学者对水产品国际贸易竞争力问题进行了大量研究, 丰硕的研究成果为我国水产业发展和水产品国际贸易促进提供了很好思路。辛毅、李宁 (2007) 以中国渔业为例, 提出以 "橄榄" 模型作为分析农产品国际竞争力及其影响因素的逻辑框架, 指出产量、质量安全性、产品结构、流通效率、营销能力、汇率和贸易政策是影响农业产业国际竞争力的主要因素。周井娟、林坚 (2008) 利用恒定市场份额模型对中国水产品出口增长的源泉展开分析, 并与泰国、印度尼西亚、印度和越南进行横向对比, 研究结果发现, 中国水产品出口的增加主要是由于水产品竞争力提高引起的, 市场规模的扩大对中国水产品出口有着积极的作用, 我国的水产品出口市场结构日趋合理。高强 (2008) 对采用 CMA 模型分析了我国水产品出口增长的影响因素, 认为入世后我国水产品出口高速增长很大程度上是由世界市场对水产品需求所致, 出口竞争力在我国水产品出口增加中起决定性作用。

当然, 前人研究成果存在着重本国水产品国际贸易竞争力问题研究, 轻世界水产品国际贸易竞

争力问题研究的不足之处。同时，前人研究还忽略了空间因素对世界水产品国际贸易竞争力的影响。本文以世界水产品国际贸易竞争力为研究对象，采用空间自相关分析方法，探索世界各国水产品的空间集聚性和空间依赖关系。

空间计量经济学模型用于分析地区间某一观测值空间依赖和空间自相关关系，其存在的基础有二：第一，每个区域不是孤立的决策单元，与系统内的其他异质单元之间存在相互作用。相互作用可以表现为社会标准效应、邻近效应、模仿效应等。相互作用形成集体行为和集聚效应。第二，地理信息系统（GIS）技术以及社会经济数据的地理化（geo-coded）需要新的统计方法来体现这些数据的特征（Luc Anselin，1999）。空间计量经济学模型通过计算各地区某观测值的空间自相关系数、描绘空间布局散点图及对加入空间滞后变量的模型进行估计等方法来反映该观测值空间依赖和自相关关系，在许多领域得到了应用。空间计量经济学全局 Moran's I 指数计算、局部分析、回归建模方法及应用见 Luc Anselin（1999）和陶红军、赵亮（2009）。

2003 ~ 2008 年世界水产品出口额和货物商品出口额数据来自 UNCOMTRADE 数据库，台湾水产品和货物商品出口额数据来自网络搜索。由于黑山共和国国际贸易统计数据缺失，用塞尔维亚水产品和货物商品出口额数据代替前南斯拉夫水产品和货物商品出口额数据。水产品涵盖联合国国际贸易商品编码 H3 所有商品种类，包括鱼、甲壳类、软体类及其他无脊椎水生动物。货物商品出口额数据涵盖 UNCOMTRADE 数据库中 all commodities。研究期间，世界各国（地区）水产品出口和货物商品出口额统计水平不一。根据数据可得性，世界水产品国际贸易比较优势空间自相关分析 SHP 文件包含 153 个国家（地区）。

3　世界水产品国际比较优势区域特征

3.1　世界水产品出口国际市场占有率

世界水产品出口国际市场占有率从总量上体现了各国（地区）水产品国际贸易竞争力。2003 ~ 2008 年世界水产品出口前 10 位国家（地区）排名变化、出口额及世界占比情况见表 2。

表 2　　　　　　　　　2003 ~ 2008 年世界水产品出口前 10 位国家（地区）
出口额及比重　　　　　　　　　　　　　　　　　　　　单位：亿美元，%

排序	2003 年			2004 年			2005 年		
	国家（地区）	出口额	占世界出口额比重	国家（地区）	出口额	占世界出口额比重	国家（地区）	出口额	占世界出口额比重
1	挪威	33.86	7.27	中国	40.56	7.79	挪威	46.84	8.26
2	中国	33.35	7.16	挪威	38.95	7.48	中国	43.50	7.67
3	美国	29.28	6.28	美国	33.07	6.35	美国	36.69	6.47
4	加拿大	28.86	6.19	加拿大	30.40	5.84	加拿大	31.19	5.50
5	越南	20.75	4.45	越南	21.98	4.22	越南	24.38	4.30
6	西班牙	18.58	3.99	西班牙	20.85	4.00	智利	21.93	3.87
7	丹麦	18.04	3.87	智利	18.70	3.59	西班牙	20.66	3.64
8	泰国	17.58	3.77	丹麦	18.68	3.59	丹麦	20.53	3.62
9	智利	15.56	3.34	中国台湾	18.01	3.46	泰国	19.38	3.42
10	荷兰	14.57	3.13	泰国	17.65	3.39	荷兰	18.66	3.29
排序	2006 年			2007 年			2008 年		
	国家（地区）	出口额	占世界出口额比重	国家（地区）	出口额	占世界出口额比重	国家（地区）	出口额	占世界出口额比重
1	挪威	52.47	8.5	挪威	59.60	8.95	挪威	66.42	9.41

续表

排序	2006 年			2007 年			2008 年		
	国家（地区）	出口额	占世界出口额比重	国家（地区）	出口额	占世界出口额比重	国家（地区）	出口额	占世界出口额比重
2	中国	47.45	7.68	中国	47.52	7.13	中国	51.86	7.35
3	美国	38.40	6.22	美国	38.66	5.80	美国	38.00	5.38
4	加拿大	31.46	5.09	越南	33.08	4.97	越南	37.17	5.27
5	越南	29.55	4.79	加拿大	32.37	4.86	加拿大	32.54	4.61
6	智利	26.81	4.34	智利	27.42	4.12	智利	29.64	4.20
7	西班牙	22.34	3.62	西班牙	25.89	3.89	西班牙	26.70	3.78
8	丹麦	21.85	3.54	泰国	24.28	3.64	泰国	25.90	3.67
9	泰国	21.83	3.53	丹麦	22.92	3.44	丹麦	24.46	3.46
10	荷兰	19.60	3.17	荷兰	22.54	3.38	荷兰	22.32	3.16

　　表 2 显示，挪威是联合国国际贸易商品编码 H3 项下水产品出口第 1 大国，中国、美国、越南等国（地区）则紧随其后。2007 年，越南超越加拿大，成为水产品出口第 4 大国。中国仅在 2004 年成为世界水产品出口第 1 大国，其余年份排列第 2。智利水产品出口增长势头强劲，从 2003 年第 9 位跃升至 2006 年的第 5 位，然后稳定在第 6 位次。加拿大、西班牙和丹麦水产品出口市场占有率略有下降。泰国水产品出口市场占有率较为靠后，且略有波动。荷兰在 10 个国家（地区）中排名最低，在 2004 年还被中国台湾省挤出 10 名之外。研究期间，美国水产品出口国际市场占有率稳居第 3 位。总的来看，2003～2008 年期间，世界水产品出口国际市场占有率前 10 位排名基本不变，但是亚洲和南美洲发展中国家水产品出口增长迅速，水产品出口空间格局将逐渐发生变化。

3.2　世界水产品出口显性比较优势指数（RCA 指数）

　　虽然水产品国际市场占有率指数客观地反映了各国（地区）水产品出口绝对规模及排名，但是大国（地区）及市场经济发达国家（地区）水产品国际市场占有率通常较高，而小国（地区）及市场经济不发达国家（地区）水产品国际市场占有率通常较低。

　　显性比较优势指数可以反映一个国家（地区）某一产业贸易的比较优势。它通过该产业在该国出口中所占的份额与世界贸易中该产业占世界贸易总额的份额之比来表示，剔除了国家总量波动和世界总量波动的影响，可以较好地反映一个国家某一产业的出口与世界平均出口水平比较来看的相对优势。

　　世界水产品国际贸易显性比较优势指数计算公式为：

$$RCA_{ij} = \frac{X_{ij}/X_{it}}{X_{uj}/X_{wt}} \tag{1}$$

　　其中，RCA_{ij} 是 i 国（地区）水产品显性比较优势指数，j 表示水产品。X_{ij} 是 i 国（地区）水产品出口额，X_{it} 是 i 国（地区）所有货物商品出口额。X_{uj} 是世界水产品出口额，X_{wt} 是世界所有货物商品出口额。如果 $RCA_{ij} > 1$，表示 i 国（地区）水产品出口与其他商品相比具有一定优势。反之，如果 $RCA_{ij} < 1$，i 国（地区）水产品出口处于相对劣势。

　　2003～2008 年世界水产品显性比较优势指数计算结果见表 3。

　　2003～2008 年世界水产品出口 RCA 指数排名前 10 位国家中，毛里塔尼亚、塞内加尔和冈比亚西濒大西洋，巴拿马则南濒太平洋，北临加勒比海，其余都是群岛国家，渔业生产资源丰富。这些国家产业结构单一、经济不发达，渔业是支柱产业之一。2003～2008 年世界水产品出口国际市场占有率排名前 10 位国家（地区）中，越南、智利、挪威、丹麦、泰国具有明显比较优势，其中越南最具有优势。西班牙、加拿大具有弱优势，中国、荷兰和美国则具有弱劣势。

表3　　　　　　　　　2003～2008 年世界水产品国际贸易比较优势指数及排名

2003 年			2004 年			2005 年		
排序	国家（地区）	RCA 指数	排序	国家（地区）	RCA 指数	排序	国家（地区）	RCA 指数
1	法罗群岛	135.4710	1	法罗群岛	140.594	1	法罗群岛	147.625
2	格陵兰	117.7130	2	格陵兰	108.246	2	格陵兰	105.833
3	马尔代夫	89.5912	3	冰岛	83.5878	3	马尔代夫	99.8752
4	巴拿马	76.9177	4	巴拿马	82.5138	4	冰岛	87.0933
5	冰岛	75.6067	5	马尔代夫	76.2372	5	巴拿马	80.8143
6	毛里塔尼亚	64.9520	6	毛里塔尼亚	68.8352	6	毛里塔尼亚	54.8747
7	巴哈马	48.0365	7	伯里兹	44.9789	7	巴哈马	52.3449
8	汤加	46.2878	8	特克斯和凯科斯群岛	39.853	8	汤加	47.8612
9	伯里兹	44.0431	9	塞内加尔	38.8705	9	伯里兹	37.8437
10	纳米比亚	38.4226	10	巴哈马	38.2323	10	特克斯和凯科斯群岛	35.6504
水产品出口国际市场占有率前 10 位国家（地区）RCA 指数								
18	越南	16.6570	21	越南	14.6127	22	越南	13.7527
24	智利	12.5342	24	智利	10.6562	25	智利	10.4031
29	挪威	8.0636	27	挪威	8.31482	29	挪威	8.2639
38	丹麦	4.5167	37	丹麦	4.40052	39	丹麦	4.56036
43	泰国	3.5416	46	泰国	3.22802	48	泰国	3.2222
57	西班牙	1.8994	56	西班牙	2.00883	56	西班牙	1.9621
61	加拿大	1.7152	61	加拿大	1.68769	62	加拿大	1.5838
68	中国	1.2312	69	中国	1.20353	72	中国	1.0450
77	荷兰	0.8903	74	荷兰	0.94495	74	荷兰	0.9766
84	美国	0.6546	83	美国	0.71202	82	美国	0.7427
2006 年			2007 年			2008 年		
排序	国家（地区）	RCA 指数	排序	国家（地区）	RCA 指数	排序	国家（地区）	RCA 指数
1	马尔代夫	167.1870	1	马尔代夫	175.6620	1	马尔代夫	199.7250
2	法罗群岛	152.9740	2	法罗群岛	158.3670	2	法罗群岛	168.3910
3	格陵兰	110.2150	3	格陵兰	98.2817	3	格陵兰	96.0693
4	冰岛	84.7924	4	汤加	72.9198	4	汤加	83.5391
5	汤加	77.3140	5	冰岛	72.5790	5	巴拿马	81.6401
6	巴拿马	69.8050	6	巴拿马	71.6824	6	冰岛	71.4279
7	毛里塔尼亚	58.1904	7	冈比亚	51.7448	7	冈比亚	54.7771
8	巴哈马	35.6839	8	塞内加尔	39.7111	8	所罗门群岛	45.9052
9	塞内加尔	34.2116	9	特克斯和凯科斯群岛	36.8071	9	塞舌尔	41.6802
10	特克斯和凯科斯群岛	33.3880	10	毛里塔尼亚	34.5859	10	毛里塔尼亚	35.2737
水产品出口国际市场占有率前 10 位国家（地区）RCA 指数								
24	越南	14.4040	24	越南	13.9695	24	越南	13.1950
28	智利	9.3128	30	挪威	8.9634	30	智利	9.54845
30	挪威	8.3345	31	智利	8.5542	31	挪威	9.31877
38	丹麦	4.6311	39	丹麦	4.6158	41	丹麦	4.70536
47	泰国	3.2446	45	泰国	3.2422	45	泰国	3.27601
57	西班牙	2.0261	56	西班牙	2.0925	58	西班牙	2.12792
62	加拿大	1.5731	61	加拿大	1.5797	64	加拿大	1.58864

2006 年			2007 年			2008 年		
排序	国家（地区）	RCA 指数	排序	国家（地区）	RCA 指数	排序	国家（地区）	RCA 指数
水产品出口国际市场占有率前 10 位国家（地区）RCA 指数								
73	中国	0.9506	72	荷兰	0.9677	75	荷兰	0.9098
74	荷兰	0.9498	78	中国	0.7988	77	中国	0.8066
79	美国	0.7189	85	美国	0.6819	84	美国	0.6504

研究期间，我国水产品国际贸易 RCA 指数从 2003 年的 1.2312 下降到 2008 年的 0.7988，下降幅度高达 35.12%。2003～2008 年中国水产品国际贸易 RCA 指数分别排名第 68、69、72、73、78和 77 位，基本呈现逐年下降态势。我国已从水产品国际贸易弱优势转化为弱劣势。虽然，我国拥有 300 万平方公里的海洋国土面积，1.8 万公里长的海岸线，200 海里专属海洋及经济区。但是，我国单位陆地面积平均拥有的海岸线长度仅列世界第 94 位。可管辖的海域面积与大陆面积之比仅为 0.3，而世界沿海国家（地区）平均水平为 0.94。日本、朝鲜、越南、菲律宾同类指标值分别是 11、2.17、2.19 和 6.31。我国人均海洋面积为 0.0029 平方公里，大约是世界沿海国家人均海洋面积 0.026 平方公里的 1/10。

4　世界水产品国际贸易比较优势空间自相关分析

4.1　世界水产品国际贸易比较优势全局 Moran's I 指数

全局 Moran's I 指数反映的是空间邻接或空间邻近的区域单元某观测值的相似程度，其表达式为：

$$I = \frac{\sum_{i=1}^{n} \sum_{j \neq i}^{n} W_{ij}(x_i - \bar{x})(x_j - \bar{x})}{S^2 \sum_{i=1}^{n} \sum_{j \neq i}^{n} W_{ij}} \tag{2}$$

其中，x_i 为区域 i 的观测值，x_j 为区域 j 的观测值，W_{ij} 为空间权重矩阵，并且：

$$S^2 = \sum_{i=1}^{n} (x_i - \bar{x})^2, \quad \bar{x} = \frac{1}{n} \sum_{i=1}^{n} x_i \tag{3}$$

全局 Moran's I 指数的检验统计量为标准化 Z 值，表达式为：

$$Z = \frac{I - E(I)}{\sqrt{VAR(I)}} \tag{4}$$

检验统计量可以对零假设 H_0（n 个区域单元的观测值之间不存在空间自相关）进行显著性检验。显著性水平可以由标准化 Z 值的 P 值检验来确定：如果 P 值小于给定的显著性水平 α（一般取 0.05），则拒绝零假设；否则接受零假设。P 值可以通过正态分布、随机分布或置换方法来获取。

当 Z 值为正且显著时，表明存在正的空间自相关，即相似的观测值趋于空间集聚；当 Z 值为负且显著时，表明存在负的空间自相关，相似的观测值趋于空间分散；当 Z 值为零时，观测值呈随机的空间分布。

采用 GEODA 空间计量分析软件，对 2003～2008 年世界水产品国际贸易显性优势指数进行空间自相关分析。计算全局 Moran's I 指数时首先要建立空间权重矩阵。空间权重矩阵的建立有多种规则，其中常用的有基于二进制邻接规则和二进制距离规则。采用门槛距离标准确定各国（地区）

之间的空间权重向量。GEODA™软件自动显示出每个国家（地区）至少有 1 个邻居的门槛距离值是 38. 17868 英里。

2003～2008 年世界水产品国际贸易显性优势指数全局 Moran's I 指数见表 4。

表 4　　　　　　　　**2003～2008 年世界水产品国际贸易显性优势指数全局 Moran's I 指数**

年　份	Moran's I 指数	Z 值	P 值
2003	0. 1466	6. 202429	0. 0030
2004	0. 1508	6. 346774	0. 0030
2005	0. 1428	6. 384615	0. 0010
2006	0. 1138	4. 394161	0. 0080
2007	0. 0957	4. 346154	0. 0070
2008	0. 0796	3. 130909	0. 0060

注：P 值都是通过 999 次随机置换（randomization）获得。

2003～2008 年世界水产品国际贸易显性优势指数全局 Moran's I 指数 Z 值都大于 0，并且都能够通过 5% 的显著性水平检验，世界水产品国际贸易显性比较优势空间自相关关系明显。具有水产品国际贸易比较优势的国家（地区）空间集聚在一起，不具有比较优势的国家（地区）也集聚在一起。世界水产品国际贸易比较优势空间差异性显著，空间极化效应明显。

世界水产品显性比较优势指数全局 Moran's I 指数下降速度快，说明世界水产品比较优势空间结构发生了很大变化。水产品国际贸易后进国家（地区）积极发掘本国（地区）水产品生产优势，而原先具有水产品国际贸易比较优势的国家（地区）由于劳动力成本上升、水产资源耗竭、水产品技术进步缓慢及水产品质量检验检疫水平低等原因，逐步丧失水产品国际贸易比较优势。总的来看，世界水产品国际贸易显性比较优势中心—外围空间模式中扩散效应大于极化效应，具有水产品国际贸易比较优势的新增长极渐渐出现，水产品产业国际转移必定发生。

4.2　世界水产品国际贸易显性优势指数 LISA 分析

2003～2008 年世界水产品国际贸易显性优势指数 LISA 分析 Moran 散点图见图 1。图形上部左边数据是全局 Moran's I 指数，右边数据是去除异常值（格陵兰 RCA 指数）后的局部 Moran's I 指数。RCA2003、RCA2004、RCA2005、RCA2006、RCA2007 和 RCA2008 分别为 2003～2008 年对应年份各国（地区）水产品国际贸易显性优势指数。W_RCA2003、W_RCA2004、W_RCA2005、W_RCA2006、W_RCA2007 和 W_ RCA2008 分别为对应年份各国（地区）临近国家（地区）水产品国际贸易显性优势指数空间加权值。

Moran 散点图中第 1、第 3 象限代表正的空间相关性，第 2、第 4 象限代表负的空间相关性。其中第 1 象限代表了水产品国际贸易显性优势指数高的区域单元为高值区域所包围（高—高）；第 2 象限代表了水产品国际贸易显性优势指数低的区域单元为高值区域所包围（低—高）；第 3 象限代表了水产品国际贸易显性优势指数低的区域单元为低值区域所包围（低—低）；第 4 象限代表了水产品国际贸易显性优势指数高的区域单元为低值区域所包围（高—低）。

2003～2008 年世界水产品国际贸易显性比较优势指数 Moran 散点图中，大多数国家（地区）落入第 1 和第 3 象限，各国（地区）水产品国际贸易比较优势呈现明显的正相关关系。格陵兰岛离拟合的水产品国际贸易显性优势指数曲线较远，原因是该地区周边国家（地区）更具有水产品国际贸易比较优势。2008 年，格陵兰岛及周边的法罗群岛和冰岛显性优势指数分别为 96.07、168.39 和 71.428。剔除格陵兰岛异常值后，世界水产品显性优势指数局部 Moran's I 指数显著降低，世界水产品国际贸易比较优势的空间依赖关系比较脆弱。

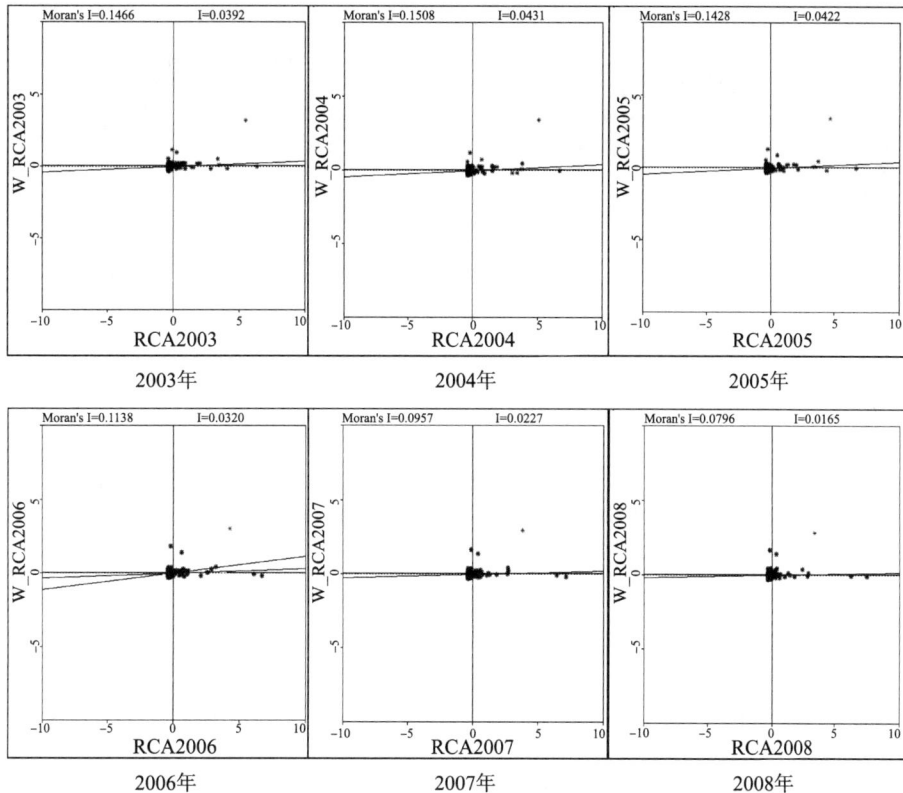

图1　2003~2008 年世界水产品国际贸易 RCA 指数 Moran 散点图

4.3　世界水产品国际贸易显性优势指数空间集聚图

2003~2008 年世界水产品国际贸易显性优势指数空间集聚图见图 2。不同的颜色代表着各国（地区）水产品国际贸易比较优势的不同空间集聚状态。High-High 代表水产品国际贸易比较优势高的国家（地区）集聚在一起，Low-Low 表示水产品国际贸易比较优势低的国家（地区）集聚在一起，Low-High 表示本国（地区）水产品国际贸易比较优势低，但是周边国家（地区）水产品国际贸易比较优势高，High-Low 表示本国（地区）水产品国际贸易比较优势高，但是周边国家（地区）水产品国际贸易比较优势低。图 2 中有阴影的国家（地区）水产品国际贸易比较优势空间集聚关系显著，而无阴影的国家（地区）水产品国际贸易比较优势空间集聚关系则不显著。

2003~2008 年世界水产品国际贸易显性优势指数空间集聚显著性没有发生大的变化。水产品国际贸易显性优势呈现显著高—高集聚的国家（地区）有格陵兰。2003~2005 年期间，冰岛呈现显著高—高集聚，随后不再显著。乌干达与周边国家（地区）水产品国际贸易显性优势指数呈现显著的高—低空间集聚。水产品国际贸易显性优势指数呈现显著低－低集聚的国家（地区）主要位于西亚非洲和东欧。西亚非洲有尼日尔、埃及、苏丹、土耳其、叙利亚、约旦、以色列、黎巴嫩、哈萨克斯坦、格鲁吉亚、阿塞拜疆、亚美尼亚。东欧国家主要有白俄罗斯、捷克、阿尔巴尼亚、波斯尼亚和黑塞哥维纳、保加利亚、匈牙利、马其顿、摩尔多瓦、罗马尼亚、斯洛文尼亚、斯洛伐克、乌克兰、塞尔维亚和希腊。2003~2008 年，没有国家（地区）水产品国际贸易显性优势指数呈现显著的低—高空间集聚状态。

总的来看，研究期间世界水产品国际贸易显性优势指数显著空间集聚的国家（地区）数量不多，直接说明世界水产品国际贸易比较优势空间依赖关系的脆弱性。

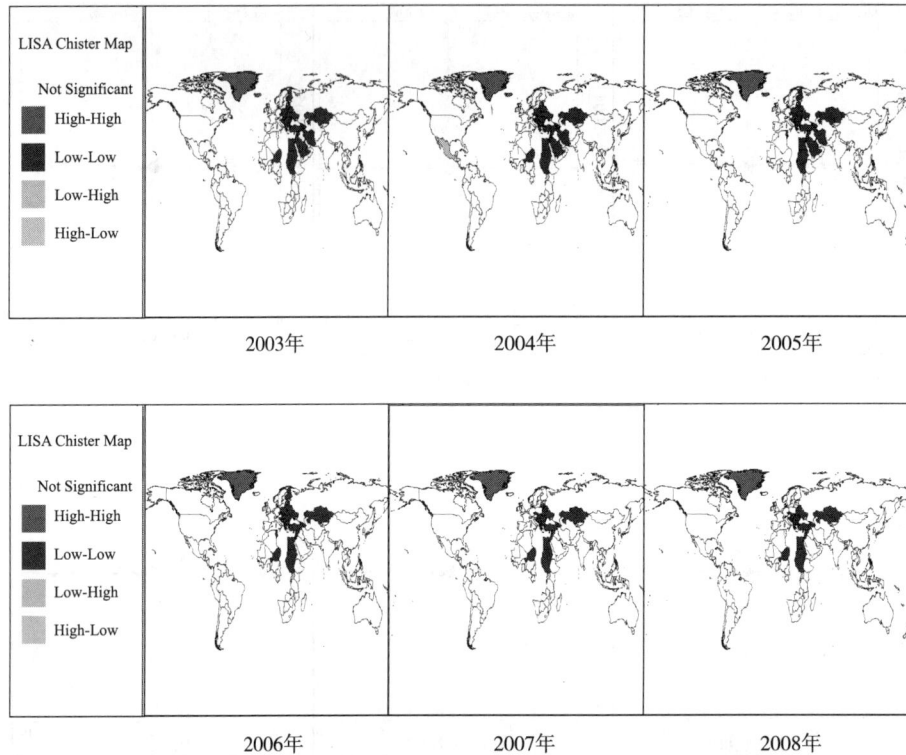

图2 2003～2008 年世界水产品国际贸易 RCA 指数空间集聚图

5 结 论

2003～2008 年期间，世界水产品出口国际市场占有率前10 位国家（地区）排名基本不变，但是亚洲和南美洲发展中国家水产品出口增长迅速，水产品出口空间格局将逐渐发生变化。

水产品资源禀赋是各国（地区）获得水产品国际贸易比较优势的基础。世界水产品出口 RCA 指数排名前10 位国家中，毛里塔尼亚、塞内加尔和冈比亚西濒大西洋，巴拿马则南濒太平洋，北临加勒比海，其余都是群岛国家，渔业生产资源丰富。

世界各国（地区）水产品国际贸易比较优势空间自相关关系明显。具有水产品国际贸易比较优势的国家（地区）空间集聚在一起，不具有比较优势的国家（地区）也集聚在一起。世界水产品国际贸易比较优势空间差异性显著，空间极化效应明显。但是，世界水产品国际贸易显性比较优势中心—外围空间模式中扩散效应大于极化效应，具有水产品国际贸易比较优势的新增长极会渐渐出现，水产品产业国际转移必定发生。而且世界水产品国际贸易显性优势指数呈现显著空间集聚的国家（地区）数量不多，世界水产品国际贸易比较优势空间依赖关系的脆弱性。

研究期间，中国水产品国际贸易 RCA 指数逐年下降，世界排名不断后移，已经从水产品国际贸易弱优势转化为弱劣势。虽然中国的水产品资源总量庞大，但是人均水产资源占有量较少。在产业结构逐步高级化过程中，我国水产品国际贸易比较优势还会降低。但是，水产品国际贸易对于我国农业经济结构调整、合理分配陆地和海洋资源、提高渔民和水产养殖户收入及新农村建设具有重要作用，我国应该从水产品种质资源保护和培育、海洋资源综合开发和利用、水产养殖结构调整、海洋捕捞跨国投资、渔民和水产养殖户知识更新、水产品加工能力提升、水产品质量控制、水产业发展区划落实、政府水产品国际贸易救济服务等方面着手，化解水产品资源消耗和劳动力成本上升等不利因素，实现水产品生产差异化，提高出口产品附加值，提升水产品国际贸易竞争力。

参 考 文 献

1. 高强、史磊:《我国水产品出口增长的影响因素及国际竞争力分析》,载《中国渔业经济》2008 年第 4 期。

2. 陶红军、赵亮:《中国农产品国际贸易空间自相关分析》,载《沈阳农业大学学报》(社会科学版) 2009 年第 7 期。

3. 辛毅、李宁:《农产品国际竞争力的"橄榄"模型分析——以中国渔业为例》,载《农业经济问题》2007 年第 5 期。

4. 周井娟、林坚:《中国水产品出口增长的源泉分析》,载《国际贸易问题》2008 年第 9 期。

5. FAO, The State of World Fishery and Aquaculture 2008, http://www.fao.org/docrep/011/i0250e/i0250e00.HTM, 2009, Vol.7, pp.54 – 90.

6. Luc Anselin, Exploring Spatial Data with GeoDaTM: A Workbook [EB/OL], P.120, http://sal.uiuc.edu/1999 – 04/26.

Analysis on Spatial Autocorrelation of World Fishery and Aquatic Products Revealed Comparative Advantages

Tao Hongjun

(School of Management, Fuzhou University, Fuzhou 350108, China)

Abstract: The paper introduces newly development of world fishery and aquatic production, consumption and trade, calculates 153 countries' (regions') export market shares and RCA indexes of fishery and aquatic products during the period of 2003 and 2008, and reveals regional features of those market shares and RCA indexes. It also analyzes global and local spatial dependence of world fishery and aquatic products Comparative Advantages by applying spatial econometrics methods. It finds that spatial dependence of world fishery and aquatic products Comparative Advantages does exist but seems to be unstable. Policy recommendations on how to improve China's fishery and aquatic products Comparative Advantages are provided at the end.

Key Words: World　Fishery and Aquatic Products　RCA Indexes　Global Moran's I　Lisa

第 2 卷第 1 辑　　　　　　　　　　经济管理评论　　　　　　　　　　　　Vol. 2　No. 1
2010 年 10 月　　　　　　　Economics and Management Review　　　　　　Oct. 2010

中国分产业电力消费与经济增长关系研究

——基于联立方程模型的情景分析[*]

陈天祥　　任元芬[**]

摘　要：根据经济增长理论、消费理论和产业划分理论，建立包括电力消费因素的扩展 C – D 生产函数和针对我国各个产业的建立分产业电力消费函数，并用联立方程模型的刻画我国的经济增长与各产业电力消费的关系，分析各产业电力消费的主要因素的影响程度，对我国电力消费的进行数量分析，并对 2009 年中国经济"保八"的目标下对联立方程进行情景分析，得出优化产业结构、提高耗电效率和区别对待电价政策是缓解电力紧张的有效对策。

关键词：联立方程　电力消费　经济增长

中图分类号：F222.3　　　　　　**文献标识码**：A

0　引　言

能源是工业现代化的基础动力，能源消费尤其是电力消费对支撑国民经济的增长发挥着重要作用。在过去的 30 年里，中国电力消费的增长比世界任何其他国家都要快（年均增长 9%），而与此同时，中国的经济也是世界增长最快的（中国从 1978 年到 2008 年，这 30 年中国经济平均增长速度在 9.8% 左右），电力消费与经济增长的平均速度几乎是同步的，世界其他国家在数据统计上也存在着二者变化的同步性。对于这种现象，Anderson（1973），Bureny N.（1995），Asafu-Adjaye（2000），Charles B. et al.,（2004）均认为能源消费（或电力消费）与经济增长关系之间有明显的正相关关系。在我国，林伯强（2003）、王海鹏等（2005）、黄超等（2005）运用协整理论、误差修正模型和 Granger 因果关系检验等方法认为电力消费与经济增长之间存在双向因果关系，电力和经济发展相互影响，形成了长期协整的关系。国内外学者们的研究，在经验数据和实证的基础上，验证这样的结论：经济增长是推动电力消费增加的原因，同时电力消费的增长也有力地带动经济的增长。

除了经济增长能有力地推动电力消费之外，还有其他很多因素能对电力消费产出影响。林伯强（2003）认为国内生产总值、电价、人口增长、经济中的结构变化[①]和效率改进[②]等五个因素是影响中国电力消费的主要因素。房林等（2004）也认为宏观经济形势[③]、居民生活水平、电价及经济结构变

---

　* 收稿日期：2010 – 04 – 22；修订日期：2010 – 08 – 19。
　** 陈天祥，福州大学管理学院，副教授，硕士生导师，福州 350002。任元芬，福州大学管理学院，在读硕士生福州 350002。
　① GDP 中工业总产值减去重工业总产值。
　② 产业生产的增加值除以产业消费的电力。
　③ 用国内生产总值表示。

化①是中国电力需求的主要影响因素。朱虹（1999）、史丹（1999）都提出产业结构变动也是影响我国电力消费的重要因素。不同的产业对电力消费的影响因素是不同的，电力消费对产业发展的促进程度也不尽相同，基于分产业考虑电力消费的影响因素，蒋金荷（2002）考虑到电耗系数的变化对于我国电力消费的影响，针对不同产业电耗系数的变化进行了分析。归纳现有的电力消费影响因素的研究，着眼点只是分析影响电力消费总量的因素，没有刻意区别各产业不同的电力消费影响因素，仅在计量模型中用产业结构变动因素来表现不同产业对电力消费的影响。这种处理一方面有利于在整体上把握电力消费的规律，但另一方面也促使我们去探讨不同产业对电力消费的影响因素，以及产业电力消费与经济增长之间的联系。

所以本文分析并区别各个产业电力消费的影响因素，在消费函数的理论框架下分别构建各个产业的电力消费函数，反映经济增长以及其他因素对电力消费的影响程度；根据生产函数的理论，将电力消费作为新的生产要素引入生产函数模型，构建扩展的 C－D 生产函数，反映电力消费对经济增长的影响程度；同时将扩展的生产函数与前述的电力消费函数构成联立方程系统，用来描述并反映电力消费、经济增长和各影响因素之间相互依存、互为因果的关系。

1　分产业电力消费与经济增长联立方程模型

1.1　引入电力消费的经济增长方程

生产函数是表示生产投入与生产产出之间技术经济关系的重要理论模型，Nerlove（1965）研究美国电力工业的资料，发现其生产过程符合 C－D 生产函数模型，$Y = AL^{\alpha}K^{\beta}E^{\gamma}$，其中 Y 表示产出，A 表示生产要素投入效率，K 表示资本投入，E 表示燃料投入，L 表示劳动力投入。赵丽霞、魏巍贤（1998），林伯强（2003），曲德巍等（2007）也分别使用引入电力消费的扩展 C－D 生产函数来分析我国电力消费和经济增长之间的关系。

综合考虑电力消费与资本（K）、劳动（L）、技术（A）的不可替代性，将电力消费（E）当作一个独立的生产要素对经济增长（GDP）产生影响，引入生产函数：

$$GDP = Af(K, L, E, u)　（u 表示其他因素影响）\qquad (1)$$

1.2　各产业电力消费方程

根据 Fisher（1935）的三次产业划分理论，根据人类发展的三个不同阶段，可以将国民经济划分为包括农林牧渔的第一产业、包括工业制造业等的第二产业、其他所有经济活动归为第三产业。根据上述产业划分理论，本文也对总电力消费划分为三个产业的电力消费，针对电力消费不仅是生产资料，同时还是居民消费中重要消费资料这种电力消费二重性（杨宏林等，2007），本文还考虑居民电力消费函数。

消费函数的构建，John Maynard Keynes（1936）消费理论认为在短期中，收入与消费是相关的，即消费取决于收入。美国经济学家 James S. Duesenberry（1949）认为消费具有惯性，前期的消费水平高会影响下一期的消费水平，所以前期的消费也很可能是建立消费函数应该要考虑的因素。同时考虑国内外学者的研究成果，经济增长（GDP）、电价（P）、人口（POP）、产业结构（M）、效率改进（EF）均是电力消费的主要因素，但针对不同的产业，影响是不同的，对于各个产业具体分析：

（1）第一产业电力消费与经济增长、前期的电力消费、电力价格相关，但另一方面，以农业为主的第一产业用电受气候（如洪涝、干旱）影响波动较大，例如 1998 年的特大洪水灾害，导致大部分

---

① 用第三产业比重、重工业比重表示。

地区农业用电减少，当年第一产业用电下降 2.24%（蒋金荷等，2002），所以综合考虑，第一产业电力消费方程如下：

$$AEC = f(\text{GDP},\ AEC_{-1},\ P,\ Z,\ u) \tag{2}$$

其中 AEC 表示第一产业电力消费，GDP 代表经济增长，AEC_{-1} 表示前一期的第一产业电力消费，P 表示电力价格，Z 为受灾面积表征自然灾害的影响，u 表示其他影响和随机波动。

（2）第二产业电力消费同样受到经济增长、前期的电力消费、电力价格的影响，而且我国从改革开放至今仍处于工业化进程阶段，第二产业占国内生产总值的比重在 41.3% ~ 48.9% 之间波动，而基于二产中的工业尤其是重工业的高耗能特点，二产的电力消费占所有电力消费比重高达 60% 以上。随着我国提出科学发展观战略，强调经济增长方式转变，高耗能低效率工业的转型对电力消费影响也很显著。综合考虑，第二产业电力消费方程：

$$IEC = f(\text{GDP},\ IEC_{-1},\ P,\ EF,\ u) \tag{3}$$

其中 EF 是单位第二产业单位电力消费推动的产值，表示耗能的效率，其他变量含义同上。

（3）电力消费是第三产业的基本投入，随着经济增长，第三产业在中国所占的比例越来越大，所以经济增长、前期的电力消费、电力价格对它影响比较显著。三产电力消费如下：

$$SEC = f(\text{GDP},\ SEC_{-1},\ P,\ u) \tag{4}$$

（4）居民电力消费和人口基数有很大关系，人口越大消费越多，同时居民电器消费中，很大程度是耐用家电的消耗用电，综合其他主要的电力影响因素，居民电力消费方程：

$$PEC = f(\text{GDP},\ PEC_{-1},\ P,\ POP,\ u) \tag{5}$$

其中，POP 表示人口总数，其他变量含义同上。

1.3　结构式联立方程模型

电力消费和经济增长之间是双向促进、互为因果的，仅仅对上述构建的单方程来模拟电力消费、经济增长的情况就无法准确描述它们之间相互依存的关系，所以用一组联立方程模型来反映电力消费和经济增长之间的反馈关系，并用系统估计方面估计联立方程组的参数，用以模拟、预测经济的运行。

综合上述单方程计量模型，构建如下联立方程（见表1）：

$$\begin{cases} \ln(\text{GDP}_t) = \alpha_1 + \alpha_2 \ln(K_t) + \alpha_3 \ln(L_t) + \alpha_4 \ln(E_t) + u_{1t} \\ \ln(AEC_t) = \beta_1 + \beta_2 \ln(\text{GDP}_t) + \beta_3 \ln(AEC_{t-1}) + \beta_4 \ln\left(\frac{1}{P_t}\right) + \beta_5 \ln\left(\frac{1}{Z_t}\right) + u_{2t} \\ \ln(IEC_t) = \gamma_1 + \gamma_2 \ln(\text{GDP}_t) + \gamma_3 \ln(IEC_{t-1}) + \gamma_4 \ln\left(\frac{1}{P_t}\right) + \gamma_5 \ln\left(\frac{1}{EF_t}\right) + u_{3t} \\ \ln(SEC_t) = \lambda_1 + \lambda_2 \ln(\text{GDP}_t) + \lambda_3 \ln(SEC_{t-1}) + \lambda_4 \ln\left(\frac{1}{P_t}\right) + u_{4t} \\ \ln(PEC_t) = \delta_1 + \delta_2 \ln(\text{GDP}_t) + \delta_3 \ln(PEC_{t-1}) + \delta_4 \ln\left(\frac{1}{P_t}\right) + \delta_5 \ln(POP) + u_{5t} \\ E_t = AEC_t + IEC_t + SEC_t + PEC_t \end{cases} \tag{6}$$

表1　　　　　　　　　　　　　　模型（6）中的变量

	符号	指标名称	单位	说明
内生变量	GDP	经济增长	亿元	用实际 GDP 表示（用 CPI 进行平减）
	AEC	一产电力消费	亿千瓦时	—
	IEC	二产电力消费	亿千瓦时	—
	SEC	三产电力消费	亿千瓦时	—
	PEC	居民电力消费	亿千瓦时	—

续表

	符号	指标名称	单 位	说 明
外生变量	K	资本投入	万元	用实际固定资本投资表示，与 GDP 正相关
	L	劳动投入	万人	用社会就业人口数量表示，与 GDP 正相关
	P	电力价格	定基（1978 年 = 100）	电力价格指数，与电力消费负相关
	EF	电力效率	千瓦时/元	二产单位 GDP 消耗的电力，与 IEC 负相关
	Z	气候影响	千公顷	用农业产区平均受灾面积表示，与 AEC 负相关
	POP	总人口	万人	与 PEC 正相关

数据来源：中国统计年鉴。

说明：在构建分行业电力消费与经济增长的联立方程时，方程的变量以对数形式出现，这样解释变量的系数就是相应的弹性，便于模拟时解释变量间的相互影响，为保证各方程的估计系数为正，将与内生变量负相关的外生变量在方程中取倒数的形式。根据统计年鉴各类变量统计的口径的一致和完整性，取 1985~2006 年的年度数据对联立方程进行估计。

2　联立方程模型的估计与检验

2.1　三阶段最小二乘法原理

在同时估计联立方程系统的全部结构方程的估计方法选择上，广义矩估计（GMM）可以允许随机误差项存在异方差和序列相关，也不需要知道扰动项的分布，估计量稳健，但是因为可得的观测样本数据为 1985~2006 年度的 22 个样本值比较少，而且先决变量相对较多，容易在估计中产生奇异矩阵[①]导致无法估计，所以选择三阶段最小二乘估计法（3SLS）。3SLS 的估计矩阵形式的联立方程 $Y = X\Delta + u$ 原理是：先用两阶段最小二乘估计法（2SLS）估计每一个方程，再对整个联立方程系统利用最小二乘估计。在平衡系统情况下，3SLS 得到的估计量为：

$$\hat{\Delta}_{3SLS} = [\hat{X}'(\textstyle\sum^{-1}\otimes I_t)\hat{X}]^{-1}\hat{X}'(\textstyle\sum^{-1}\otimes I_t)Y \tag{7}$$

$$\hat{X} = \begin{bmatrix} Z(Z'Z)^{-1}Z'X_1 & 0 & 0 & 0 \\ 0 & Z(Z'Z)^{-1}Z'X_2 & \ddots & 0 \\ \vdots & \ddots & \ddots & \vdots \\ 0 & 0 & \cdots & Z(Z'Z)^{-1}Z'X_k \end{bmatrix} \tag{8}$$

其中：Z 是先决变量矩阵，X_i 是第 i 个方程的 $T \times k_i$ 阶解释变量矩阵。

2.2　联立方程的估计结果及解释

利用 Eview5 估计得表 2 的估计结果：

结果解释：在上述估计中，生产函数方程和第二产业电力消费方程的扰动项有较强的正相关性（D. W. 值小于 1.5），而且电力价格因素对第一、第三产业和居民电力消费影响不显著，只有对第二产业电力消费影响显著。

中国的电价是根据供给成本行政性地确定的，供给成本包括全部燃料、运行和维护成本以及需回收的建设成本及合理的利润。由于各级政府的许多主管部门及许多利益相关者介入了电价的批准

---

① Near singular matrix.

过程①，因此中国的电价制定是一个复杂且敏感的部门问题，而不一定真正反映市场规律（林伯强，2003），而且居民消费、第一、第三产业对电力消费具有一定的需求刚性，所以电力价格对它们影响不显著是可以理解的。但是我国市场经济的推进，电价价高于企业的承受能力，则对电力消费明显减少，而且高耗电企业（重工业）纷纷从电价高的地区转移到电价低的地区（房林等，2004），所以第二产业的电力消费，对电价还是敏感的。

表 2　　　　　　　　　　　　　　　　联立方程系统（6）估计结果

方程	变量	系数	T_值	P*_值	说明	方程拟合
生产函数	C_0	-1.9134	-1.2439	0.2171	不显著	$R^2 = 0.9945$ D. W. = 0.3212
	$\ln(K_t)$	0.3163	3.7446	0.0003	—	
	$\ln(L_t)$	0.3377	1.8313	0.0707	—	
	$\ln(E_t)$	0.5557	3.9545	0.0002	—	
一产电力消费	C_1	0.6393	0.7549	0.4525	不显著	$R^2 = 0.977194$ D. W. = 2.118979
	$\ln(GDP_t)$	0.1649	1.7833	0.0782	—	
	$\ln(AEC_{t-1})$	0.6799	3.8819	0.0002	—	
	$\ln(1/P_t)$	-0.0015	-0.0260	0.9793	不显著	
	$\ln(1/Z_t)$	-0.0544	-0.5791	0.5641	不显著	
二产电力消费	C_2	-0.5893	-0.5631	0.5749	不显著	$R^2 = 0.997972$ D. W. = 0.740909
	$\ln(GDP_t)$	0.3909	6.1133	0.0000	—	
	$\ln(IEC_{t-1})$	0.7090	10.4403	0.0000	—	
	$\ln(1/P_t)$	0.0832	2.4216	0.0177	—	
	$\ln(1/EF_t)$	-0.2024	-0.9525	0.3436		
三产电力消费	C_3	-2.2088	-1.6551	0.1017	—	$R^2 = 0.991402$ D. W. = 2.257576
	$\ln(GDP_t)$	0.5055	2.1708	0.0328	—	
	$\ln(SC_{t-1})$	0.6153	3.4571	0.0009	—	
	$\ln(1/P_t)$	-0.0133	-0.1903	0.8495	不显著	
居民电力消费	C_4	-50.505	-2.9777	0.0038	—	$R^2 = 0.998996$ D. W. = 1.283873
	$\ln(GDP_t)$	0.1560	1.9242	0.0578	—	
	$\ln(PEC_{t-1})$	0.5446	3.1468	0.0023	—	
	$\ln(1/P_t)$	0.0286	0.9165	0.3621	不显著	
	$\ln(POP_t)$	4.4513	2.9731	0.0039	—	

注：P 值的显著性水平为 0.05。

仅在联立方程模型的第二产业电力消费保留电力价格因素并重新估计得：

（1）生产函数：

$$\ln(GDP_t) = 0.29\ln(K_t) + 0.3\ln(L_t) + 0.6\ln(E_t) + \hat{u}_{1t}$$
$$t = (4.53) \qquad (1.86) \qquad (5.6)$$
$$\hat{u}_{1t} = 1.01\,\hat{u}_{1,t-1} + \varepsilon_t$$
$$t = (98.22)$$
$$R^2 = 0.99992 \qquad D. W. = 1.856942$$

（2）第一产业电力消费方程：

---

① 电价调整方案是由省级电力公司和省级政府部门（主要是省物价局）联合提出，上报中央政府（主要是国家计委）而获批准的。

$$\ln(AEC_t) = 0.64 + 0.17\ln(GDP_t) + 0.67\ln(AEC_{t-1}) + 0.06\ln(1/Z_t) + \hat{u}_{2t}$$
$$t = (1.8) \quad (2.0) \quad\quad (4.36) \quad\quad\quad (0.71)$$
$$R^2 = 0.97708 \quad\quad D.W. = 2.12908$$

（3）第二产业电力消费方程：

$$\ln(IEC_t) = 0.39\ln(GDP_t) + 0.71\ln(IEC_{t-1}) + 0.08\ln(1/P_t) + 0.18\ln(1/EF_t) + \hat{u}_{3t}$$
$$t = (6.15) \quad\quad (10.59) \quad\quad (2.52) \quad\quad (2.85)$$
$$R^2 = 0.99812 \quad\quad D.W. = 0.802222$$

（4）第三产业电力消费方程：

$$\ln(SEC_t) = 0.49\ln(GDP_t) + 0.63\ln(SEC_{t-1}) + \hat{u}_{4t}$$
$$t = (2.09) \quad\quad (3.61)$$
$$R^2 = 0.99234 \quad\quad D.W. = 2.233861$$

（5）居民电力消费方程：

$$\ln(PEC_t) = -50.16 + 0.18\ln(GDP_t) + 0.41\ln(PEC_{t-1}) + 4.43\ln(POP) + \hat{u}_{5t}$$
$$t = (-3.42) \quad (2.66) \quad\quad (3.7) \quad\quad\quad (3.42)$$
$$R^2 = 0.998894 \quad\quad D.W. = 1.141401$$

同时对求解的联立方程模型进行模拟，得到图 1 的拟合效果：

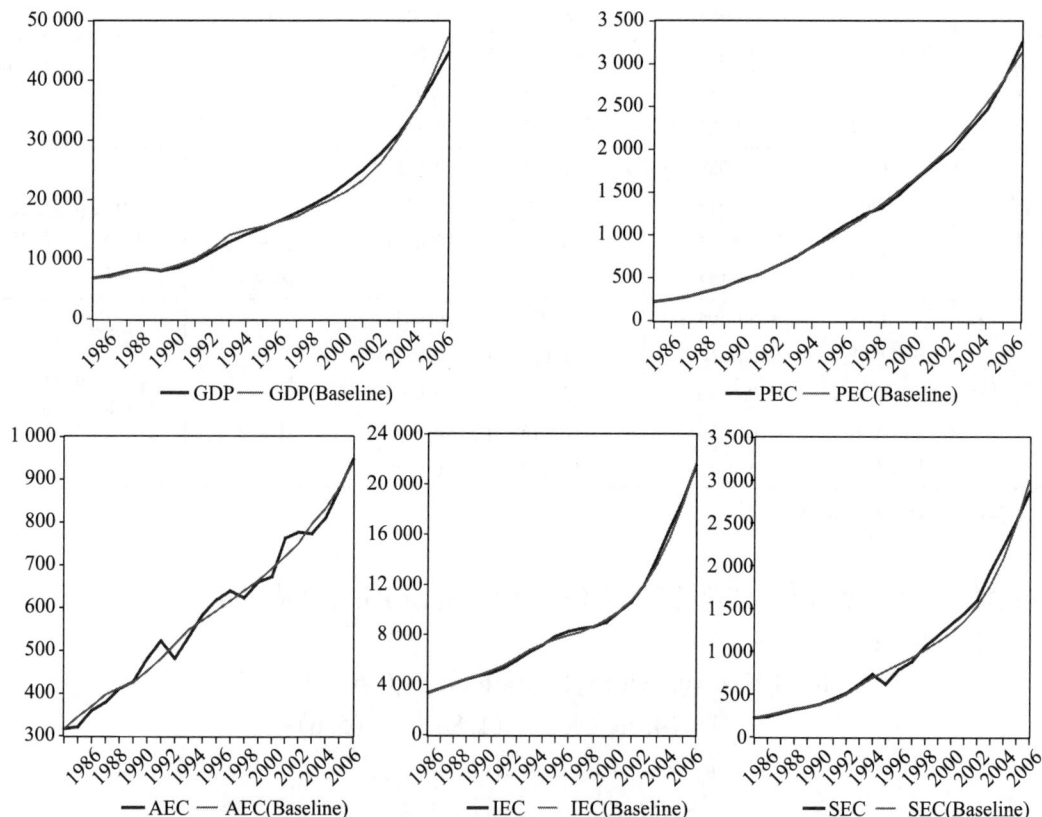

图 1　联立方程拟合结果（深粗线为实际值，浅细线为拟合值）

　　从拟合图上看，经济增长、第二产业电力消费、第三产业电力消费和居民电力消费都在联立方程系统的描述下得到较好的估计，但第一产业由于受气候灾害等非常不确定因素的影响，实际电力消费波动性比较大，而在系统中却平滑了这种波动性。

　　从联立方程的估计结果来看，第一，所有的分行业电力消费方程都与前期的电力消费有很强的相关关系，前期的电力消费是当期电力消费最大的影响因素，三个产业对前期消费的弹性在 0.63 ~ 0.71，而且第二产业对前期电力消费弹性最大，为 0.71，说明电力消费是有很大的惯性，也具有很大的刚性。第二，对电力消费影响最大的因素就是经济增长的影响，与此同时，电力消费也是对经济增长促进的主要因素，从模型上看，电力消费每增加 1%，就会推动经济增长就会增加 0.6%。经济增长和电力消费的双向拉动，在模型中也得到很好的解释。第三，生产函数中资本的贡献为 0.29，劳动的贡献为 0.3，均是促进经济增长的主要因素；受灾面子表征的气候因素对第一产业电力消费有影响，但由于气候变化的随机性使得回归的影响弹性不大；电耗效率对第二产业电力消费有影响，由于高能耗对电力成本的敏感，电价也对二产的电力消费有影响；人口的增加也明显是影响居民电力消费的主要因素。

3　情景分析与建议：电力供不应求？

20 世纪 90 年代末对建发电厂的严格控制导致电力产能受到限制，可是经济高速增长对电力需求日益扩大，造成了过去几年的全国性的电力短缺。但伴随着大规模电力项目的投产，我国电力装机容量持续扩大，到 2008 年的电力总装机容量 8 亿千瓦，电力产能过剩的声音开始出现。那到底现在我国经济形势是"电荒"还在持续，还是电力产能过剩呢？

假设情景：2009 年资本投入、劳动投入、人口、价格均保持前期的平均增长速度，若 2009 年要保证增长至少 8%，根据联立方程模型，得到 2009 年的电力消费预测值为表 3：

表 3　　　　　　　　　　　　　　　　2009 年电力消费联立模型预测值

年份	真实 GDP （CPI 平减）	AEC （亿千瓦时）	IEC （亿千瓦时）	SEC （亿千瓦时）	PEC （亿千瓦时）	E （亿千瓦时）
2007	49 963	860	24 847	3 167	3 584	32 458
2008	57 522	879	25 863	3 498	4 035	34 268
2009	62 124 *	898	28 445	3 839	4 207	37 389
增加（%）	8	2.2	9.9	9.7	6.7	9.1

注：2007 年、2008 年数据来自中国统计局网站整理，* 表示控制目标值。

若保持 2008 年发电量的 5.18% 增长速度，则电力消费增长稍微大于电力供应，而其中农业用电消费和居民用电消费的增速较缓和，工业用电和三产用电消费较快，随着我国加快发展第三产业，三产电力消费呈加速态势，而第二产业高耗能行业还未完全转向，经济增长方式的粗放使电力消费仍然增长高于其他产业。

所以我国电力的"电荒"真正来源，从本文分析出发，是第二产业的高耗能以及我国产业结构不合理，工业尤其是重工业比重过大所导致。根据联立方程模型中，电力价格、耗电效率是影响二产电力消费的因素，在保持经济增长的前提下，对二产企业实行电力价格差别对待（高耗能高电价或梯度递增电价等），通过技术手段提高耗电效率，优化产业结构适当提高三产业比重是有效地控制工业行业的电力消费，从而稳定国民经济电力供需平衡的重要手段，同时，供需平衡的电力消费也可以有力地促进我国的经济增长。

参 考 文 献

1. 房林、国涓等：《影响中国电力需求的实证分析》，载《学术交流》2004 年第 11 期。

2. 高铁梅：《计量经济分析方法与建模》，清华大学出版社 2006 年版。

3. 林伯强：《结构变化、效率改进与能源需求预测》，载《经济研究》2003 年第 5 期。

4. 林伯强：《电力消费与中国经济增长：基于生产函数的研究》，载《管理世界》2003 年第 11 期。

5. 林伯强：《中国能源需求的计量经济分析》，载《统计研究》2001 年第 10 期。

6. 杨宏林、丁占文等：《基于能源投入的经济增长模型的消费路径》，载《系统工程理论与实践》2006 年第 6 期。

7. 杨宏林、田立新等：《基于能源二重性的经济增长模型》，载《数学的实践与认识》2007 年第 1 期。

8. 袁家海、丁伟等：《电力消费与中国经济发展的协整与波动分析》，载《电网技术》2006 年第 5 期。

9. 赵丽霞、魏巍贤：《能源与经济增长模型研究》，载《预测》1998 年第 6 期。

The Research of Relations between Chinese Industries Electricity Consumption and Economic Growth

——Base on the Scenario Analysis of Simultaneous Equation

Chen Tianxiang　Ren Yuanfen

（School of Management, Fuzhou University, Fuzhou 350002, China）

Abstract：According to the theory of economic growth, consumer and industrial division, set up the expansion C – D production function which including the factor of electricity consumption, and at the same time separately build up every single industry electricity consumption functions. Using functions above can set up a Electricity Consumption-Economic Growth simultaneous equation model to describe the relations between electricity consumption and economic growth, and also help to analysis how degree the main factor of every industry electricity consumption can impact. Under the restrict of the goal that 8% GDP growth, through the scenario analysis of simultaneous equation and finally prove that optimize the industrial structure, improve power efficiency and price discrimination policy are the effective countermeasures to ease the power shortage.

Key Words：Simultaneous Equation Model　Electricity Consumption　Economic Growth

图书在版编目（CIP）数据

经济管理评论．第2卷．第1辑/黄志刚主编．—北京：
经济科学出版社，2010.10
ISBN 978-7-5141-0058-7

Ⅰ.①经…　Ⅱ.①黄…　Ⅲ.①经济管理-文集
Ⅳ.①F2-53

中国版本图书馆CIP数据核字（2010）第212063号

责任编辑：吕　萍　程晓云
责任校对：刘　昕
版式设计：代小卫
技术编辑：邱　天

经济管理评论（第2卷第1辑）
黄志刚　主编
经济科学出版社出版、发行　新华书店经销
社址：北京市海淀区阜成路甲28号　邮编：100142
总编部电话：88191217　发行部电话：88191540
网址：www.esp.com.cn
电子邮件：esp@esp.com.cn
北京纪元彩印厂印装
880×1230　16开　10.25印张　280000字
2010年10月第1版　2010年10月第1次印刷
ISBN 978-7-5141-0058-7　定价：20.00元